칸트의 『이성의 한계 안의 종교』 입문

칸트의 『이성의 한계 안의 종교』 입문

에디스 N. 밀러 지음 | 김성호 옮김

서광사

이 책은 Eddis N. Miller의 Kant's *Religion within the Boundaries of Mere Reason*
(Bloomsbury Publishing Plc., 2015)을 완역한 것이다.

칸트의 『이성의 한계 안의 종교』 입문

에디스 N. 밀러 지음
김성호 옮김

펴낸이 | 김신혁, 이숙
펴낸곳 | 도서출판 서광사
출판등록일 | 1977. 6. 30.
출판등록번호 | 제406-2006-000010호

(10881) 경기도 파주시 회동길 77-12 (문발동)
Tel: (031) 955-4331 | Fax: (031) 955-4336
E-mail: phil6161@chol.com
http://www.seokwangsa.co.kr | http://www.seokwangsa.kr

제1판 제1쇄 펴낸날 · 2020년 1월 30일

ISBN 978-89-306-2371-1 93160

옮긴이의 말

이 책은 비교적 신진 학자에 속하는 에디스 밀러(Eddis N. Miller)가 블룸스버리 출판사의 리더스 가이드 시리즈(이 시리즈는 원래 컨티뉴엄 출판사에서 시작되었지만 2012년 블룸스버리 출판사로 옮겨졌다) 중 한 권으로 출판한 Kant's *Religion within the Boundaries of Mere Reason*(2015)을 우리말로 번역한 것이다. 최근 십여 년 사이 칸트의 저술 『이성의 한계 안의 종교』(이하 『종교』로 약칭)에 대한 관심이 크게 높아져 특히 영미권에서 다양한 주석서 및 연구서가 출판된 것을 볼 수 있는데 이 책 또한 이런 관심을 잘 반영한 저술 중 한 권에 해당한다.

　『종교』는 제목에서도 잘 드러나듯이 칸트가 자신의 종교철학을 본격적으로 전개하면서 이른바 이성 종교의 근거와 성립 가능성을 제시한 저술로 널리 알려져 있다. 특히 그가 세 비판서 중 마지막인 『판단력비판』을 출판하고 난 후 3년밖에 지나지 않은 후에 출간한 저술인 만큼 칸트의 철학적 전성기를 장식하는 마지막 저술로 평가되고, 또한 칸트의 저술 중 유일하게 당시 프로이센의 검열 당국과 마찰을 일으킨 것으로도 유명하다. 하지만 『종교』는 결코 쉽게 읽히고 이해되는 저술은 아니다. 칸트에 대해 진정 위대한 철학자이지만 글을 잘 쓰는 저술가는 아니라는 평가가 항상 뒤따르는 것을 보면 『종교』가 쉽게 이해되지 않는 이유가 어느 정도 납득이 가기도 한다. 그런데 『종교』의 경우 더욱 이해를 어렵게 만드는 요소 중 하나는 칸트가 '본성', '근본악', '원죄',

'은총' 등의 용어를 일상적인 의미와는 전혀 다르게 자신만의 특유한 의미로 사용한다는 점이다. 바로 이 때문에 칸트는 많은 오해를 받았고, 검열 당국과 마찰을 빚은 근본적인 이유 또한 이와 무관하지 않다. 이 책의 저자 밀러는 이런 점을 충분히 간파해 칸트의 주장을 설명하기에 앞서 그가 사용한 여러 용어들이 정확히 어떤 의미와 맥락을 지니는지를 분명히 밝힘으로써 『종교』를 제대로 이해하는 데 큰 도움을 준다.

이를 바탕으로 밀러는 『종교』를 구성하는 네 편의 글이 어떻게 서로 관련되며 어떤 내용을 독자들에게 전달하려 하는지를 상세히 설명한다. 인간 본성 안의 근본악에 관한 논의에서 출발해 선한 원리와 악한 원리 사이의 싸움을 묘사하고, 선한 원리의 승리를 명시하지만 그것으로 끝이 아니라 승리 후에 발생하는 부작용과 문제점을 지적하는 『종교』의 큰 줄기를 독자들이 쉽게 이해할 수 있도록 밀러는 가능한 한 쉬운 용어를 사용해 친절하게 설명한다. 이 책을 주의 깊게 읽은 독자라면 읽기 전에 비해 『종교』 전반에 대한 이해가 크게 늘었음을 확신할 것이다. 이것이 이 책의 가장 큰 장점이며 미덕이라고 생각되며, 이는 또한 이 책이 저자의 의도대로 입문서의 역할을 제대로 수행함을 보여주는 증거이기도 하다.

현재 주변에서 출판되는 철학 관련 문헌들을 보면 한편에서는 여러 철학자들이 쓴 원전이 발견되고, 다른 한편에서는 주로 철학 전문 저널에 실린 학술 논문들을 볼 수 있다. 원전과 학술 논문 모두 무척 중요한 역할을 한다는 점은 부정할 수 없는 사실이지만 이 두 종류의 문헌은 일반 독자들이 쉽게 접근하기 힘든 한계도 분명히 지닌다. 이 두 종류의 문헌 사이에서 이 둘을 연결하는 매개 역할을 하는 것이 바로 이 책과 같은 입문서라고 생각된다. 이런 입문서를 통해 어느 정도의 기초를 마련한 후 원전이나 학술 논문의 방향으로 나아가는 것도 철학에 접근

하는 좋은 방법 중 하나일 것이다. 이후로도 기회가 될 때마다 위대한
철학의 고전이나 철학자에 대한 입문서를 번역, 소개함으로써 독자들
에게 최소한의 도움이라도 드리려 한다.

　항상 그렇듯이 이 책을 번역하는 과정에서도 많은 선후배 동학들로
부터 물심양면의 큰 도움을 받았다. 일일이 이름을 들지 않더라도 모든
분들께 깊이 고개 숙여 감사의 말씀을 올린다. 또한 그리 미덥지 않은
번역 원고를 잘 다듬고 꼼꼼하게 교열해 이렇게 훌륭한 책으로 만들어
주신 서광사 편집부의 모든 분들께도 깊이 감사드린다. 지난번 번역,
출판했던 가이어(Paul Guyer)의 『칸트의 도덕형이상학 정초 입문』(서
광사, 2019)에 이어 다시 칸트의 저술에 대한 입문서를 내게 되었는데
이 책이 칸트의 종교철학을 넘어서서 칸트 철학이나 종교철학 전반에
대해 관심이 있는 모든 독자들에게 작은 도움이라도 되기를 간절히 바
랄 뿐이다.

2020년 1월
옮긴이 김성호

차례

옮긴이의 말   5

머리말   11

1장 맥락   15

2장 주제들의 개관   27

3장 본문 읽기   33

  초판과 재판의 머리말   33

  『종교』의 1부   42

  『종교』의 2부   105

  『종교』의 3부   141

  『종교』의 4부   185

4장 평가와 영향   213

5장 더 읽어볼 만한 자료들   225

참고문헌   231

찾아보기   239

머리말

최근 매우 짧은 기간 동안 칸트의 『이성의 한계 안의 종교』(이하 『종교』로 약칭)에 대한 수많은 입문서와 주석서들이 이미 출판되었거나 출판을 준비 중이라는 소식이 들리는데 이는 칸트의 이 저술에 대한 학문적 관심이 부활하는 증거로 보이며, 나의 이 책 또한 그런 관심의 결과 중 하나라고 할 수 있다. 이렇게 풍부한 새로운 이차 문헌 가운데서 이 책의 특별한 의도와 접근 방식을 소개하는 것으로 논의를 시작하려 한다.

이 책은 『종교』에 대한 상세하고 포괄적인 주석서가 아니라, 대학 학부생 정도를 주요 독자로 삼아 『종교』의 핵심 내용과 특징을 소개하려는 '입문서'이다. 따라서 나는 칸트 전문 학자들이 관심을 가질 만한 내용을 많이 언급하는 대신 위와 같은 독자들을 위한 배려를 잊지 않기 위해 최선을 다했다. 나는 독자들이 다음의 몇 가지 점을 기억해주기 바란다. 첫째, 나는 『종교』를 다룬, 점점 증가하는 이차 자료들 사이에서 독자들이 길을 잃지 않도록 하기 위해 최선을 다했다. 하지만 이 책의 끝부분에 '더 읽어볼 만한 자료들'을 실었는데 칸트의 『종교』를 이 입문서 이상의 수준으로 탐구하려는 사람들은 이 부분을 참고하면 좋을 듯하다. 둘째, 칸트의 『종교』는 매우 어렵고 복잡한 저술이다. 따라서 이 책에서 『종교』의 모든 내용을 상세히 다루는 일은 공간의 제약을 고려할 때 불가능하며, 주요 독자들을 고려할 때 그리 바람직한 일도 아닌 듯하다. 하지만 내가 이 책에서 간단히 언급하고 넘어가거나 아예 다루지 않은 부분들은 『종교』의 주요 주제와 개념들 그리고 칸트의 전략을 이해하는 데 필수적인 부분은 아니라고 확신한다. 셋째, 『종교』에 대한 전반적인 주석서는 『종교』가 칸트의 방대한 저술들 안에서 차지하는 위치를 분명히 밝혀야 한다고 생각한다. 전체적으로 나는 독자들이 『종교』에 등장하는 주요 주장들을 이해하는 데 반드시 필요하다고 생각되는 한에서만 칸트의 다른 저술들을 선별해서 언급하려 했다. 또한 나는 독자들이 칸트의 다른 저술들에 대한 사전 지식을 지니지 않는다고 가정한 상태에서 이 책을 쓰려고 노력했다. 하지만 대부분의 경우 독자들이 『종교』를 통해서 칸트의 성숙한 철학을 처음 접하지는 않으리라고 가정하지 않을 수 없었다. 마지막으로 3장('본문 읽기')에서 나는 『종교』의 두 머리말에서 출발해 1부부터 4부까지를 (각 부의 끝부분에 덧붙인 '일반적 주해'를 포함해) 순서대로 다루었다. 하지만 칸트의 설명 순서에 얽매이지 않고 비교적 자유롭게 논의를 전개한 부분도 있는데, 특히 1부에 대한 논의에서 이런 공간이 발견된다. 그렇지만 나는 칸트의 설명 순서와 다른 방식을 선택함으로써 독자들에게 더 큰 도움을 줄 수 있다고 생각한 경우에만 이런 방식을 택했다. 어쨌든 이 책이 칸트의 『종교』와 함께 읽기 위한 것이지, 결코 『종교』를 대신하는 것이 아니라는 점은 두말할 필요도 없다.

　칸트의 『종교』를 영어로 번역한 판본은 여러 가지이다. 이 책을 쓰면서 나는 '케임브리지 판 칸트 전집'(the Cambridge Edition of the Works of Immanuel Kant) 중 한 권으로, 『종교와 이성 신학』(*Religion and Rational Theology*, Cambridge University Press, 1996)이라는 제목으로 출판된 책에 수록된 번역본을 사용했다.[1] 이 번역은 후에 '케임

1　옮긴이 주-이 책에서 『종교』의 우리말 번역은 모두 옮긴이가 칸트의 독일어 원전으로부터 직접 번역했다. 『종교』의 우리말 번역으로는 이마뉴엘 칸트, 『이성의 한계

브리지 철학사 원전'(Cambridge Texts in the History of Philosophy)
시리즈 중 한 권으로 별도로 출판되기도 했다(Cambridge University
Press, 1998). 이 번역본의 인용을 허락해준 케임브리지대학 출판부에
감사한다. 이 책에서 칸트의 원전을 인용할 경우 모두 프로이센 학술원
이 편집한 『칸트 전집』의 면수를 표시했다.[2] 유일한 예외는 「세계시민
의 관점에서 본 보편사의 이념」(Idee zu einer allgemeinen Geschichte
in weltbürgerlicher Absicht)인데 이 저술의 경우에는 내가 사용한 영
어 번역본의 면수를 밝혔다.

  나는 우선 블룸즈버리 출판사 편집부 직원들의 도움과 노고에 깊이
감사한다. 또한 페이스(Pace)대학에서 내가 가르친 학생 중 한 명인 케
이틀린 볼리(Caitlin Boley)에게도 감사를 표한다. 그녀는 이 책의 '이
상적인 독자'로서 수많은 중요한 의견을 제시해주었다. 내가 이 책을
쓰는 동안 가족이 베풀어준 사랑과 격려에 대해서는 무어라 감사해야
할지 모르겠다. 나의 아내 리사 앤더슨(Lisa Anderson)은 무척 서툴렀
을 이 책의 초고를 단계마다 끊임없이 다시 읽고 애매한 문구들을 수정
하는 지루한 작업을 나와 함께 계속했다. 이 책에 훌륭한 부분이 있다
면 그것은 모두 그녀 덕분이며, 여전히 부족한 부분이 있다면 그것은
모두 내 탓이다.

안에서의 종교』, 신옥희 옮김 (이화여자대학교 출판부, 2001); 임마누엘 칸트, 『이성
의 한계 안에서의 종교』, 백종현 옮김 (아카넷, 2011)이 있다.
2 옮긴이 주-이 『전집』에서 『종교』는 6권, 1-202면에 수록되어 있다.

1장
맥락

독일 철학자 칸트(Immanuel Kant, 1724–1804)의 여러 저술은 사실상 철학의 모든 영역에서 가장 중요한 영향력을 오늘날까지도 계속 발휘해왔는데 이런 사정은 이 책의 기본 주제인 종교철학의 영역에서도 예외가 아니다. 칸트의 저술 『이성의 한계 안의 종교』(*Die Religion inner-halb der Grenzen der bloßen Vernunft*,[1] 1793)는 계몽주의 시대에 등장한, 종교를 다룬 철학 저술 중 가장 위대한 것으로 손꼽힌다. 『종교』는 종교에 대한 계몽주의적 접근 방식을 칸트의 독특한 시각에서 여과한 결과로 등장한 저술이다. 하지만 그것은 동시에 그가 살았던 시대의 산물로서 계몽주의 시대—또는 더욱 정확하게 말하면 18세기 다양한 '계몽주의들'이, 곧 영어로는 Enlightenment, 프랑스어로는 Lumières, 독일어로는 Aufklärung으로 불리는 여러 사조들이 활발하게 전개된 시대—동안 등장한, 종교에 대한 다른 저술들과 상당한 공통점을 드러내기도 한다.

계몽주의 시대 동안 등장한, 종교를 다룬 철학 저술을 이해하는 방법 중 하나는 그것을 개신교 종교개혁의 결과로 생겨난 종교적 불관용과 폭력 문제에 대한 대응으로 여기는 것이다. 16세기와 17세기에 걸친 이른바 종교전쟁은 죽음과 파괴를 전 유럽에 확산했다. 이런 폭력 사태

---

1 옮긴이 주 – 원서에는 칸트의 저술 제목이 모두 영어로 등장하지만 칸트의 독일어 원전 제목을 밝힌다는 의미에서 이 장에 한해서만 옮긴이가 독일어로 바꾸었다.

에서 주목할 만한 점은 그것이 서로 다른 종교 사이의 폭력이 아니라 모두 기독교도임을 자처하는 집단 사이의 ─예를 들면 구교와 개신교 또는 개신교에 속하는 서로 다른 종파들 사이의 ─폭력이었다는 사실이다. 물론 이렇게 서로 전쟁을 벌인 집단들은 자주 상대방 집단이 정통 기독교도임을 부정했지만 그들 모두가 하나의 동일한 경전을 사용했고, 자신들의 신앙이 하나의 동일한 성스러운 역사에 뿌리를 둔다고 생각했음은 부정할 수 없는 사실이다. 다양한 계몽주의 철학자들이 종교에 대해 보인 태도를 이해하는 데 도움을 주는 관점 중 하나는 그들의 태도를 독단과 불관용, 분열 그리고 이들 모두의 근저에 놓인 듯이 보이는 근본적인 비이성적임에 대한 우려의 표현으로 여기는 것이다. 질병과도 같은 이런 상태를 극복하기 위해 많은 계몽주의 철학자들은 종교 전반을 계시가 아니라 이성의 눈으로 보려는 새로운 관점을 도입했다. 계시는 ─현재의 경우 『성서』는 ─정확히 동일한 구절이 서로 전혀 다른 입장을 옹호하는 데 사용되기도 하는 듯이 보이므로 대립을 조정할 수 있는 기초를 제공하지 못한다. 간단히 말해 계시는 해석을 필요로 하는데, 해석을 통제하는 어떤 근거가 없다면 화해의 희망은 거의 없는 듯하다.

　계시가 종교상의 차이를 판정할 수 있는 기초를 제공하지 못하는 듯이 보였으므로 이성이 더욱 큰 희망을 주는 근거로 부각되었다. 많은 계몽주의 사상가들은 이성이 완벽한 종교를 만들어내기에 충분하다고 생각했다. 신의 존재와 신이 지닌 속성들은 이성을 통해서 충분히 알려질 수 있다. 그리고 만일 신을 도덕적 신으로 가정한다면 신이 인간에게 요구하는 바는 도덕적 행위라고 생각하는 것이 합당하다. 도덕은 이성을 통해 충분히 인식되므로 무엇이 옳고 무엇이 그른가를 인간에게 가르치기 위해 계시가 필요하지는 않다. 따라서 이성은 계시를 도입하지 않고도 얼마든지 종교를 만들어낼 수 있으며, 모든 인간은 반드시 필요한 것만을 갖춘 이런 종교를 받아들일 수 있다. 왜냐하면 인간은 이성적이기 때문이다. 인간이 이런 이성 종교의 한계 안에 머물기만 한다면 계시종교와 관련해서 발생하는 충돌, 박해, 폭력 등을 극복할 수 있을 듯하다.

물론 이런 주장은 계몽주의의 종교 사상을 매우 일반화하여 언급한 것에 지나지 않는다. 사실 '계몽주의' 종교관을 어느 하나로 규정하는 것은 불가능하다. 이성 능력에 대한 건전한 낙관론 및 관용과 사상의 자유에 대한 믿음을 계몽주의 철학자들이 공유한 공통분모로 볼 수 있지만 계시와 기성 종교에 대한 이들의 태도는 큰 차이를 보였다. 어떤 철학자들은 계시를―그리고 어쩌면 신의 존재까지도―비이성적이고 미신적인 것으로 보고 거부해야 한다고 주장한 반면 다른 철학자들은 이성과 일치함을 보일 수 있는 범위 안에서 계시도 수용할 수 있다고 주장했다. 또 다른 철학자들은 계시가 인간성의 '교육'에 없어서는 안 되는 중요한 역할을 수행하지만 인간이 완전히 성숙하고 계몽된 시대에 이르면 이런 역할은 수명을 다하리라고 주장했다. 또한 몇몇 철학자들은 제도화한 기성 종교는―그리고 이런 종교에 몸담은 성직자들도―완전히 타락하고 부패했으므로 모두 사라져야 한다고 주장한 반면 다른 철학자들은 종교적 제도가 이성 종교에 도움을 주는 방식으로 작용한다면 충분한 선을 낳을 뿐만 아니라 필수 불가결한 것이기도 하다고 주장했다.

앞으로 보게 되듯이 칸트의 『종교』는 이런 다양한 생각들과 밀접히 관련된다. 여기서 칸트는 이성, 특히 도덕적 이성이 맹목적으로 맹종하는 신앙과 독단주의 그리고 미신 등에 우선함을 주장한다. 그리고 '세속의 영역에 개입하려는 성직자들의 권모술수'와 종교적 권위를 지닌 인물들이 자행하는 정신적 횡포를 강력히 비판한다. 또한 그는 도덕이 올바른 성서 해석을 위한 핵심 요소임을 주장한다. 그리고 종교 문제에서 관용과 양심의 자유를 열렬히 옹호하고 간청한다. 그는 역사상의 종교 및 그것과 관련되는 다양한 제도, 경전, 교리, 관행 등을 모두 거부하지는 않지만 역사상의 종교의 가치를 오직 순수한 이성 종교의 증진을 위한 수단의 역할을 하는 것으로 엄격히 제한한다 ― 순수한 이성 종교는 결국 이런 역사상의 종교를 더 이상 필요하지 않은 것으로 만들 것이다.

『종교』 출판 이전에 칸트가 쓴 종교 관련 저술들은 역사상의 종교를 거의 다루지 않으면서 오직 '순수한 이성 종교'에만 집중하는 모습을 보였다. 칸트는 이런 순수한 이성 종교가 곧 도덕적 종교, 달리 말하면 이성의 실천적 능력을 통해 형성된 '도덕 신학'이라고 생각했다. 그는 이런 도덕 신학을 정교하게 제시하려면 우선 신의 존재와 본성에 관한 전통 철학적 탐구에서 생겨난 불필요한 파편들을 깨끗이 치워야 한다고 보았다.

서양 철학과 신학에서 오래 전에 등장해 계속 유지된 생각 중 하나는 우리가 신의 존재를 하나의 또는 그 이상의 이성적 논증을 통해 증명할 수 있다는 것이었다. 『순수이성비판』(*Kritik der reinen Vernunft*, 1781)에서 칸트는 자신이 신의 존재를 증명하려는 모든 시도는 완전히 실패할 수밖에 없다는 점을 논증했다고 믿었다. 여기서 칸트는 물론 개별적인 신 존재 증명 방식들이 지닌 여러 단점을 명확히 지적했지만 이런 실패는 단지 개별적 증명 방식들이 지닌 구체적인 문제에 기인하는 것이 아니다. 이보다 더욱 근본적으로 칸트는 『순수이성비판』에서 인간이 초감성적 대상, 곧 우리가 경험적으로 직관할 수 없는 대상이 존재하거나 존재하지 않는다는 점에 대해 어떤 인식도 할 수 없다는 점을 논증하려 했다. 그리고 정의상 신은 초감성적이므로 인간은 신이 존재한다는 점을─또는 신이 존재하지 않는다는 점도─결코 증명할 수 없으며, 초월적이고 초자연적 문제에 대해 언급한 명제들이 참이거나 거짓이라는 점에 대해서 어떤 지식도 얻을 수 없다고 주장했다.

이렇게 오래 지속된, 신의 존재를 철학적으로 증명할 수 있다는 전통적 생각을 부정했다고 해서 칸트가 자신이 신의 존재에 대한 믿음의 근거를 완전히 무너뜨렸다고 여긴 것은 결코 아니었다─그는 신의 존재를 두말할 필요 없이 확실하게 인식할 수 있다고 독단적으로 주장하는 유신론자와 마찬가지로 우리 인간 지식의 한계를 넘어서서 신의 존재를 독단적으로 부정하는 무신론자 또한 잘못을 범한다고 생각했다. 그는 단지 자신이 신앙을 향한 올바른 길을 열었을 뿐이라고 여겼다. 어쨌든 확실한 지식이 통용되는 영역에서 신앙은 설령 불가능하지는 않더라도 불필요한 것이 되고 만다. 칸트는 『순수이성비판』 재판 서문에서 다음과 같이 말함으로써 바로 이 점을 지적한다. '나는 **신앙**의 설 자리를 마련하기 위해 **지식**을 부정하지 않을 수 없었다' (B xxx).

하지만 칸트가 『순수이성비판』에서 길을 연 신앙은 그 어떤 역사상의 종교의 경전이나 교리 또는 독단을 맹목적으로 믿는 신앙이 아니며, 어떤 신성한 존재의 계시에 기초하는 초자연적 신앙도 아니다. 그가 제시하려는 신앙은 인간의 실천적 (도덕적) 이성에 의해 형성된 신앙이다. 칸트에게 가장 기본적이면서도 중요한 개념으로 작용하는 이 도덕적 신앙은 인간이 이성적인 동시에 감성적이라는 사실로부터 등장한다. 이성적 존재로서 인간은 무조건적으로 명령하는 도덕법칙의 구속력을 스스로 받아들인다. 반면 감성적 존재로서의 인간은 자주 도덕법칙과 대립하는 자연적 욕구와 경향성을 경험한다. 이런 자연적 경향성은 그 자체로는 악이 아니다. 하지만 인간 스스로 도덕법칙을 아래로 내리고 경향성(자기애)의 만족을 그 위로 올린다면 인간은 악하게 된다. 그렇다면 도덕법칙은 자신의 이름을 내세워 인간이 행복을 (경향성의 만족으로서의 행복을) 희생할 것을 요구하는가? 그렇다. 도덕법칙은 분명히 이런 희생을 요구한다. 하지만 인간은 감성적 존재이기도 하므로 결코 자신의 행복에 대한 관심을 완전히 포기할 수는 없다. 따라서 인간은 행복을 내세워 도덕법칙을 거부하거나 도덕법칙을 위하여 행복을 포기하기보다는 자신의 도덕적 이성이 시인할 수 있는 행복이 무엇인가를 자문하게 된다. 이성이 시인할 수 있는 행복은 도덕법칙을 위반함으로써 얻는 (설령 이런 위반이 우리의 자연적 경향성을 만족시키는 가장 손쉬운 방법이라는 점이 증명되었다 할지라도) 행복이 아니다. 그것은 오히려 우리가 지닌, 행복을 누리기에 합당한 도덕적 가치, 곧 우리의 덕과 정확하게 비례하는 행복이다. 칸트는 덕과 비례해서 행복을 누리는 상태를 '최고선'이라고 부르는데 이는 인간이 이성적으로 인정할 수 있는 궁극목적이기도 하다. 그러나 현실 세계에서는 덕과 행복이 비례한다고 보기가 몹시 어렵다는 문제가 발생한다. 이 때문에 인간은 덕과 행복의 일치를 보장해주는, 세계를 지배하는 가장 강력한 도덕적 통치자가 존재해야 한다는 생각을 하게 된다. 이렇게 실천이성의 요청으로 도입된 신은 인간의 도덕적 신앙의 대상이 되며, 이런 신앙은 인간의 도덕적 소명을 강조하게 된다. 종교는—도덕적이고 따라서 이성적인 종교는—오직 우리의 도덕적 의무를 동시에 도덕적 신의 명령으로 인정함으로써 구성된다.

『순수이성비판』에서 이런 도덕적이고 이성적인 종교를 분명히 제시했던 칸트는 두 번째와 세 번째 비판서에서—곧 『실천이성비판』(*Kritik der praktischen Vernunft*, 1788)과 『판단력비판』(*Krikik der Urteilskraft*, 1790)에서 이를 더욱 정교하게 다듬는다. 이 과정에서도 칸트는 역사상의 종교의 전통에 전혀 의존하지 않으며 (또는 칸트 자신은 분

명히 이렇게 믿으며), 경전이나 전통의 간섭을 전혀 받지 않고 오직 실
천이성이 이런 종교를 형성한다고 생각한다. 따라서 도덕적 종교는 순
전히 철학적 기획이다. 하지만『종교』에서 칸트는 이렇게 엄격한 철학
적 태도로 종교를 분석하는 것을 넘어서서 역사상의 종교의 영역으로
들어선다. 하지만 앞으로 살펴보게 되듯이 이렇게 철학의 영역을 넘어
서서 역사상의 종교의 영역까지 다루려는 칸트의 시도는 그에게 심각
한 결과를 낳았다.

흔히 프리드리히 대제(Friedrich der Große)로 불리는 프리드리히
2세는 1740년부터 1786년까지 프로이센을 통치했는데, 그의 통치 기간
은 칸트가 가장 중요한 저술 중 몇 권을—예를 들면『순수이성비판』과
『도덕형이상학 정초』(Grundlegung zur Metaphysik der Sitten, 1785)
를—출판한 시기와 겹치기도 한다. 프리드리히 2세는 '계몽된 절대군
주'의 표본으로 여겨지는 인물로서 만일 그가 오래 살아 칸트의『종교』
를 읽었다면 거기에 등장하는 주장들에 틀림없이 동조했을 것이다. 그
는 많은 계몽주의 사상가들처럼 세속적 문제에 성직자가 개입하는 것
과 종교적 독단주의에 강력히 반대했으며, 종교와 관련해 사상의 자유
를 폭넓게 허용했다. 하지만 그의 뒤를 이어 왕위를 물려받은 조카 프
리드리히 빌헬름 2세(Friedrich Wilhelm II)는 종교적으로 지나치게
독실한—아니 어쩌면 광신도에 가까운—인물이었다. 그는 주변에 수
많은 극도로 보수적인 고문들을 두었는데 이들 중 다수는 장미 십자회
원(Rosicrucian)이었다—중세 말 독일에서 설립된 비밀스럽고 은밀한
종교 조직으로서 당시 루터교와 연합한 단체의 구성원이었다. 장미 십
자회원들은 공공연히 반계몽주의를 표방했다. 칸트와 관련해 이들 중
가장 중요한 인물은 뵐너(Johann Christoph Wöllner)였는데 그는 프
리드리히 빌헬름 2세가 문화부 장관에 임명한 루터교 목사였다.

뷜너는 문화부 장관으로서 '1788년 8월 9일 자 칙령'을 공표했는데 그 내용은 종교에 대한 공개적인 논의를 제한하고, 모든 학교와 대학에서 성서에 대한 통일된 교리를 가르쳐야 한다는 것이었다. 1791년 9월 칸트는 「변신론에서 모든 철학적 시도의 실패에 관하여」(Über das Mißlingen aller philosophischen Versuche in der Theodizee)라는 논문을 출판했는데 여기서 칸트는 비록 완곡한 표현을 사용하기는 했지만 프리드리히 빌헬름 2세의 정책을 분명히 비판하는 태도를 취했다. 이 논문이 뷜너의 신경을 자극했음은 당연한 일이었다.

1792년 2월 칸트는 「인간 본성에서 근본악에 관하여」(Über das rad-icale Böse in der menschlichen Natur)라는 논문을 (이 논문은 후에 『종교』의 1부가 되는데) 『베를린 월보』(Berlinische Monatsschrift)의 편집자 비스터(Johann Erich Biester)에게 보냈다―이 잡지는 당시 독일에서 계몽주의 관점을 옹호한 가장 중요한 출판물 중 하나였다. 칸트는 비스터에게 이 논문이 베를린 당국의 검열을 통과할 수 있겠느냐고 문의했는데 사실 반드시 검열을 받을 필요는 없었다. 당시 이 잡지의 출판사는 뷜너의 눈 밖에 나서 발행지를 프로이센 국경 외부의 예나(Je-na)로 옮긴 상태였고, 이곳은 베를린 검열 당국의 관할권에 속하지 않았다. 하지만 칸트는 베를린의 검열을 피한다는 인상을 주고 싶지 않았다. 이 논문은 검열을 통과해 1792년 4월호에 실렸다.

그해 말 칸트는 비스터에게 「선한 원리가 인간을 지배하기 위해 악한 원리와 벌이는 투쟁에 관하여」(Von dem Kampf des guten Prinzips, mit dem bösen, um die Herrschaft über den Menchen)라는 제목의 두 번째 논문을 보냈다. 이번에는 베를린의 검열 당국이 칸트의 논문을 허락하지 않았다. 검열 당국은 첫 번째 논문은 철학적이어서 대중들에게 큰 위험이 없는 반면 두 번째 논문은 명백히 신학적이어서 검열되어야 한다고 보았다. 비스터는 이런 결정에 항의했지만 소용이 없었다. 칸트는 비스터에게 두 번째 논문을 돌려달라고 부탁했고, 이 논문과 처음에 썼던 근본악에 관한 논문 그리고 두 편의 논문을 새로 추가해 『종교』를 완성했다. 칸트가 이 책을 베를린 검열 당국에 보냈더라면 결코 출판에 성공할 수 없었을 것이지만 그에게는 다른 선택지가 있었다. 당시 프로이센의 교수들은 다른 학부의 학장에게 검열을 요구할 권리가 있었으므로 칸트는 이 책을 할레(Halle)대학 신학부로 보냈고 그 학부는 칸트의 저서가 신학적이라기보다는 철학적이라고 판정했다. 그리고 이는 철학부가 이 책의 출판 여부를 결정할 수 있음을 의미했고 칸트는 이 책을 다시 예나(Jena)대학 철학부로 보냈는데 여기서 이 책의 출판을 승인받았다. 이런 우여곡절 끝에 『종교』는 1794년 라이프치히 (Leipzig)에서 부활절 도서전에 맞추어 출판되었다.

그렇다면 칸트는 베를린 검열 당국으로부터 일부만을 검열받은 책을 출판한 셈이 되는데 이런 행동은, 퀸(Manfred Kuehn)의 표현대로, '뵐너와 검열 당국의 뺨을 한 대 갈겨 모욕한 것으로' (365) 받아들여졌다. 이 결과 1794년 10월 뵐너는 국왕의 명령에 따라 다음과 같은 편지를 칸트에게 보냈다.

국왕 폐하께서는 당신이 당신의 철학을 잘못 사용해 성서와 기독교의 가장 중요하고 기본적인 가르침들을 왜곡하고 부정적으로 평가하는 것을 보고 큰 불쾌감을 느꼈습니다. 이런 일은 특히 당신의 저서 『종교』와 다른 소논문들을 통해 자행되었습니다. 우리는 당신이 아버지와 같이 젊은이들을 가르쳐야 하는 교사의 의무에 반하는, 지극히 무책임한 행동을 했음을 깨닫는 것이 최선의 길이라고 생각하며 이 점은 당신도 이미 잘 아실 것입니다. 우리는 당신의 입장에 대한 가장 양심적인 설명을 당장 요구하며,

이후 폐하의 총애를 잃지 않으려면 이런 잘못을 다시 저지르지 않기를 바
랍니다. … 그렇게 하지 않는다면 당신은 완고한 고집 때문에 상당히 불쾌
한 경우를 당할 것입니다. (Kuehn, 379에서 재인용)

이 때문에 당시 70세였던 칸트는 대학에서 해고당하거나 연금을 포기
하고 강제 은퇴해야 하는, 어쩌면 추방당할지도 모를 위기에 놓였다.
국왕에게 보낸 10월 12일 자 편지에서 칸트는 국왕의 비난에 맞서 자
신의 입장을 옹호했지만 끝부분에 이르러 다음과 같이 약속한다. '저
는 최소한의 의혹이라도 제거할 수 있는 가장 안전한 방법이 다음과 같
은 내용을 엄숙히 선언하는 것이라고 생각합니다. 폐하의 충성스러운 신
하로서 저는 이후 자연종교든 계시종교든 간에 종교에 관해서는 강의
나 저술에서 공개적으로 전혀 논의하지 않을 것입니다' (Kuehn, 380에
서 재인용).
    '폐하의 충성스러운 신하로서' 종교에 관한 어떤 것도 출판하지 않
겠다고 선언했지만 칸트의 속마음은 국왕이 자신보다 먼저 세상을 떠
난다면 그때는 종교에 관한 내용을 출판할 가능성을 열어두겠다는 것
으로 읽힌다. 실제로 칸트는 1797년 국왕이 세상을 떠나자 그 다음 해
에 『학부들 사이의 논쟁』(Der Streit der Fakultäten, 1798)을 출판했는
데 이 책의 원고 중 일부는 이미 1794년부터 그의 책상에 보관 중이었
다. 이 저술에서는 설령 역사상의 종교에 관해 철학적 관점에서 탐구하
는 경우라 할지라도 철학부가 신학부 및 정부의 검열로부터 완전히 벗
어나야 함을 역설하는 내용이 상당히 길게 전개된다. 여기에 더해 이
저술에는 도덕철학자가 성서 해석에서 사용해야 하는 해석학적 원칙들
도 등장하는데 —이런 원칙들은 이미 칸트가 『종교』 전반에 걸쳐 광범
위하게 채용했던 것이기도 하다. 따라서 『학부들 사이의 논쟁』은 칸트

가 『종교』에서 기획했던 바를 이해하는 데 큰 도움을 준다. 나는 3장에서 『종교』의 두 서문을 살펴보면서 『학부들 사이의 논쟁』에 대해서도 간략히 검토하려 한다.

1장에서 논의했듯이 칸트는 자신의 세 비판서를 통해 순수하게 이성적인 (도덕적) 종교의—곧 오직 이성을 통해 인식되므로 역사상의 계시나 전통, 교리 또는 관행 등에 전혀 의존하지 않는 종교의—관념을 전개한다. 이와는 대조적으로『종교』에서는 역사상의 종교를 직접 다룬다.『종교』2판 머리말에서 칸트는 '오직 이성의 한계 안에서' 종교를 분석하는 작업은 역사적 계시의 단편들을 도덕적 개념들에 의지해 검토함으로써 역사적 계시와 이성 종교 사이에 양립 가능성과 통일성이 성립할 수 있는지를 살펴보는 것이라고 말한다. 그리고 칸트는 실제로 이성 종교와 자신이 기독교적 계시의 핵심이라고 여기는 것 사이에서 이런 양립 가능성을 발견한다. 하지만 역사상의 종교에는 단지 도덕과 무관한 요소뿐만 아니라 명백히 도덕과 반대되는 요소도 수없이 많이 등장한다. 따라서『종교』의 임무에는 그저 역사적 계시와 이성 종교 사이의 통일성을 보이는 것을 넘어서서 기독교의 경전과 교리, 관행을 도덕적으로 해석함으로써 도덕과 상반되는 요소를 상쇄하는 것도 포함된다. 그리고 칸트는『종교』전반에 걸쳐 이렇게 기독교적 계시를 도덕적으로 해석하는 작업을 수행한다.

기독교적 계시 중 도덕적으로 재해석되어야 하는 첫 번째 요소는 바로 원죄의 교리이다.『종교』1부에 등장하는 주장은 언뜻 보기에는 매우 비관적인 듯하지만 곰곰이 살펴보면 낙관적인 면도 지닌다. 한편으로 칸트는 인간이 근본적으로 악하며 따라서 인간의 도덕적 성향을 완전히 변혁할 필요가 있다고 주장한다. 이렇게 주장하는 한 그는 원죄설을 지지하는 쪽에 속한다. (칸트가 근본악이라는 용어를 통해 정확히 무엇을 의미하는지 그리고 왜 근본악을 인간 전체의 속성으로 돌리는지를 이해하는 것은 이후 논의에서 우리의 주요 임무가 될 것이다.) 다른 한편으로 칸트는 각각의 인간이 근본악을 자유롭게 선택한다고 주장한다—이런 자유가 없는 곳에서는 도덕적 의미의 선과 악은 성립할 수 없을 것이다. 따라서 근본악은 인간이 오직 인간으로 태어났기 때문에 지니는 요소가 아니다. 이런 면에서 칸트는 원죄설의 기본 전제들을 부정한다. 그리고 이런 관점이 바로 칸트의 낙관론의 기초를 형성한다. 인간이 악을 자유롭게 선택한다면 마찬가지로 악을 자유롭게 거부할 수도 있다. 인간은 비록 악을 선택하기도 하지만 선을 향한, 결코 제거할 수 없는 성향도 지닌다. 인간은 도덕법칙의 요구를 경험하며 — 곧 자기애와 자신의 경향성의 만족보다 보편적 도덕원리들이 요구하는 바를 더욱 상위에 놓아야 함을 깨달으며 — 이런 요구에 자유롭게 응답해 도덕적 변혁을 일으킬 수 있는 존재이다.

따라서 『종교』 1부는 문제를 — 곧 근본악이라는 문제를 — 제시하고, 2부와 3부는 이 문제를 어떻게 극복할 수 있는지를 설명한다. 많은 기독교 신학자들은 — 루터(Luther)를 포함하여 — 인간이 스스로 원죄의 구속에서 벗어날 가능성은 없으며, 이런 죄악에 빠진 본성에서 벗어나 의롭게 되려면 오직 신의 은총에 의지해야 한다고 보았다. 그리고 인간이 이런 원죄의 죗값을 치르는 일은 오직 십자가에 못 박혀 우리의 죄를 대속한 그리스도(Jesus Christ)를 통해서만 가능하다. 신의 은총과 우리의 죄를 속한 그리스도가 없다면 인간은 신의 눈에 거슬리는, 무한히 죄를 짓고 또 이 때문에 무한히 벌을 받는 존재로 남을 것이다. 앞으로 보게 되듯이 칸트는 은총과 속죄라는 기독교적인 용어 자체를 아예 거부하지는 않고 계속 유지하지만—그가 원죄의 교리에 대해서 보였던 태도와 마찬가지로—이들이 도덕과 밀접히 연결되도록 만들기 위해 이들을 근본적으로 다시 정의한다. 2부에서 칸트는 그리스도를 성서에서 인간의 도덕적 완전성을 드러내는 감성적 표상의 '원형'으로 해석한다. 칸트에 따르면 인간의 이성은 자신의 능력만으로도 이런 원형을 만들어낼 수 있고 그런 한에서는 성서적 표상을 필요로 하지 않는다. 하지만 유한한 인간의 본성은 나약하기 때문에 인간에게는 도덕적 개념을 위한 감성적 표상이 필요하다. 따라서 엄밀히 말해 이성이 감성적 표상들을 필요로 하지 않는다 할지라도 역사적 계시는 인간의 도덕적 발전 과정에서 중요한 역할을 할 수 있다—단 이런 계시가 도덕적 개념과 일치하게 해석될 경우에만 그렇다.

은총 및 속죄와 관련해 기독교 교리가 드러내는 문제점은 이런 개념들이 인간을 이들이 도덕적으로 재해석되기를 수동적으로 기다리고 또 그런 재해석을 수동적으로 받아들이는 존재로 만든다는 점이다—이는 칸트가 결코 받아들일 수 없는 관점이다. 칸트의 『종교』를 지배하는 원리는 명확하다. 곧 우리가 신을 기쁘게 하기 위해 할 수 있는 유일한 것은 오직 도덕적 행위뿐이며, 우리의 행위는 오직 자유의지에 근거해 수행될 경우에만 도덕적이라는 것이다. 따라서 인간은 자신의 능력이 닿는 한 자신을 도덕적 존재로 만들기 위해 할 수 있는 모든 것을 스스로 함으로써 능동적으로 자신의 구원을 얻어야 한다. 칸트는 거듭해서 인간은 신이 인간 도덕의 개혁 과정에 어떤 기여를 하더라도 그것에 관해 어떤 지식도 지닐 수 없다고 주장한다—신이 초자연적 존재인 한 인간에게는 그런 지식을 얻을 능력이 전혀 없다. 인간이 인식할 수 있고 또 인식할 필요가 있는 것은 단지 인간이 신의 도움을 받을 만한 자격을 갖추기 위해 무엇을 해야 하는가이다 ―그리고 이에 대한 대답은 오직 도덕적 행위뿐이다. 하지만 인간이 도덕적 완전성의 원형인 그리스도를 따르는 데는 여러 문제가 발생한다. 예를 들면 설령 인간이 도덕적으로 살 것을 자유롭게 선택할 수 있다 할지라도 인간은 과거에 저지른 악을 상쇄할 수는 없다. 이런 죗값을 치르지 않은 채로 어떻게 우리가 신을 기쁘게 할 수 있는가? 2부에서 칸트는 이를 비롯한 다른 문제들을 언급하는데 이 과정에서 속죄에 관한 기독교 교리를 도덕적 개념들에 따라 창조적으로 재해석한다.

칸트에게 인간의 도덕적 쇄신이란 단지 개인적인 문제가 아니다. 3부 첫머리에서 그는 인간이 서로를 타락시키는 경향성을 지니며 따라서 이렇게 부패한 경향성과 싸우는 윤리적 공동체를 형성하기 위해 함께 분투하지 않는다면 악을 근절할 수 없다고 주장한다. 칸트는 앞서 그리스도를 인간의 도덕적 완전성의 원형으로 해석한 것과 마찬가지로 이제 '교회'를 이런 윤리적 공동체의 원형으로 해석한다. 칸트에 따르면 참된 교회는 순전히 이성적이지는 않지만 그럼에도 순전히 이성적인 종교의 확산이라는 목적을 위한 수단으로 활용되어야 한다. 역사상의 교회가 지닌, 도덕과 무관한 모든 역사적 요소들은 오직 이들이 이런 목적에 기여하는 한에서만 의미와 가치를 지닐 수 있다. 도덕적 종교의 역사는 역사상의 교회 또는 교회 신앙이 이 세계에서 순수한 도덕적 종교를 증진할 때 비로소 시작된다. 칸트는 이에 합당한 최초의 교회 신앙, 따라서 '참된 교회'라는 이름에 어울리는 최초의 신앙이 곧 기독교 신앙이라고 생각한다. 칸트는 그리스도의 가르침, 특히 산상수훈에서 드러나는 가르침을 분석하여 기독교가 도덕적 종교라는 자신의 주장을 입증하려 한다. 하지만 기독교를 비롯한 모든 교회 신앙에서 도덕과 무관한 요소가 발견된다는 점을 전제할 때 교회 신앙을 순수한 이성 종교를 위한 수단으로 활용할 수 있는 유일한 방법은 그 신앙의 경전과 교리 그리고 관행들을 도덕적으로 해석하는 것뿐이다. 따라서 3부에서 칸트는 자신에게 반대하는 다른 주장들에 맞서 계시를 도덕적으로 해석하는 것이 정당하다는 논지를 전개한다.

우리는 『종교』 전반에서 역사상의 신앙과 순수한 이성 종교 사이의 독특한 관계에서 비롯되는 심각한 긴장 상태를 발견한다. 한편으로 칸트는 역사상의 신앙이 순수한 이성 종교를 확산하는 수단으로 사용된다고 믿는다. 인간 본성의 나약함을 전제할 때 이 수단은 설령 향후 언젠가는 불필요한 것이 될지 모르지만 지금은 반드시 필요하다. 다른 한편으로 역사상의 신앙은 신이 도덕적으로 행한 바와 도덕과 무관하게 행한 바를 혼동함으로써 도덕적 신앙의 기초를 끊임없이 위협하기도 한다. 사실 인간은 도덕적 진보로 나아가는 어려운 길을 피하기 위해 온갖 것을 다하려 하는 수준이므로 신을 인간들의 아첨과 아부에 좌우되는 존재로 생각하려는 성향을 지니며, 신에게 아무리 제멋대로 예배를 드리더라도 신이 이를 헌신으로 받아들이리라고 생각한다. 4부에서 칸트는 이런 인간의 성향을 '종교적 망상', '물신숭배', 신에 대한 '거짓 봉사' 등으로 규정하면서 강력히 비난한다. 『종교』 전반에 걸쳐, 그리고 특히 4부에서 종교 문제와 관련해 종교적 관용과 양심의 자유를 온 힘을 다해 강력히 옹호하는 칸트의 태도를 발견한다. 이런 태도는 우리가 계시종교의 초월적 교리가 참인지 그렇지 않은지를 결코 인식할 수 없다는 칸트의 주장과 진정한 종교적 헌신과 관련해 그런 초월적 교리는 단지 부차적인 것에 지나지 않으며 가장 중요한 것은 오직 도덕적 행위라는 칸트의 신념에 기초한다.

3 장
본문 읽기

초판과 재판의 머리말

『종교』에는 서로 다른 두 머리말, 곧 초판(1793) 머리말과 재판(1794) 머리말이 실려 있다. 이 두 머리말을 검토하면서 주로 두 가지 목표에 초점을 맞추려 한다. 첫째, 어떻게 도덕이 종교를 인도하는지를 설명하고 둘째, 『종교』의 기본 계획을 밝히려 한다.

도덕과 종교 (6:3-6)

초판 서문의 첫 문장에서 칸트는 도덕이 신의 관념을 필요로 하지 않는다고 강조해서 말한다. 또한 인간은 오직 이성을 통해 자신에게 무조건적인 도덕법칙을—곧 결과와 무관하게 반드시 행해져야만 할 바를 명령하는 법칙을—부과하는 자유로운 존재라고 말한다. (무조건적인 또는 정언적인 명령으로서의 도덕법칙은 조건적인 또는 가언적인 명령과 대비되는데, 후자는 오직 우리가 어떤 특정한 결과를 얻으려 할 경우에 무엇을 행해야 하는지를 알려주는 명령이다.) 인간은 자신의 의무가 무엇인지를 분명히 밝히기 위해서도 신의 관념을 필요로 하지 않는다—또한 자신을 의무에 따르도록 자극하는 요소도 필요로 하지 않는다.

인간은 순수하게 도덕법칙에 대한 존경심에서 행위할 능력을 지니는 존재이다. 따라서 도덕은 신이나 종교를 필요로 하지 않는다. 하지만 채 몇 페이지도 지나지 않아 칸트는 도덕이 종교로 이어지는 일은 피할 수 없으며, 따라서 도덕은 인간을 넘어선 '도덕법칙을 부여하는 전능한 존재'의 관념에로까지 확장된다고 말한다. 칸트는 어떻게 도덕의 독립성과 자립성으로부터 신과 종교의 관념에 이를 수 있는가? 그리고 만일 도덕이 종교에 이르는 일을 피할 수 없다면 어떻게 도덕은 진정으로 종교와 무관할 수 있는가?

이렇게 서로 대비되는 두 주장 사이의 몇 페이지에서 칸트는 도덕과 종교 사이의 연결에 대한 매우 압축된 논증을 제시한다. 칸트는 결국 이전 세 비판서에서 진행된 이성 종교에 대한 탐구의 결과를 반복해서 언급한다. 하지만 세 비판서에 대해 잘 알지 못하는 독자들은 칸트가 자신의 논증을 매우 간략하게 요약해서 설명한 부분을 보고 오히려 혼란에 빠질지도 모른다. 따라서 우리의 첫 번째 임무는 도덕과 종교 사이의 관계를 분명히 밝히는 것이다.

칸트의 윤리 사상에서 핵심이 되는 것은 어떤 행위를 '도덕적'이라고 규정할 수 있는 방법은 유일하다는 생각이다. 그리고 그 방법은 행위가 도덕법칙에 대한 존경심에서 행해져야만 한다는 것이다. 만일 행위의 일차적 동기가 (또는 칸트의 표현을 빌리면 행위의 '충분한 규정 근거'가) 도덕법칙에 대한 존경심이 아니라면 그 행위는 합법적일 수는 —곧 단지 도덕법칙과 일치할 수는—있지만 도덕적일 수는 없다. 따라서 우리의 의무를 행할 때 우리는 행위의 동기 이외의 다른 요소들을 고려해서는 안 된다. 그리고 이것이 도덕법칙이 우리에게 무조건적인 요구를 부과한다는 말이 의미하는 바이기도 하다. 도덕법칙은 우리가 어떤 행위를 통해서 추구하려는 목적과 무관하게 어떤 방식으로 행위할 의무를 부과한다.

만일 인간이 순전히 이성적인 존재라면 위와 같은 주장에 더 이상 덧붙일 말이 없을 것이다―도덕법칙이 인간의 의지를 직접 규정하면 끝이다. 하지만 칸트에 따르면 인간은 순전히 이성적이기만 한 존재가 아니다. 인간은 자연적 경향성을 지니며 이를 만족시키지 않을 수 없는, 감성적이기도 한 존재이다. 한 각주에서 칸트는 '경향성'을 자신의 행위를 통해 무언가를―또는 어떤 '목적'을―소유하려는 욕구라고 정의한다(6:6 각주). 그리고 인간의 '궁극 목적'은―곧 우리의 다른 모든 목적에 대한 조건이 되는 것은―바로 행복이다.

여기서 잠시 인간과 인간이 아닌 동물 사이의 차이를 검토해 볼 필요가 있다. 칸트에 따르면 인간과 동물은 모두 감성적인 본성을 공유하며 따라서 자연적 경향성의 지배를 받는다. 물론 동물들의 행동은 오직 이런 경향성에 의해 직접 규정되는 반면 인간은 더욱 멀리 있는 목적들을 추구하기 위해 즉시 경향성을 만족시키는 일을 미룰 수 있는 능력을 지닌다. 그렇지만 인간과 동물 모두 감성적 존재인 한 자연적 경향성을 경험하지 않을 수는 없다. 그러나 인간은 동물과는 달리 도덕법칙의 요구에도 민감하게 반응할 줄 아는 존재이다. 달리 말하면 인간에게는 경향성이 도덕법칙의 무조건적인 요구와 충돌할 경우 경향성의 만족을 포기하기도 하는 도덕적 성향도 있다. 인간은 자유로운 존재이므로 오직 자연적 경향성의 명령에만 따라 행위하도록 강요당하지 않는다.

인간이 감성적 본성도 지닌다는 사실은 설령 도덕법칙이 무조건적으로 명령하더라도 인간의 이성이 항상 다음과 같은 질문에 직면하게 됨을 암시한다. 과연 우리의 선한 행위가 낳는 결과는 무엇인가? 도덕적 행위가 우리가 지닌 경향성의 만족으로 (곧 행복으로) 바로 이어지지 않는다는 점은 분명한 듯하다. 만일 경향성의 만족이 우리의 일차 목표라면 우리는 도덕법칙을 위반함으로써 그런 목표를 훨씬 더 잘 추구할 수 있을 것이다. 하지만 도덕법칙은 무조건적으로 명령하므로 우리는 도덕법칙이 경향성의 만족을 위한 유용한 수단이 아니라 할지라도 도덕법칙을 도외시할 수는 없다. 오히려 도덕법칙의 구속력을 느끼는 이성적 존재가 시인할 수 있는 유일한 행복은 행복을 누리기에 합당한 가치에 (덕에) 따른 행복, 곧 덕과 비례하는 행복이다. 칸트는 만일 도덕법칙을 존중하는 존재로서 우리가 어떤 종류의 세계든 마음대로 창조할 능력을 지니는데 과연 어떤 세계를 창조하겠는가라는 질문을 받는다면 덕과 행복이 비례하는 세계를 창조할 것이라고 ─ 설령 이런 선택이 전적으로 도덕법칙의 요구에 따라 살지 못하는 우리에게 우리의 개인적 행복 중 일부를 잃는 결과를 낳는다 할지라도 ─ 말한다(6:5-6). 따라서 도덕과 행복이 비례하는 세계는 ─ 칸트는 이런 상태를 '최고선'이라고 부르는데 ─ 설령 엄격한 의미에서 도덕이 어떤 목적과도 무관하게 규정된다 할지라도 인간의 궁극 목적이 무엇인지를 드러낸다. 최고선의 관념은 어떤 목적과 관련해서 행위하려 하는 인간의 자연적인 욕구에 상응해서 등장한 것이지만 동시에 도덕적 존재로서 모든 인간이 시인할 수 있는 목적이기도 하다.

   하지만 이와 관련해 어느 누구라도 지적할 수 있는 문제가 제기되는데 그것은 현실 세계에서 덕과 행복이 결코 일치하지 않는다는 사실이며, 도덕법칙의 준수가 현세의 행복의 원인으로 작용하는 상태를 실현할 능력이 결코 우리 손 안에 없다는 점이다(6:7-8 각주). 그렇다면 이 궁극 목적을 (최고선을) 실현하기 위해 우리는 덕과 행복을 연결할 능력을 지닌, '더욱 상위의, 도덕적이고, 가장 신성하고, 전능한 어떤 존재를' 가정하지 않을 수 없다(6:5). 이런 방식으로 '도덕은 반드시 종교에 이르지 않을 수 없다' (6:8 각주). 하지만 도덕이 신의 관념을 형성하는 일을 피할 수 없다 할지라도 이런 사실이 신의 존재가 도덕에 기초해 증명될 수 있음을 의미하지는 않는다는 점을 지적할 필요가 있다. 칸트에 따르면 신은 신앙의 대상이지 지식의 대상이 아니다. 하지만 이런 신앙의 대상이 인간의 도덕적 목적에 도움이 되는 한에서 실천이성에 의해 만들어질 수 있다는 것이 바로 이성 신앙의 핵심이다.

『종교』 전체의 계획 (6:12–13)

앞서 1장에서 지적했듯이 세 비판서를 통해 도덕 신학을 명확히 내세웠던 칸트는 『종교』 초판 머리말에서 이전 주장을 매우 압축해서 제시하는데, 그의 주장은 역사적 계시의 도움이 없이 오직 이성만으로도 도덕 신학을 형성할 수 있다는 것으로 요약된다. 하지만 『종교』에서 그는 단지 이전의 도덕 신학을 반복해 언급하는 데 그치지 않는다. 그는 자신의 도덕 신학을 통해 전혀 다른 무언가를 이룰 수 있다고 여기면서 이에 관해서는 재판 머리말에서 설명한다.

재판 머리말에서 칸트는 순수한 이성 종교와 역사적 계시종교를 두 개의 동심원으로 생각할 수 있는데 순수한 이성 종교가 작은 원이며 역사적 계시종교는 큰 원에 해당한다고 주장한다. 이런 비유는 역사적 계시종교가 순수한 이성 종교의 범위를 넘어서서 훨씬 더 많은 것을 포괄한다는 점뿐만 아니라 이 두 종교 사이에 서로 겹치는 부분이 있으며, 사실상 순수한 이성 종교 전체가 역사적 계시종교 내부의 어딘가에 위치할 수 있다는 점을 암시한다. 머리말에서 칸트는 바로 이것이 이성 종교와 역사상의 종교 사이의 진정한 관계라고까지 주장하지는 않는다. 이런 주장은 두 종교 사이에 실제로 겹치는 부분이 있는지, 따라서 이성과 계시 사이에 양립 가능성과 통일성이 성립하는지를 살펴보기 위해 역사적 계시를 도덕적 개념들에 비추어 검토한 후에 입증되어야 한다. 그리고 바로 이런 검토 작업이 칸트가 『종교』에서 행하려는 바이다. 곧 『종교』는 순수한 도덕적 신앙이 역사적인 계시 안에서 발견될 수 있는지, 발견된다면 어느 정도로 발견되는지를 탐구하려는 시도 이외의 다른 것이 아니다.

　『종교』보다 몇 년 뒤에 출판된 저술 『도덕형이상학』(1797)에서는 '오직 이성의 한계 안에서' 종교에 관해 논의하는 것에 대한 또 다른 설명이 제시된다. 여기서 칸트는 자신이 '종교의 형식적 요소'와 '종교의 실질적 요소'라고 부르는 것을 서로 구별한다. 그리고 다음과 같은 설명을 덧붙인다. 그는 형식적 요소와 관련해 종교는 '(마치) 신의 명령과도 같은 모든 의무의 총체와' 같다고 말하면서 '같은'에 강조 표시를 한다. 달리 말하면 우리의 도덕적 의무는 신이 이를 명령하기 때문에 도덕적 의무가 되지 않는다는 점이다. 우리의 도덕적 의무는 신과 무관하게 그 자체로 성립한다. 하지만 이성은 자신이 명령을 내림과 동시에 그것을 이성적이고 자율적인 존재로서의 우리 자신에게 구속력을 지니는 의무로 부과하는 신의 관념에 이끌린다. 이런 방식으로 생각하면 종교는 우리 외부에 존재하는 신에 대한 의무가 아니다. 또한 우리에게 의무를 부과하는 존재는 신이 아니라 이성이므로 종교의 형식적 요소와 관련해서는 신의 존재조차 필요하지 않으며, 단지 실천이성이 만들어내는 신의 관념만으로도 충분하다. (이에 관해서는 『종교』 3부를 다루면서 더욱 상세히 살펴볼 것이다.) 그렇다면 형식적 요소와 관련해서 종교는 '철학적 도덕학'에 속한다. 이와 대비되는 실질적 요소와 관련해서 칸트는 종교가 '신에 대한 의무의 총체'라고 말하는데 이는 종교가 신에게 바치는 예배임을 의미한다. 여기에는 우리의 도덕적 의무를 넘어서는 명령, 오직 경험적이거나 역사적인 계시를 통해서만 인식될 수 있는 명령이 포함되기도 한다. 오직 역사적 계시를 통해서만 얻을 수 있는 인식은 단지 실천이성이 만들어낸 신의 관념이 아니라 신이 실제로 존재한다는 가정을 필요로 한다. 따라서 실질적 요소와 관련해 종교는 철학적 도덕학의 외부에 놓이게 된다(6:487).

『도덕형이상학』에서 종교의 형식적 요소와 실질적 요소 사이의 구별을 설명하고 난 후 칸트는 다음과 같이 말한다.

> 물론 우리가 말할 수 있는 바는 '오직 이성의 한계 안의 종교'이다. 그러나 이런 종교는 오직 이성으로부터만 도출된 것이 아니라 또한 역사와 계시의 가르침에도 기초하며, 오직 이들과 순수한 실천이성 사이의 조화만을 고려한다(곧 이들과 이성 사이에 충돌이 없음을 보이려고 한다). 하지만 이 경우 종교는 순수한 것이 아니라 우리에게 전해진 역사에 맞도록 응용된 종교이므로 그 안에 순수한 실천철학으로서의 윤리학이 설 자리는 없다. (6:488)

그렇다면 '오직 이성의 한계 안의' 종교를 분석하려는 철학자는 사실상 순수한 철학적 도덕학이라는 좁은 내부의 원을 넘어서서 역사적 계시의 영역으로 나아가야 한다. 하지만 그가 그렇게 하는 까닭은 오직 순수한 종교를 역사에 '응용함'으로써 이성과 계시 사이의 조화를 입증하기 위해서이다.

앞으로 보게 되듯이 칸트는 실제로 이성 종교와 계시종교 사이에, 더욱 구체적으로는 이성 종교와 기독교의 계시 사이에 조화가 성립할 수 있다고 굳게 믿는다. 하지만 『종교』의 목표는 이성 종교와 계시종교 사이에 이미 존재해온 조화를 확인하는 단순한 차원을 훨씬 넘어서서, 오히려 이런 조화를 새로 만들어내는 것이다. 설령 순수한 이성 종교가 역사적 계시라는 큰 원 안에 위치해 서로 겹치는 부분이 있다 할지라도 역사상의 종교에는 도덕적 종교와 무관한 부분이 적지 않으며 심지어 역사상의 종교가 도덕적 종교를 위협하는 경우까지도 일어난다. 따라서 철학자는 역사상의 종교가 지닌, 도덕과 무관한 요소들을 무관심하게 방치해서는 안 된다. 따라서 『종교』의 또 다른 중요한 임무는 계시를 도덕적으로 해석함으로써 계시가 지닌 위험한 요소와 싸우는 것이다. 오직 이런 해석을 통해서만 역사상의 종교의 위협을 상쇄하고 역사상의 신앙이 도덕적 종교에 도움이 되도록 만들 수 있다. 이런 의도에서 칸트는 『학부들 사이의 논쟁』을 통해 — 이 저술의 대부분은 칸트가 『종교』를 썼던 시기 전후에 쓰였지만 프리드리히 빌헬름 2세가 세상을 떠난 뒤에야 정식으로 출판되었다 — 성서를 철학적으로 해석할 때 지켜야 할 네 가지 규칙을 분명히 제시하는데 이들은 『종교』에서도 폭넓게 활용된다.

규칙 #1: 성서에 이성을 넘어서는 가르침이 등장할 경우 철학자는 이런 가르침이 실천이성에게 유리하도록 해석해도 좋다. 하지만 이런 가르침이 실천이성과 모순될 경우 철학자는 이를 실천이성에게 유리하도록 해석해야만 한다. (7:38)

규칙 #2: 우리가 오직 계시를 통해서만 인식할 수 있는 성서의 가르침과 관련해 이를 믿는다고 해도 크게 칭찬할 만한 일이 아니며, 이를 믿지 않는다고 해도 죄를 짓는 일로 여겨서는 안 된다. 참된 종교에서 중요한 것은 오직 도덕적 행위이며, 성서의 모든 교리는 이를 강화하는 방향으로 해석되어야 한다. (7:41-24)

규칙 #3: 인간의 행위 중 칭찬할 만한 것은 자기 자신의 자유를 사용한 결과로 등장하는 것이지, 신의 영향을 단지 수동적으로 받아들임으로써 이루어지지 않는다. 후자의 견해를 암시하는 성서의 모든 구절은 전자의 견해와 조화를 이루도록 해석되어야 한다. (7:42-43)

규칙 #4: 인간에게는 인간이 자신을 의롭게 만들기 위해 할 수 없는 모든 일을—예를 들면 인간이 과거에 저지른 악행을 없애는 일을—신은 능히 할 수 있다고 이성적으로 믿을 자격이 있다. 하지만 이성에게는 이런 신의 보완이 어떤 형태를 취해야 하는지를 결정할 자격은 없다. (7:43-44)

곧바로 살펴보겠지만 이들 네 해석 규칙은 『종교』 전반의 핵심 사상을 효과적으로 요약한 것에 해당하는데 여기에는 특히 종교적 교리를 도덕을 증진하는 방식으로 해석해야 한다는 명령, 오직 도덕적 행위만이 신을 기쁘게 하며 신에 대한 진정한 예배라는 생각, 인간은 수동적으로 신의 도움을 바라는 것이 아니라 자신의 자유를 사용함으로써 도덕적 의미에서 자신이 나아갈 바를 스스로 만들어야 한다는 주장, 인간이 의로워지기 위해 자신의 자유를 사용함으로써 도달할 수 없는 영역에서는 신에 의한 보완이 필요한데 오직 인간이 도덕적으로 선한 존재가 되기 위해 자신의 능력에 속하는 모든 노력을 다한다는 조건 아래에서만 이런 보완이 허용된다는 이성적인 신앙 등이 모두 포함된다.

　『종교』의 머리말을 읽으면서 『논쟁』에 등장한 이런 규칙들을 기억하는 것은 매우 중요하다. 단지 머리말에만 기초할 경우 독자들은 『종교』의 임무가 오직 이성 종교와 역사상의 종교 사이의 접점을 확인하는 것으로 한정된다고 오해할 수 있기 때문이다. 하지만 이는 『종교』의 일부 내용일 뿐이다. 칸트가 그리스도의 (있는 그대로 이해할 경우) 가르침과 이성 종교의 가르침을 하나의 동일한 것으로 여기므로 둘을 조화롭게 만들기 위해 굳이 전자를 도덕적–철학적으로 해석할 필요는 없다고 생각한다는 점은 당연한 사실이다. 하지만 기독교 성서와 교리에는 이성 종교와 적절한 조화를 이루기 위해 강력하게 해석되고 다듬어져야 할 다른 요소들이 적지 않다. 사실 이런 가르침 중 일부는 전통적인 기독교 신학의 핵심에 속한 것이므로 칸트가『종교』에서 보인, 여기에 철학적으로 개입하려는 시도는 기독교에 대한 일종의 공격으로 여겨졌고 사실상 그의 시도를 분명히 그런 공격으로 보는 것도 무리가 아니다. 앞으로 보게 되듯이 칸트는 원죄나 그리스도의 속죄 같은 기독교의 핵심 교리를 근본적으로 재해석하면서 기독교 신학에서 사용되는 용어 자체는 유지하지만 기존의 전통적인 의미는 완전히 뒤바꾼다. 그렇다면 누구든『종교』를 읽는 독자들이 던질 핵심 질문은 칸트가 계시종교를 이성 종교로 환원함으로써 두 종교 사이의 조화를 확보하는 데 얼마나 성공하는가가 될 것이다. 그런데 이런 환원은 그 어떤 방식으로든 계시가 지닌 문자 그대로의 의미에 의존하는 것이 아니라 해석의 규칙들을 정립함으로써 가능해진다.

1부: 악한 원리가 선한 원리와 공존함에 관하여, 또는 인간 본성 안의 근본악에 관하여

『종교』의 1부에서 칸트는 인간 본성 안에 '근본악'이 내재한다는 악명 높은 주장을 전개한다. 이런 생각은 칸트가 살았던 당시 상당한 논란이 되었음이 분명한데 그 까닭은 원죄라는 낡고 비관적인 기독교 교리와 같은 맥락에 속하는 듯이 보이는 근본악의 개념에 철학적 의상만을 차

려 입은, 많은 계몽주의 학자들이 반대했기 때문이다. 원죄는 오랜 역
사를 거치면서 다양하게 변형된, 상당히 복잡한 개념이지만 여기서는
현재의 논의를 위해 다음과 같이 규정하는 정도로 충분할 듯하다. 원죄
의 교리에 따르면 아담과 이브는 에덴동산에서 죄를 저질렀다—곧 선
과 악을 알게 하는 나무의 열매를 따먹지 말라는 신의 명령을 어겼다.
그리고 이 죄는 아담의 후손들에게 깊고 심각한 영향을 미쳤다. 이 죄
의 결과 인간 본성은 근본적으로 타락했으며, 모든 인간은 죄를 저지를
강력한 성향을 지닌 채 태어나게 되었다. 이렇게 타락한 본성을 지닌
인간은 죄를 짓지 않고는 살아갈 수 없다. 더욱이 인간은 이렇게 죄를
지을 본성만 물려받는 것이 아니라 아담과 이브가 저지른 죄 자체도 물
려받는다. 이는 모든 인간이 죄를 지을 본성을 타고났으므로 비난받아
야 마땅하고, 따라서 신의 처벌을 피할 수 없음을 의미한다. 앞으로 보
게 되듯이 칸트의 관점에서 원죄의 교리가 지닌 가장 중요한 문제는 이
교리가 인간의 타고난—곧 자신이 자유롭게 선택하지 않은—본성과
개인이 직접 저지르지 않은 죄에 대해 도덕적 책임을 묻는다는 점이다.
물론 원죄 개념에 대한 이런 식의 도덕적 반박을 칸트가 처음 시도한
것은 아니다. 이런 반박의 기원은 원죄의 교리에 대한 정통설을 정교하
게 확립한 아우구스티누스(St Augustine, 430년 사망)에게 강력히 반
대했던 펠라기우스(Pelagius, 기원후 4세기 말/5세기 초에 활동)에게까
지 거슬러 올라간다.

　펠라기우스는 인간 본성은 타락하지 않았으며 인간이 스스로 선택하
여 신의 명령에 따를 능력을 지닌다고 믿었기 때문에 이단으로 몰린 것
으로 보인다. 결국 원죄설은 기독교 교회의 정통 교리로 자리 잡았다.
비록 정통의 지위를 얻었지만 원죄설은 계몽주의가 표방하는 전반적인
낙관론과 인간성이 이성적이고 선하다는 믿음과는 크게 어긋나는 것이

었다. 따라서 칸트의 '근본악' 이론이 원죄설을 철학적으로 변형한 것에 지나지 않는다면 칸트 자신 또한 이런 비판을 피할 수 없을 것이다. 예를 들면 괴테(Goethe)는 헤르더(Herder)에게 보낸 편지에 다음과 같이 썼다. '칸트에게는 자신의 철학을 가렸던 수많은 불순물과 편견의 외투를 벗겨내고 그것을 정화하는 데 오랜 시간이 필요했다. 그런데 이제 그는 어쩌면 기독교인들도 그 외투의 끝단에 기꺼이 입 맞추도록 만들기 위해 근본악이라는 수치스러운 오점을 제멋대로 끌어들여 다시 외투를 더럽히고 말았다' (Fackenheim, 21에서 재인용). 하지만 사실상 칸트의 근본악 이론은 비관적인 것이 전혀 아니다. 『종교』에서 전개되는 칸트의 논증 대부분은 비록 인간이 악할지라도 도덕적 전회의 가능성이 항상 존재하며, 인간이 오직 자신의 능력을 사용해 선을 향해 나아갈 수 있다는 사실을 보이기 위한 것이다. 인간은 자신을 선하게 만들기 위해 신에게 의존하지 않는다. 만일 인간이 이런 도덕적 전회를 이루기 위해 신에게 의존해야 한다면 이런 전회에는 어떤 도덕적 가치도 없을 것이다. 칸트가 항상 주장하듯이 도덕적으로 선하거나 악한 행위는 인간이 자유를 행사한 결과임에 틀림없다. 그렇지 않다면 인간의 행위는 도덕적으로 선하거나 악할 수조차 없을 것이다. 칸트는 단지 원죄의 교리를 변형한 것이 아니라 사실상 정통 기독교에서 생각하는 것과는 전혀 다른 인간악의 개념을 제시한다.

하지만 내가 이미 주장했듯이 『종교』에서 칸트의 기획은 그저 계시와 기독교 교리가 도덕과 양립할 수 없을 경우 이들을 배제하려는 수준에 그치지 않는다. 칸트는 역사상의 종교가 순수한 도덕적 종교를 발전시키기 위한 수단이라고 주장한다. 따라서 철학자는 이성 종교를 발전시키기 위해 역사상의 종교의 경전과 교리를 적절히 활용해야 한다. 하지만 이런 작업은 종교에 대한 철학적 해석학을, 달리 말하면 종교의 경전과 교리가 도덕과 양립할 수 있도록 철학적으로 해석하는 일을 필요로 한다. 그렇다면 인간 본성이 근본적으로 악하다는 칸트의 주장은 원죄설을 자신의 도덕철학과 보조를 맞추어 재해석한 것이라 할 수 있다. 앞으로 보게 되듯이 이 때문에 칸트는 기독교 교리로서의 원죄설을 정교하게 설명하는 데 중요한 용어들이 —예를 들면 '타고난', '본성적인', '성향' 등이 —일상적인 의미로 사용될 경우 자신이 주장하는 도덕적 책임의 개념과 잘 들어맞지 않음을 알면서도 이들을 그대로 사용한다. 그가 이런 용어들을 계속 사용하는 까닭은 원죄설과의 관련성을 유지하면서도 이들을 자신의 도덕철학과 양립할 수 있는 새로운 방식으로 다시 정의하기 위해서이다. (『종교』 1부를 제대로 읽기가 그토록 까다로운 이유는 바로 칸트가 이런 용어들을 새로운 의미로 사용하기 때문이다.)

그렇다고 해서 『종교』 1부가 오직 원죄설에 대한 철학적 재해석으로서만 중요성을 지닌다는 말은 아니다. 오히려 칸트는 여기서 그가 이전 저술들을 통해 전개했던 도덕 이론에 매우 중요한 몇몇 요소들을 더한다. 이 때문에 특별히 종교철학에 관심이 없는 철학자나 연구자들도 1부를 계속 주목해왔고, 따라서 그의 근본악 개념에 대해 많은 연구가 이루어졌다. 이런 학문적 분석이 적지 않지만 칸트의 이론은 여전히 해석하기 어려운 것으로 악명 높다. 아래의 분석을 통해 나는 칸트의 원전에 대해 가장 설득력 있는 해석으로 여겨지는 바를 제시하려 하며, 이와 다른 해석에 대해서는 이 책의 5장 '더 읽어볼 만한 자료들'에서 소개하려 한다.

유감스럽게도 1부에서 인간 본성 안의 근본악에 대한 칸트의 분석은 항상 잘 질서 잡힌 형태로 진행되지는 않는다. 따라서 나는 1부에 등장하는 각 절을 순서대로 설명하기보다는 원전을 다소 자유롭게 재구성

하는 방식을 택하려 한다. 그리고 칸트의 원전에 기초해 그의 주장을
이해하는 데 가장 핵심이 되는 다음의 세 가지 질문을 던지고 이에 답
하려 한다.

1. 인간 본성이 악하다는, 그것도 근본적으로 악하다는 말의 의미는 무
   엇인가?
2. 우리는 특정한 개인이 악하다는 사실을 어떻게 알 수 있는가?
3. 악하다는 것은 인류라는 종의 특성인가, 그리고 우리는 이 사실을 어
   떻게 알 수 있는가?

이 세 질문에 답하는 과정을 통해 나는 1부에 등장하는 칸트의 논증에
포함된 모든 부분과 단계에 대한 주석을 제시하려 한다.

1. 인간 본성이 악하다는, 그것도 근본적으로
악하다는 말의 의미는 무엇인가?

칸트는 1부를 매우 간단한 질문으로 시작한다. 세계는 더욱 선해지는
가 아니면 더욱 악해지는가? 세계가 처음에는 선하게 (황금시대 또는
낙원에서의 삶으로) 출발했지만 그 후 점점 악한 상태로 추락해 현재
우리는 말세에 살고 있으며 세계의 몰락이 임박했다는 '한탄은 역사만
큼이나 오래된 것이다' (6:19). 하지만 최근 들어 철학자들 사이에 세계
가 사실상 악한 상태에서 선한 방향으로 진보하며, 인간이 이런 진보의
성향을 타고났다는 견해가 등장했다. 칸트는 곧바로 이런 견해를 논의
의 주제로 삼아 다음과 같이 말한다. 만일 논의의 대상이 도덕적 선과

악이라면 이런 낙관적인 견해는 경험에 기초할 수 없을 것이다. 역사가 이런 견해를 바로 반증하기 때문이다. 따라서 이런 낙관론을 주장하는 철학자들의 관점에서 볼 때 이 견해는 우리가 지닌 '선의 씨앗'이 발현되도록 격려하기 위한 것이라고 여겨야 한다(6:20). 사실 칸트는 인간 사회에 널리 퍼진 악을 이런 낙관적 견해에 대한 반박의 근거로 생각하지만 다른 한편으로 그가 인간이 진보의 능력을 지닌다는 점을 굳게 믿는다고 분명히 말할 수 있다. 이런 진보는 『종교』의 주요 관심사 중의 하나이며, 이런 사실은 3부의 제목인 '악한 원리에 대한 선한 원리의 승리, 그리고 지상에 신의 나라를 세움'에서 여실히 드러난다.

　세계의 진보에 관한 낙관론도 비관론도 참이 아니며, 인간 종은 선하지도 악하지도 않으며 어쩌면 한편으로는 선하고 다른 한편으로는 악하다는 식의 견해가 성립할 수 있는가? 칸트는 이런 선택지 중 어떤 쪽도 거부한다. 앞으로 보게 되듯이 그의 '도덕적 엄격주의'에 따르면 인간은 선하거나 아니면 악할 수밖에 없다―둘 사이의 중간이나 도덕적으로 중립인 상태는 없다. 칸트는 인간이 악한 상태에서 출발하는데 이런 악은 인간 종 전체의 특징이라고 주장한다. 악이 인간 종 전체의 특징이라는 말은 과연 무엇을 의미하며, 칸트는 정확히 어떤 방식으로 이런 강력한 주장을 증명하는지는 이제 우리가 살펴보아야 할 바이다. 우선 인간이 전적으로 악하다는 칸트의 말이 무엇을 의미하는지부터 검토해보자.

　다양한 철학과 종교 체계가 악을 이해하는 공통적인 방식 중 하나는 악이 우리 인간의 '동물적' 본성 중 일부에 해당하는 경향성과 욕구에서 기인한다는 것이다. 인류가 자신을 단순한 동물보다 높은 수준에 이르게 하는 이성적 요소를 아무리 많이 지닌다 할지라도 우리는 인간의 이런 우월성을 의심하게 만드는 경향성과 욕구 또한 얼마든지 경험한다. 우리는 음식과 성행위, 그 외에도 육체적 쾌락을 주는 수많은 것들을 원한다. 이런 욕구는 때로 우리의 이성적 능력을 압도해 우리로 하여금 '비도덕적인' 일들을 저지르게 만든다. 따라서 악의 근원이 이런 자연적 욕구나 경향성 자체에 있다고 생각하기 쉽다. 하지만 칸트는 이런 견해를 단호히 거부한다.

　칸트에 따르면 이런 자연적 경향성은 결코 그 자체로 악할 수 없다. 왜냐하면 바로 자연적이기 때문이다. 우리는 그런 경향성을 마음대로 선택해서 경험하지 않으며, 이는 우리의 자연적인 구성 요소 또는 우리의 육체적 본성의 결과일 뿐이다. 따라서 이는 우리가 완전히 없앨 수 있는 무언가가 아니다. 그렇다면 칸트의 관점에서 인간과 인간 아닌 동물 사이의 차이점은 인간이 이런 경향성의 노예가 아니라는 점을 들 수 있다. 동물은 어떤 경향성을 경험하면 충동적이고 본능적으로 그것에 따라 행동한다. 반면 인간은 자유로운 선택 능력(Willkür)을 지니므로 자연적 경향성에 따르기도 하고 따르지 않기도 한다. 동물은 어떤 자극이 주어지면 그것에 따라 행동하지 않을 수 없지만 (떠돌이 개는 기회를 틈타 파이 조각을 훔쳐 먹지 않을 수 없지만) 인간은 어떤 자극이 주어지더라도 그것에 따라 행위하지 않을 수 있다. 인간은 아무리 배가 고파도 —심지어 단것에 대한 중독 증상을 타고난 사람이라 할지라도—파이를 반드시 훔치려 들지는 않을 것이다. 인간에게는 오히려 훔치는 일을 억제하고 서로 대립하는 여러 자극들 중 하나를 선택할 수 있는 능력이 있다. 예를 들면 절도 행위로 인해 체포되지 않으려는 욕구가 파이를 훔치려는 행위에 강력히 맞서는 자극으로 작용하고, 이를 통해 우리는 처벌의 두려움에서 벗어나게 된다. 하지만 처벌받을 가능성이 거의 없는 경우에도 우리는 오직 파이를 훔치는 일이 그른 행위라는, 칸트식으로 표현하면 도덕법칙을 위반하는 행위라는 이유로 그런 일을 하지 않기도 한다.

칸트에 따르면 도덕법칙은 그 자체로 행위의 동기를 제공한다. 인간은 때로 자연적인 경향성이나 욕구를 만족시키는 행위가 도덕법칙을 존중하는 일이 아니라는 이유로 그런 행위를 하지 않기도 한다. 도덕법칙에 대한 존중은 앞으로 살펴보게 되듯이 가장 우선해야 할 동기이기는 하지만 어떻게 보면 행위의 여러 동기들 중 특수한 하나의 동기에 지나지 않는다.

어쨌든 중요한 것은 칸트가 어떤 순간에 어떤 동기에서 행위하든 간에 인간은 항상 어떤 근거에 따라 행위한다고 주장하는 점이다. 이런저런 동기는 항상 행위의 근거로 작용한다. 인간이 항상 어떤 근거에 따라 행위한다는 말은 곧 인간이 항상 원리에 따라 또는 칸트가 준칙이라고 부르는 것에 따라 행위한다는 말을 달리 표현한 것일 뿐이다. 칸트는 준칙을 '우리의 선택 능력이 자신의 자유를 발휘해 스스로 정하는 규칙'이라고 정의한다(6:21). 이런 규칙 또는 실천 원리의 예로 다음과 같은 것들을 들 수 있다.

1. 나의 수입 중 10%를 항상 자선 단체에 기부한다.
2. 비윤리적으로 행위하지 않는 한 나의 사업에서 항상 최대한의 이익을 추구한다.
3. 붙잡힐 위험이 없는 한 비윤리적으로 행위해서라도 나의 사업에서 항상 최대한의 이익을 추구한다.
4. 노동절 이후에는 흰 옷을 입지 않는다.[1]

---

1 옮긴이 주-이전에 미국에서는 노동절(9월 첫째 월요일)을 여름이 끝나는 날로 여겼으므로 노동절이 지나면 사람들이 여름 휴가복인 흰색 옷을 입지 않는 관습이 있었다.

이들은 우리의 행위를 인도하는 준칙들의 예이다. 이들 중에는 분명히 도덕적으로 선한 준칙도(1과 2) 있고, 분명히 도덕적으로 악한 준칙도(3) 있고, 도덕과 아무 상관이 없는 듯이 보이는 준칙도(4) 있다. 하지만 여기서 핵심은 오직 내가 그 원리를 나의 행위를 인도하는 것으로 실제로 채택할 경우에만 그것이 나의 준칙이 된다는 점이다. 예를 들어 옷 색깔은 문제되지 않는다고 생각하는 사람은 얼마든지 겨울까지 흰옷을 계속 입음으로써 (4)를 거부할 수도 있다. 만일 내가 어떤 특수한 원리가 나의 행위를 인도하는 일을 허용하지 않는다면 나는 그 원리를 나의 준칙으로 채택하지 않은 셈이 된다. 우리의 모든 행위가 준칙에 기초한다는 칸트의 믿음은 다소 낯설게 보이기도 한다. 우리는 행위하기 전에 우리 자신에게 '나는 어떤 준칙이 이렇게 저렇게 명령하는 바에 따라 이제 이런저런 행위를 수행할 것'이라고 말하지 않기 때문이다. 더 나아가 우리는 행위하는 순간에 과연 어떤 준칙에 따라 행위하는지를 제대로 인식하지 못하는 경우도 많다. 이에 대해 칸트는 우리가 자신의 준칙을 깨닫지 못하는 경우를 만났을 때 잠시만 스스로 생각해보면 우리의 행위 각각의 배후에 항상 어떤 준칙이 놓여있음을 발견하리라고 주장할 것인데 이런 주장은 옳을 수도 있고 그를 수도 있다.

이제 다시 자연적 경향성으로 돌아가 보자. 칸트는 경향성이 선하다고 주장하는데 정확하게 도덕적 의미에서 그런 것이 아니라 —칸트는 도덕성이 오직 우리가 자유롭게 선택한 것들로 구성된다고 보는데 우리는 결코 자연적 경향성을 자유롭게 선택할 수 없기 때문에—우리 본성의 일부라는 의미에서 그렇다고 여긴다. 경향성이 없다면 더욱 상위의 이성적 자아는 존재할 수 없을 것이다. 도덕적 완전성의 전형으로 여겨지는 성인이나 이성적 사고의 모범을 보이는 철학자들도 도덕적이고 이성적이기 위해 음식을 먹어야 하므로 음식을 향한 자연적 경향성은

결코 악한 것일 수 없다. 또한 후손을 낳으려는 욕구가 없었다면 인간
종은 그리 오래 유지되지 못했을 것이다. 따라서 이런 경향성은 우리
본성의 일부이고 진정한 도덕적 선을—곧 우리의 자유로운 선택 능력
의 산물인 선을—가능하게 만드는 조건에 해당하므로 칸트는 경향성
이 우리가 지닌 '선을 향한 소질'의 일부라고 말한다. 더욱 정확하게
표현하면 경향성은 우선 선을 향한 세 가지 소질, 곧 동물성과 인간성
그리고 인격성을 반영한다. 칸트는 이 세 가지 소질을 1부에서 설명하
므로 이제 이들을 차례대로 검토해보자.

동물성

동물성이라는 소질은 이성에 앞서는 것으로서, 육체를 지니는 한 인간
이 지니지 않을 수 없는 것이다. 칸트는 동물성을 '물리적이고 순전히
기계적인 자기애, 곧 이성을 필요로 하지 않는 자기애'라고(6:26) 정의
한다. 이 기계적인 자기애는 세 가지 요소로 구성된다. 곧 자기보존의
충동, 성적인 충동을 통해 자신의 종을 번식하려는 욕구와 자신의 후손
을 보존하려는 욕구 그리고 사회적 충동 또는 다른 사람들과 공동체를
형성해 살아가려는 욕구가 이에 속한다. 중요한 것은 칸트가 이런 충동
들에게 어떤 도덕적 가치도 부여하지 않는다는 점인데 그 까닭은 정확
히 이들이 자연적일 뿐 인간이 자유롭게 선택한 것이 아니기 때문이다.
이런 충동을 지닌다고 해서 인간이 악해지지는 않는다. 그리고 만일 인
간이 오직 이런 동물성의 소질만을 지닌다면 마치 고양이가 도덕적 행
위자로 여겨질 수 없듯이 인간 또한 결코 도덕적 행위자로 여겨질 수
없을 것이다. 따라서 이런 충동들이 그 자체로 악하다는 주장은 전혀
사실이 아니다. 하지만 앞으로 보게 되듯이 이런 충동들이 도덕법칙에
앞서게 되면 도덕적 악이 발생한다.

인간성

인간성이라는 소질은 동물성과 마찬가지로 물리적인 자기애를 포함하지만, 비교의 개념이 더해진다는 점에서 동물성과 구별된다. 그리고 칸트는 비교를 위해서는 이성이 필요하다고 말한다. 인간성이라는 소질이 지닌 자기애의 독특한 점은 행복을 향한 욕구를 포함한다는 점이다. 하지만 행복은 오직 다른 사람들과의 비교를 통해서만 규정된다. 이런 종류의 자기애는 다른 사람들에게 가치 있게 보이려는 경향성을 불러일으키는데 이런 경향성은 언뜻 보기에 완벽하게 선한 것인 듯도 하다. 하지만 칸트는 이것이 다른 사람들보다 우월해지려는 욕구나 다른 사람들이 자신보다 우월해지려고 애쓸지도 모른다는 걱정을 낳을 수도 있다고 우려한다. 그리고 이들은 질투심, 경쟁심 그리고 다른 사람들에 대한 은밀하거나 공공연한 적대감을 낳는다. 하지만 자연은 우리가 이런 경쟁심을 문화 발전을 위한 자극으로 사용하기를 바란다. 따라서 인간성이라는 소질은 잘못 사용되면 (동물성이라는 소질과 꼭 마찬가지로) 악을 낳기도 하지만, 악한 것은 인간성 자체가 아니라 그것의 잘못된 사용이다.

인격성

칸트는 '인격성'이라는 용어를 우리가 흔히 사용하는 방식으로, 곧 한 특정한 사람이 지닌 개인적인 기질이나 특성을 지칭하는 것으로 사용하지 않는다. 우리는 서로 다른 사람들은 서로 다른 인격성을 지닌다고 곧잘 말하지만 칸트는 이 용어를 모든 인간이 동등하게 소유한 무언가, 따라서 심지어 인간이 된다는 것의 본질을 구성한다고까지 말할 수 있는 무언가를 지칭하는 데 사용한다. 칸트는 인격성의 소질을 다음과 같이 정의한다. 인격성은 '도덕법칙에 대한 존경의 감수성, 곧 그 자체만으로 선택 능력에 대한 충분한 동기가 되는 감수성이다.' 달리 말하면 인격성이라는 소질은 도덕적 존재로서의 인간이 지니는 것이다. 칸트에 따르면 인간이 자기애를 넘어서서 도덕법칙을 선택하려면, 간단히 말해 악이 아니라 선을 선택하려면 도덕법칙을 오직 그 자체만으로 선택할 수 있는 소질을 지녀야 한다. 칸트는 이를 '도덕적 감정'이라고 부르는데 이는 곧 도덕법칙에 대한 존경의 감정이기도 하다. 물론 이런 도덕적 감정을 지닌다는 것만으로 인간이 선하게 되지는 않는다. 앞으로 보게 되듯이 이런 도덕적 감정을 자유롭게 형성하고 이를 우리의 선택 능력을 발휘하는 유일한 동기로 삼음으로써 우리는 선함에 이르게 된다.

중요한 점은 동물성과 인간성의 소질이 도덕법칙에 복종하지 않는다면 악에 이를 가능성이 있다 할지라도 이 때문에 이런 소질이 반드시 제거되어야 하는 것은 아니라는 사실이다. 칸트는 이들이 인간 본성의 피할 수 없는 특징이기 때문에 이들을 제거하는 것은 불가능하다고 분명히 주장한다. 더 나아가 우리가 동물성과 인간성의 소질을 제거할 수 없다면 이들을 울며 겨자 먹기 식으로 참아야 한다는 것은 결코 사실이 아니다. 칸트는 이들이 그 자체로는 선하며, 오직 우리가 이들을 잘못 사용할 경우에만 악에 이른다고 주장한다. 이런 소질들은 인간 본성의 우연적 특성이 아니라 필연적 특성이므로 만일 이들이 없다면 인간은 인간이기를 멈추고 말 것이다. 동물성의 소질은 인간이 생명체로서 계속 생존하기 위해 필요하며, 인간성의 소질을 구성하는 합리성이 없다면 인류는 오직 직접적인 본능에 따라서만 행동할 것이므로 행복을 포함한 장기적인 목표를 형성하거나 계획하고 이에 도달하는 능력을 지닐 수 없을 것이다.

그렇다면 악은 자연적 경향성 자체가 낳는 결과가 아니라 우리가 부적절한 동기를 앞세운 결과로 보아야 한다. 칸트에 따르면 도덕법칙을 준수하려는 동기는—도덕법칙을 수용하려는 자세는 인간이라는 존재의 핵심적인 한 부분에 해당하므로 모든 인간은 이런 동기를 경험하는데—다른 어떤 동기보다도 앞서야 하는 것이다. 도덕법칙은 무조건적인 존경을 요구한다. 그리고 이는 다른 모든 동기에 선행해야만 한다. 오직 이렇게 도덕법칙을 가장 앞세우고 난 이후에만 나는 선한 양심과 더불어 나의 자연적 경향성들을 만족시키려는 다른 동기들에 따라 행위할 수 있다. 내가 파이를 먹음으로써 나의 자연적 경향성을 만족시키는 일은 그르지 않다. 하지만 나는 도덕법칙을 위반하지 않는 한에서만 이렇게 할 수 있다. 만일 내가 파이를 훔쳐서 먹는다면 나는 도덕법칙보다 나의 경향성 만족을 앞세운 셈이 된다. 칸트의 용어로 표현하면 나는 도덕법칙을 준수하려는 동기보다 자기애라는 동기를 앞세운 것이다. 요약하자면 칸트는 인간이 자신의 경향성을 완전히 부정하거나 통제 또는 제거하기를 원하는 것이 아니라 도덕법칙을 어기면서까지 경향성의 만족을 추구해서는 안 된다고 주장한다.

이 점을 기억하면서 이제 준칙이라는 주제로 되돌아가자. 1부 첫머리에서 칸트는 우리가 인간을 악하다고 여기는 까닭은 인간이 악한 행위를 (곧 도덕법칙에 어긋나는 행위를) 행하기 때문이 아니라 인간의 행위가 '그의 내부에 악한 준칙들이 있음을 추론하게 만들기' 때문이라고 말한다(6:20). 그런데 사실상 이 점은 추론적이라기보다는 직관적이다. 우리는 일상의 경험에서 누군가가 행하는 어떤 구체적 행위를 통해 과연 그가 악한 방식으로 행위했는지 그렇지 않은지를 항상 분명히 파악하지는 못한다. 예를 들어 내가 지하철 개찰구를 뛰어넘어 무임승차를 했다면 나는 법에 어긋나게 행위한 것이다. 만일 이 때 나의 준칙이 '나는 걸리지만 않는다면 기회 있을 때마다 대중교통을 무임승차하겠다' 는 것이라면 나의 행위는 악하다. 하지만 내가 이와 정확히 동일한 행위를 나이 든 할머니가 전동차에서 강도를 당할 위험에 처한 것을 보고 할머니를 가능한 한 빨리 돕기 위해 행했다면 이 때 나의 행위는 결코 악한 것이 아니다. 따라서 동일한 어떤 행위도 그것의 기초가 되는 특정한 준칙에 따라 선할 수도 악할 수도 있다.

이제 나는 걸리지만 않는다면 기회 있을 때마다 대중교통을 무임승차하겠다는 것이 나의 준칙이라고 가정해보자. 그렇다면 나는 악한 사람이 되는가? 이는 매우 답하기 어려운 질문이다. 설령 대중교통 무임승차가 도덕적으로 비난받을 만한 일이라는 점에 모든 사람이 동의한다 할지라도 단지 이런 준칙을 근거로 한 개인을 악하다고 말할 수 있는지에 대해서는 많은 사람이 대답을 주저할 것이다. 이 준칙은 누군가가 택할 수 있는 다른 준칙(예를 들면 '지켜보는 사람이 없을 경우 나는 항상 할머니에게 강도짓을 하겠다')만큼 도덕적으로 비난받을 만한 것은 아니기 때문이다. 어쨌든 한 개인이 무임승차라는 악한 준칙을, 아니면 그보다 더욱 악한 준칙을 택한다 할지라도 그는 동시에 도덕적으로 칭찬받을 만한 다른 많은 준칙을 택할 수도 있고 따라서 준칙들의 선과 악은 서로 상쇄되거나 균형을 맞추게 된다. 그렇다면 이 개인 안에는 선과 악이 섞여 있으며, 그는 한편으로는 선하고 다른 한편으로는 악하다고 말하는 것이 최선일지 모른다. 만일 그에게서 선과 악이 정확하게 균형을 맞춘다면 심지어 그를 도덕적으로 중립적이라고 말할 수 있을 듯도 하다. 하지만 칸트는 이런 관점을 받아들이지 않는다. 이제 그 이유를 살펴보자.

이미 살펴보았듯이 칸트는 도덕법칙이 무조건적이라고 생각한다. 도덕법칙은 다른 모든 동기가 도덕법칙에 따르려는 동기 아래에 놓일 것을 요구한다. 달리 말하면 도덕법칙의 이런 요구는 매우 엄격해서 어떤 예외도 허용하지 않는다. 이런 무조건적인 요구에 대해 단 하나의 예외만 허용한다 할지라도 이는 곧 도덕법칙에 따르려는 동기 위에 자기애의 동기를 두는 셈이 될 것이다. 칸트가 믿듯이 사실이 이렇다면 인간에게는 오직 두 가지 선택지밖에 없다. 곧 무조건적으로 도덕법칙을 앞세우거나 (이 경우 우리는 선할 것이다) 아니면 필요하다고 생각될 경우 도덕법칙에 대한 여러 예외를, 아니 단 하나의 예외라도 허용하는 길밖에 (이 경우 우리는 악할 것이다) 없다. 내가 하나의 악한 준칙을 택하든 아니면 나의 준칙 모두가 악하든 간에 나는 도덕법칙의 무조건적인 요구를 어긴 셈이 되고, 그런 한에서 나는 악하다.

여기서 칸트의 관점을 오해하지 않는 것이 중요하다. 칸트의 주장은 모든 악한 사람들이 동일한 정도로 악하다거나 대중교통 무임승차자와 히틀러(Hitler) 사이에 차이가 없다는 의미가 아니다. 이렇게 생각한다면 그야말로 불합리할 것이다. 칸트가 믿는 바는 도덕법칙의 요구가 무조건적이며, 자유의지를 지닌 존재로서 인간은 실제로 이런 무조건적인 요구에 따르면서 살아갈 수 있다는 점이다. 따라서 이렇게 살지 못한다면 그것은 인간의 입장에서는 명백한 도덕적 실패이므로 칸트는 이를 주저 없이 악이라고 부른다. 물론 대중교통 무임승차자와 히틀러 사이에는 자기애를 도덕법칙에 앞세워 악을 저지른 정도에서 큰 차이가 있다. 하지만 둘 모두는 어쨌든 그런 행위를 했으며 이런 관점에서 악하다고 할 수 있다.

칸트의 이런 엄격주의가 드러내는 흥미로운 특징 하나는 궁극적으로 우리가 오직 하나의 선택에 기초해 선거하나 악하게 된다는 점이다. 칸트는 이를 최고의 준칙이라고 부르는데 이는 무조건적으로 도덕법칙을 앞세울 것인가 아니면 필요하다고 생각될 때마다 도덕법칙에 대한 예외를 허용할 것인가 사이의 선택을 의미한다. 자기애보다 도덕법칙을 앞세우는 쪽을 선택하는 개인은 선한 최고의 준칙을 지닌 사람이므로 선한 사람이다. 그는 이런 최고의 준칙에 기초해 그 자체로 선한 행위를 낳는 특수한 준칙들을 형성하려 할 것이다. 반면 도덕법칙보다 자기애를 앞세우는 쪽을 선택하는 개인은 악한 최고의 준칙을 지닌 사람이므로 악한 사람이다. 그리고 그는 이런 최고의 준칙에 기초해 자주 그 자체로 악한 행위를 낳는 특수한 준칙들을 형성하려 할 것이다.

칸트가 이런 방식으로 제시한 악에 대한 최초의 정의가—곧 인간은 행위하면서 악한 준칙들의 개입을 허용하므로 악하다고 할 수 있다는—전부는 아니다. 특수한 악한 행위에 적용되는 특수한 악한 준칙은 단지 그 근거에 놓인 악한 최고의 준칙의 한 예에 지나지 않는다. 실제로 인간을 악하게 만드는 것은 바로 악한 최고의 준칙이다. 이 때문에 칸트는 악에 대한 최초의 정의를 내린 대목 몇 줄 아래에서 다음과 같은 내용을 덧붙인다. 인간을 악하다고 말할 수 있으려면 단 하나의 의도적인 악한 행위로부터도 그 아래 놓인 악한 준칙을 이끌어낼 수 있어야 하며, 그 다음에는 이런 악한 준칙으로부터 '그런 행위자의 주관 안에 도덕적으로 악한 모든 특수한 준칙들의 공통적인 근거가, 그 자체도 하나의 준칙이 되는 근거가 존재함을'(6:20) 이끌어낼 수 있어야 한다. 도덕적으로 악한 모든 특수한 준칙의 공통적 근거가 되는 바는 곧 필요할 때마다 도덕법칙이라는 동기보다 자기애라는 동기를 앞세우는 것을 허용하는 최고의 준칙이다.

1부의 첫 번째 절에 이어진 '주해'(6:22에서 시작되는)에서 칸트는 매우 중요한 심정(Gesinnung)이라는 용어를 도입한다. 그는 심정을 '준칙들을 채택하는 제일의 주관적 근거'라고 정의하면서, 선한 또는 악한 심정을 '준칙들의 내적인 원리'라고 부른다. 이 말은 무엇을 의미하는가? 본질상 심정은 위에서 논의한 최고의 준칙과 다른 무언가가

아니며, 도덕법칙을 자기애 위에 두겠다는 준칙 아니면 자기애를 도덕
법칙 위에 두겠다는 준칙으로 구성된다. 우리는 도덕법칙을 앞세울 경
우 선한 심정을 지녔다는 말을, 반대로 자기애를 앞세울 경우 악한 심
정을 지녔다는 말을 들을 것이다. 심정은 준칙들을 채택하는 제일의 주
관적 근거 또는 준칙들의 내적인 원리로 불리는데 그 까닭은 바로 도덕
법칙을 앞세울 것인가 아니면 자기애를 앞세울 것인가에 관한 우리의
근본적인 결정이 이후 우리의 준칙 형성 과정을 인도하기 때문이다.

  실버(John Silber)는 매우 중요한 논문 '칸트의 『종교』가 지닌 윤리
적 중요성'에서 어쩌면 칸트가 심정 개념을 도입한 것이 『종교』가 칸트
의 윤리 이론에 가장 크게 기여한 바일지 모른다고 주장한다. 심정은
도덕적 주체의 연속성을 설명해주기 때문이다. 이는 매우 중요한 통찰
이다. 앞서 살펴보았듯이 칸트는 인간이 부분적으로 선한 동시에 부분
적으로 악하다는 가정을 부정한다. 하지만 언뜻 보기에 이 가정은 매우
강력히 지지되는 듯하다. 왜냐하면 이 가정은 사람들이 실제로 어떤지
에 대해 우리가 경험을 통해 확인하는 바를 정확히 반영하기 때문이다.
아무리 훌륭한 사람이라도 도덕적으로 그른 일을 단 하나도 저지르지
않는 사람은 없으며, 아무리 사악한 사람이라도 항상 악행만을 저지르
지는 않는다. 따라서 사람들 안에는 선악이 섞여 있다는 말은 언뜻 보
기에 매우 설득력을 지니는 듯하다.

  하지만 이 가정은 몇 가지 난점을 드러낸다. 나는 내가 선행을 할 때
는 선하며, 악행을 저지를 때는 악하다고 말해야 하는가? 이는 나의 도
덕적 성격이 각각의 행위에 따라 변한다는 말이 될 것이다. 우리는 대
체로 악한 사람이 오직 악행을 저지를 때만 악하다고 생각하지 않는다.
만일 그렇게 생각한다면 어쨌든 그의 '악함'이 정확히 오직 악행을 저
지르는 순간에만 드러나며 다른 순간에는 그도 악하지 않다는 점을 허

용해야 할 것이다. 따라서 개별적인 행위들의 배후에 놓인 도덕적 성격이 지속적이라는 점을 설명하기 위한 어떤 방법이 필요하다. 도덕적 성격의 지속성을 설명할 수 있는 후보 중 하나가 바로 준칙이다. 그렇다면 한 개인이 악한 준칙을 지닐 경우 악하며, 선한 준칙을 지닐 경우 선하다고 말할 수 있는가? 이 경우에 등장하는 문제는 어느 누구라도 수많은 서로 다른 준칙들을 지닐 수 있는데 그들 모두가 악하지는 않다는 점이다. 예를 들면 어떤 사람이 나는 돈을 위해서라면 도덕법칙을 어기겠지만 성적인 욕구 충족을 위해서는 그렇게 하지 않겠다고 결심할 수 있다. 그는 성적인 욕구 충족은 도덕법칙을 위반할 만큼 중요하다고 생각하지 않기 때문이다. 만일 누군가가 선한지 악한지를 판단하는 근거로 준칙을 채택한다면 이런 준칙을 채택하는 사람은 선과 악이 섞여 있는 사람이라는 결론을 내리지 않을 수 없을 듯하다.

하지만 칸트에 따르면 심정은 오직 선하거나 악할 수만 있으며 선한 동시에 악할 수는 없다. 왜냐하면 심정은 두 선택지 중에, 곧 자기애를 도덕법칙 아래에 두거나 도덕법칙을 자기애 아래에 두는 것 중에 하나만을 선택하기 때문이다. 이렇게 심정은 둘 중 하나만을 선택하므로 오직 심정만이 어떤 사람을 선하거나 악하다고 판단하는 기초로 작용한다. 더욱이 악한 심정을 지닌 사람이 몇 가지 선한 준칙과 몇 가지 악한 준칙을 채택하여 때로는 선한 행위를 때로는 악한 행위를 행하는 일이 얼마든지 가능하다. 앞서 살펴보았듯이 악한 사람은 최소한 하나의 악한 준칙을 지닐지는 몰라도 그의 모든 준칙들이 반드시 악하지는 않기 때문이다. 칸트의 관점에서 볼 때 몇 가지 악한 준칙을 채택해 악한 쪽에 속하는 사람이 다른 몇 가지 선한 준칙을 채택하는 일은 충분히 가능하며 모순을 일으키지도 않는다. 실버가 지적하듯이 도덕적 자기정체성을 가능하게 만드는 것은 바로 심정의 지속성이다. '만일 우리가

심정 안에 포함된 의도라는 공통의 근거를 지적함으로써 다양한 의도
와 행위들을 서로 밀접하게 관련짓지 않는다면 우리의 도덕적 자기의
식은 서로 분리된 의도와 행위들로 산산이 흩어져 사라질지도 모른
다'(cxvii-cxviii). 그렇다면 심정의 개념은 인간에게서 선하거나 악한
성격이 지속된다고 말할 수 있는 근거를 제공한다. 그리고 선한 또는
악한 심정은 오직 선한 또는 악한 최고의 준칙 중 어떤 쪽을 선택하는
가에 따라 결정된다.

　칸트는 인간 본성이 그저 악하다고 말하지 않고 근본적으로 악하다고
말한다. 그렇다면 칸트가 근본악이라는 말을 통해서 의미하는 바는 정
확히 무엇인가? 이 문구는 분명히 히틀러나 오사마 빈 라덴(Osama
bin Laden) 등을 떠올리게 하는 극단적인 악의 이미지와 관련되는 듯
하다. 하지만 칸트가 의미한 바는 전혀 이런 것이 아니다. 여기서 칸트
가 의미하는 바는 오직 근본악이 심정의 수준에서 도덕법칙을 자기애
아래에 놓는 근본적인 선택에 기초한다는 점이다. 이 악은 극단적이라
는 의미에서 근본적인 것이 아니라 인간 행위의 뿌리에까지, 곧 이후
우리가 특수한 준칙들을 선택하는 데 영향을 미치는 기본적인 준칙을
선택하는 과정에까지 깊이 파고든다는 점에서 근본적이다.

　이제 다음 질문, 곧 인간이 사실상 악한지를 어떻게 알 수 있는가라
는 질문으로 넘어가기에 앞서 칸트가 '악마적 악'이라고 부르는 바를
잠시 검토하려 한다. 칸트가 이런 악을 본격적으로 다루는 것은 3절에
이르러서이다. 여기서 칸트는 인간이 진정 악마처럼 행위할 수는 없다
고 주장한 것으로 유명하다. 그렇다면 악마적 악은 정확히 무엇을 의미
하는가? 본질상 악마적 악은 오직 악 자체를 위해 행해지는 악, 곧 오
직 도덕법칙을 어기기 위해 도덕법칙을 어기는 행위라 할 수 있다. 달
리 말하면 악마처럼 행위하는 사람에게는 도덕법칙을 어기려는 것이

그 자체로 행위의 동기가 된다고 할 수 있다. 칸트는 인간이 이런 악마적 행위를 저지르는 것은 불가능하다고 생각한다. 왜 그런가?

칸트는 반복해서(6:34-35) 악은 인간의 감성적 본성이나 이런 감성적 본성에 기인한 자연적 경향성 및 욕구에 뿌리를 둔 것이 아니라고 강조한다. 왜냐하면 인간은 이런 감성적 본성에 대해서는 아무 책임이 없기 때문이다. 무언가가 진정으로 악이라고 불릴 수 있으려면 그것은 오직 인간의 자유로운 선택 능력에 기인해야 한다. 이 점은 이미 분명해졌다. 더 나아가 칸트는 악이 우리의 도덕적 이성이 '타락한' 결과도 아니라고 말한다. 그런 도덕적 이성이 타락하는—따라서 이성이 수립한 법칙의 존엄성이 완전히 사라져버리는—일은 일어날 수 없기 때문이다(6:35). 이성이 도덕법칙의 존엄성을 완전히 제거할 수 없는 까닭은 두 가지인데, 그 중 하나는 단순하며 다른 하나는 다소 복잡하다. 단순한 이유는 칸트의 관점에서 우리가 도덕법칙을 행위의 동기로 경험하는 이유는 도덕법칙이 바로 우리 인간의 본성이 스스로 구성한 것이기 때문이다. 이런 본성은 바로 위에서 논의한 인격성의 소질이며, 인간의 필연적 특성인 선을 향하려는 소질이기도 하다. 따라서 만에 하나 인간이 더 이상 도덕법칙을 존경할 만한 가치를 지닌 것으로 경험하지 않는다면 인간은 더 이상 인간이기를 포기한 셈이 된다.

왜 이성이 도덕법칙의 존엄성을 완전히 제거할 수 없는가에 대한 다소 복잡한 대답은 만일 우리가 도덕법칙을 행위의 동기로 경험하지 못한다면 우리는 더 이상 자유로울 수 없고 따라서 더 이상 도덕적 책임을 질 수 있는 존재일 수 없기 때문이라는 것이다. 이 대답을 더욱 상세히 검토해보자. 칸트는 자연 세계가 고정된 법칙들에 따라, 곧 자연법칙에 따라 운행된다고 생각한다. 이런 법칙들은 결정론적이므로 이들은 자연에서 어떤 한 순간 다음에 무슨 일이 일어날지를 항상 변함없이 결정한다. 하지만 자유로운 인간 행위는 이런 자연적 결정론의 예외에 속한다. 자유로운 존재로서 내가 매 순간 어떻게 행위할지는 단순히 자연법칙에 따라 결정되지 않으며 이런 법칙과 무관하게 오직 나 자신만이 결정한다. 이런 의미에서 자유는 자연에 존재하는 인과성과는 다른 종류의 인과성을 드러낸다. 하지만 자유가 자연법칙에 따라 작용하지 않는다는 말이 곧 자유가 그 어떤 법칙에도 전혀 따르지 않음을 의미하지는 않는다. 만일 자유의 행사를 규제하는 법칙이 전혀 없어서 자유로운 행위를 규제하는 어떤 원인도 존재하지 않는다면 자유로운 행위는 순전히 제멋대로 행하는 행위가 되고 말 것이다. 칸트에 따르면 오히려 이와는 반대로 자유의 행사를 규제하는 법칙이 있으며, 이 법칙이 바로 도덕법칙 자체(또는 실천이성)이다. 자유롭게 행위한다는 것은 곧 도덕법칙에 따라 행위하는 것이다. 이런 방식으로 생각할 경우 중요한 결과한 가지가 도출되는데 그것은 만일 자유롭게 행위하는 것이 도덕법칙에 따라 행위하는 것이라면 도덕법칙을 수립하는 이성의 타락은 자유 자체를 파괴하기에 이른다는 점이다. 그리고 만일 누군가가 이렇게 법칙을 수립하는 이성적 능력을 상실한다면 (예를 들어 뇌 손상이나 정신 장애 때문에) 그는 더 이상 자유로울 수가 없고 따라서 더 이상 자신의 행위에 대해 책임질 수 없다는 것이 칸트의 주장이다. 그러므로 악은 (이것이 핵심 논점이기도 한데) 도덕법칙을 수립하는 이성이 타락한 결과로 등장할 수 없다. 이런 타락은 그 개인이 더 이상 자유롭거나 책임질 수 있는 존재가 아님을 의미할 텐데, 이 경우 악을 더 이상 그의 탓으로 돌릴 수 없게 된다.

그렇다면 법칙을 수립하는 이성은 항상 우리 인간 안에 완전하게 보존되어야 하며, 이를 상실한 사람은 더 이상 인간일 수 없을 것이다. 따라서 설령 누군가가 도덕법칙 이외의 다른 것을 더욱 앞선 동기로 채택하더라도 도덕법칙은 항상 행위의 동기로 작용할 것이다. 이로부터 도출되는 핵심 논점은 다음과 같다. 도덕법칙이 항상 동기로 작용하기 때문에 인간은 설령 도덕법칙을 어기더라도 오직 그것과 경쟁하는 동기 때문에 그렇게 하는 것이지, 펜브스(Peter Fenves)가 적절히 표현하듯이(79), 결코 '아무 이유 없이 장난삼아' 그렇게 하지는 않는다. 도덕법칙을 어기려는 것이 결코 그 자체로 행위의 동기로 작용할 수는 없다. 그리고 이것이 바로 인간은 악마처럼 행위할 수 없다는 칸트의 말이 의미하는 바이기도 하다.

2. 우리는 특정한 개인이 악하다는 사실을 어떻게 알 수 있는가?

이제 우리는 두 번째와 세 번째 질문으로 넘어가려 하는데, 『종교』에서 이와 관련되는 부분은 대체로 그리 명확하게 서술되지 않았으므로 전문 학자들 사이에 수많은 서로 다른 해석과 논쟁이 등장했다. 이 부분을 살펴보기 위해 우선 앞에서 이미 언급했지만 충분히 검토하지 않은 대목으로 돌아가 보자. 6:20에서 칸트는 우리가 심지어 자신의 준칙조차도 관찰할 수 없으므로 경험에 기초해 어떤 특정한 개인이 악한지 그렇지 않은지에 대한 판단을 제대로 내릴 수 없다고 말한다. 하지만 동시에 그는 우리가 하나 또는 그 이상의 의도적인 악한 행위로부터 그 아래 놓인 악한 준칙을 추론할 수 있어야 하며, 또한 이 준칙으로부터 모든 악한 준칙들의 공통적인 근거를 추론할 수 있어야 한다고 말한 후 이 공통적인 근거도 그 자체로 하나의 준칙이라는 점을 덧붙인다. 이런 주장의 의미를 파악하기 위해 우선 우리가 준칙을 관찰할 수 없다는 그의 지적부터 검토해보자. 이 말의 의미는 충분히 명확한 듯하다. 우리

는 사람들이 행하는 행위는 분명히 인식할 수 있지만 그런 특수한 행위
들을 인도하는 준칙이 무엇인지는 인식할 수 없다. 기껏해야 우리는 관
찰할 수 있는 행위나 다른 것들로부터 준칙을 추측하는 정도에 그친다.
예를 들면 나는 지하철 개찰구를 뛰어넘는 사람의 준칙이 무엇인지를
곧바로 파악하지 못하기도 한다. 하지만 그가 어떤 할머니를 돕기 위해
달려가는 장면을 본다면 그의 행위를 인도하는 준칙이 선한 것임을 분
명히 알게 된다. 반면 도움을 필요로 하는 할머니가 안 계시면 어떻게
되는가? 그가 오직 지하철에 빨리 올라타 자리를 잡기 위해 그런다면
어떻게 되는가? 이런 경우 나는 혹시 그의 준칙이 악한 것은 아닌가라
고 의심할 만한 근거를 얻게 된다. 하지만 과연 나는 이런 근거를 확신
할 수 있는가? 어쩌면 다음 역에서 그를 필요로 하는 긴급 상황이 발생
해 가능한 한 빨리 다음 역으로 가려고 그렇게 했는지도 모른다. 이런
경우에는 가능한 한 빨리 지하철에 올라타는 것이 개찰구에서 요금을
지불하는 것보다 더 중요한, 우선성을 지니는 일이 된다. 그렇다면 나는
그를 따라 다음 역으로 가서 그가 과연 다른 사람의 생사가 달린 문제를
해결하러 뛰어가는지를 확인해 보아야 할 것이다. 그가 그렇게 하지 않
고 지하철을 내리자마자 영화 상영 시간에 늦지 않기 위해 극장으로 달
려간다면 나는 비로소 그의 준칙이 악한 것이었음을 분명히 확인하게
될 것이다. 이 경우처럼 어떤 행위로부터 그 아래 놓인 준칙을 추론하는
일이 이론상으로는 가능할지 몰라도 그렇게 하기 위한 모든 정보를 얻
지 못할 수도 있음을 (예를 들면 개찰구를 뛰어넘는 사람을 쫓아가 그
의 최종 목적지가 어딘지를 확인할 만한 시간이 내게 없을 수도 있음
을) 인정해야 한다. 따라서 내가 다른 사람의 준칙에 대해 결코 완벽하
게 확신할 수 없음은 분명한 사실로 보이며, 나는 기껏해야 그 사람이
어쩌면 악한 준칙을 지녔을지도 모르겠다고 추측할 수 있을 뿐이다.

하지만 누군가가 선한 준칙을 지녔는지 그렇지 않은지를 결코 인식할 수 없는 경우도 있다. 특히 옳은 행위를 하는 동시에 그 행위가 도덕과 무관한 경향성의 만족을 포함하는 경우가 여기에 해당한다. 내가 우연히 누군가 잃어버린 지갑을 발견했다고 가정해보자. 나는 지갑을 되돌려주는 것이 옳은 일이라는 점을 잘 알고 있다. 하지만 지갑 안에는 현금이 꽤 들어있고, 나는 내가 붙잡히지 않고 그 돈을 가질 수 있다는 점 또한 잘 안다. 이 때 도덕법칙을 지키려는 동기와 도덕과 무관한 동기가 서로 충돌하게 된다. 이제 이야기를 조금 바꾸어보자. 내가 지갑을 발견했는데 그 주변에서 지갑을 발견해 돌려주는 사람에게는 보상금을 주겠다는 게시물을 보았다. 이런 상황에서 지갑을 주인에게 돌려주면 나는 도덕법칙이 요구하는 바를 행함과 동시에 약간의 보상금도 받게 된다. 이는 모두에게 이득이 되는 일이다. 하지만 나의 행위를 지켜보는 관찰자는 다음과 같은 의문을 품을 수도 있다. 과연 저 사람은 지갑을 돌려주는 것이 옳은 일이라고 생각해서 지갑을 돌려주었을까 아니면 오직 자기애에 따라 행위해 보상금을 받기 위해 돌려주었을까? 이 경우 외부의 관찰자가 진실을 밝힐 수 있는 방법은 없는 듯하다. 심지어 나조차도 내가 '누군가가 잃어버린 물건은 항상 원래 주인에게 돌려주라' 는 선한 준칙에 따라 행위하는지 아니면 '누군가 잃어버린 물건은 오직 보상금이 있을 경우에만 원래 주인에게 돌려주라' 는 다소 악한 준칙에 따라 행위하는지를 알지 못할 수도 있다. 그런데 이런 상황에서 나의 행위가 선한지 악한지는 나의 행위의 근거가 되는 준칙이 어떤 것인가에 따라 결정된다. 내가 도덕법칙이 요구하는 바를 행했지만 그것이 옳다는 생각이 아니라 다른 어떤 이유 때문에 행했다면 이 때 나의 행위는, 칸트의 표현을 빌리면, 단지 '법칙과 일치하는' 또는 '의무와 일치하는' (pflichtmässig) 것에 지나지 않으며 '법칙에 대한 존경심에서' 또는 '의무로부터' (aus Pflicht) 행해진 것은 아니다. 진정 도덕적 행위로 여겨지는 것은 오직 후자뿐이며, 전자는 단지 도덕적인 체한 것에 지나지 않는다.

칸트가 '심지어 우리 자신 안에 있는' 준칙도 '아무 문제없이' 관찰 하기는 어렵다고 말하면서 염두에 둔 것은 어쩌면 이런 경우인 듯하다 — 곧 어떤 개인이 법칙과 일치하게 행위하지만 법칙에 대한 존경심에 서 그렇게 행위하는지는 불분명한 경우를 지칭하는 듯하다. 하지만 이 말이 우리가 자신의 준칙이 무엇인지를 또는 우리가 도덕적으로 행위 하는지 그렇지 않은지를 결코 알 수 없음을 의미하지는 않는다. 이런 자기인식과 관련해 칸트가 문제로 여기는 바는 인간이 자신의 진정한 의도를 속이려는 성향을 지닌다는 점이다. 3절에서 칸트는 '인간의 마 음 중 일부를 차지하는 일종의 배신'에 관해 언급하는데 이는 우리가 자신의 심정을 스스로 속이고, 도덕법칙과 일치하게 행위하는 한에서는 굳이 우리의 심정을 양심적으로 검토할 필요까지는 없다고 생각하는 성향이다(6:38). 이런 태도를 취하는 개인은 도덕법칙이 요구하는 바 를 행하는 한 그런 행위가 엄밀하게 법칙에 대한 존경심에서 행해졌는 지 — 곧 법칙 자체에 따르려는 동기를 행위의 최고 근거로 여겼는지 아니면 다른 어떤 동기가 주도적인 역할을 부여하고 그저 법칙과 일치 하게 행위했는지를 전혀 문제 삼지 않는다. 칸트는 우리가 이런 불성실 함을 통해 '우리 자신을 속이고', 진정한 도덕적 심정이 우리 안에 확 실히 자리 잡는 것을 방해한다고 덧붙인다(같은 곳). 동시에 칸트가 이 런 불성실함과 자기기만이 '인간 본성의 근본악'에 기인하며, '인류의 더러운 오점'을(같은 곳) 형성한다고 계속 말하는 점에 주목할 필요가 있다 — 칸트는 이런 자기기만을 궁극적으로 우리가 책임져야 하며 도 덕적으로 설명해야 한다는 점을 냉정하게 표현한다. 따라서 우리가 자

신의 준칙들을 '아무 문제없이' 인식할 수 없다면 그 까닭은 우리 자신
의 준칙이 원리상 우리에게 인식될 수 없기 때문이 아니라 오직 우리
자신의 진정한 동기를 탐구하려는 성실함을 우리가 갖추지 못했기 때
문이다.

　그렇다면 도덕법칙에 반하는 어떤 행위로부터 특정한 악한 준칙을
이끌어내는 것은 완전히 불가능하지는 않더라도 몹시 어려운 듯이 보
인다. 어떤 경우 다른 사람들의 준칙에 관한 우리의 지식은 기껏해야
약간의 개연성을 지니는 수준에 그치며, 다른 경우에는, 특히 그 행위
가 도덕법칙과 일치할 경우에는 특수한 행위로부터 그 행위의 준칙을
이끌어내는 것이 아예 불가능하다. 하지만 설령 인간이 매우 자주 자신
의 진정한 동기를 속이려 든다 할지라도 원리상 우리는 자신의 준칙을
확인할 수 있어야 한다. 인간이 어떤 특수한 악한 준칙을 지닌다는 점
을 우리가 안다고 가정하고 이런 특수한 악한 준칙으로부터 악한 심정,
곧 최고의 악한 준칙을 이끌어낼 수 있는가? 이는 분명히 사실이 아닌
듯하다. 만일 우리가 특수한 준칙을 파악할 수 없다면 최고의 준칙 또
한 '파악할' 수 없을 것이다. 하지만 칸트의 엄격한 논리에 따르면 특수
한 악한 준칙의 존재는 어떤 개인이 최소한 도덕법칙에 대한 하나의 예
외라도 허용했음을 의미해야 한다. 그런데 이런 일은 만일 그가 자신의
준칙에서 도덕법칙을 충분하고 무조건적인 동기로 여겼다면 일어나지
않았을 것이다. 칸트의 논리에 따르면 우리는 특수한 준칙으로부터 심
정을 이끌어내는 추론을 진행할 수 있는 한에서만 그런 심정을 확신할
수 있음을 인정할 수밖에 없지만 어쨌든 특수한 악한 준칙으로부터 악
한 심정을 이끌어낼 수 있어야 한다. 우리가 행위로부터 특수한 준칙을
이끌어내는 과정에서 등장하는 불확실성은 특수한 준칙으로부터 최고
의 준칙을 이끌어내는 추론에서도 마찬가지로 등장하지 않을 수 없다.

3. 악은 인류라는 종이 지닌 특성인가, 그리고 우리는 이를 어떻게 알 수 있는가?

1부 3절 끝부분에서 칸트는 '돈에 넘어가지 않는 사람은 없다' 는 말에 대해 논의한다. 칸트는 만일 이것이 ─ 곧 덕이 조금도 타락하지 않은 사람은 없다는 말이 ─ 사실이라면 사도 바울로(Paul)의 다음과 같은 언급이 모든 인간에 대해 보편적으로 적용될 것이라고 말한다. '여기에는 아무런 차이도 없습니다. 그들은 모두 죄인입니다 ─ 선을 (법칙의 정신에 따라서) 행하는 사람은 한 사람도, 단 한 사람도 없습니다.' 이 언급은 바울로가 쓴 로마인들에게 보낸 편지 중 일부를(3장 9-10절) 다소 변형해 인용한 것이다.[2] 바울로는 인간의 죄가 진정 보편적이라고 ─ 죄에서 벗어난 사람은 아무도 없다고 ─ 주장한다. 기독교 신학은 죄의 보편성을 모든 사람이 원죄를, 곧 인간을 죄로 향하게 만드는 타락한 본성을 타고난다는 사실을 통해 설명한다. 내가 이 장의 첫머리에서 지적했듯이 칸트의 근본악 이론은 『종교』의 전체 기획에 비추어 볼 때 원죄 이론을 도덕과 보조를 맞추어 철학적으로 재해석한 것에 해당한다. 나는 또한 칸트의 관점에서 원죄 이론이 지닌 심각한 문제점은 우리가 원죄를 타고나기 때문에 원죄에 대해 우리에게 책임이 있다고 말할 수 없다는 것임을 지적했다. 따라서 원죄는 진정한 도덕적 악으로 여겨질 수 없을 뿐만 아니라 (도덕적 악은 오직 자유로운 선택 능력의 결과이므로), 만일 신이 원죄를 근거로 우리를 처벌한다면 이는 부당한 일

---

2   옮긴이 주 ─ 로마인들에게 보낸 편지 3장 9-10절의 원문은 다음과 같다. '그러면 우리 유다인이 나은 점이 무엇입니까? 아무것도 없습니다. 이미 내가 지적했듯이 유다인들이나 이방인들이나 다 같이 죄에 사로잡혀 있는 사람들입니다. 성서에도 이런 말씀이 있습니다. 올바른 사람은 없다. 단 한 사람도 없다.' 이 책에서 성서에 등장하는 인명이나 문구를 번역할 경우 모두 공동번역 개정판 성서를 기준으로 삼았다.

이 될 것이다. 칸트는 1부 전반에 걸쳐 인간은 실제로 자유로우므로 악을 피할 충분한 능력을 자신 안에 지닌다는 점을 강력히 주장한다.

만일 악이 자유의 결과라면 인간이 죄에서 벗어난 삶을 사는 것이 당연히 가능해야 한다. 설령 아무도 실제로 그렇게 살지 못했다 하더라도 최소한 몇몇 사람들이 죄에서 벗어날 수 있는 가능성은 성립해야 한다. 그렇다면 악에 대한 칸트의 관점에 비추어볼 때 모든 사람들이 죄에 사로잡혀 있다는 바울로의 주장은 제대로 유지될 수 없다. 만에 하나 이 주장이 참이라 할지라도 이를 검증하는 것은 불가능하다. 이를 검증하려면 지금까지 세상에 등장했던 모든 사람들이 실제로 도덕법칙에 어긋나게 행위했다는 경험적 지식을 확보해야 한다. 그런데 우리는 결코 이런 지식을 얻을 수 없다. 더욱이 우리는 도덕법칙에 어긋나는 행위로부터 그 배후에 놓인 악한 준칙을 성공적으로 이끌어낼 수 있어야 하는데, 이미 살펴보았듯이 이런 일이 항상 가능한 것은 아니다. 따라서 악에 대한 칸트의 관점을 전제할 때 모든 사람들이 악하다는 주장은 검증하기 어려운 듯이 보인다. 하지만 칸트는 바로 이 주장을 옹호한다. 그가 어떻게 그리고 왜 이를 옹호하는지를 살펴보려면 인간 본성 안에 근본악이 존재하며, 이 악은 타고난 것이며, 따라서 인간은 악을 향한 성향을 지닌다는 칸트의 말이 무엇을 의미하는지를 주의 깊게 검토해야 한다. 이제 이 세 용어를 (곧 본성, 타고남 그리고 성향을) 차례대로 살펴보려 한다.

본성

6:21에서 칸트는 1부의 제목, 곧 '인간 본성 안의 근본악'이라는 문구에서 등장하는 '본성'이라는 용어의 의미를 해명한다. 칸트는 독자들이 어쩌면 인간은 본성상 악하다는 주장에 이의를 제기할지도 모른다

고 예상하면서, '본성'이라는 용어를 우리가 자유를 사용해 행한 바와 반대되는 것을 의미한다고 가정한다면 이 용어는 '도덕적으로 선한'이나 '도덕적으로 악한'이라는 술어와 모순을 일으킬 것이라고 말한다 (6:21). 달리 표현하면 우리가 '본성'이라는 용어를 일상적인 의미로 사용해 자유와 반대되는 것으로 여기는 한 우리는 누군가가 본성상 악하다고 말할 수 없다. 그리고 이는 당연히 칸트가 '본성'이라는 용어를 일상적인 의미로 사용하지 않음을 암시한다. 그렇다면 그가 인간 본성 안의 근본악이라는 말을 통해 의미한 바는 과연 무엇인가? 뒤이어 그는 '인간의 본성'이라는 표현을 통해 자신이 '감각의 영역 안에 포섭되는 모든 행위에 앞서는, 인간이 (객관적 도덕법칙들 아래서) 자유 일반을 발휘하는 … 주관적 근거'를 지칭한다고 말한다(같은 곳). 하지만 이런 언급은 문제의 해결에 거의 도움이 되지 않는다. 여기서 인간이 자유를 발휘하는 '주관적 근거'는 무엇을 의미하는가? 사실상 이 근거는 최고의 준칙 자체 이외의 다른 어떤 것일 수 없다. 칸트는 이 주관적 근거가 '자유의 작용'(곧 인간이 자유롭게 선택한 바)이어야 한다고 말한다. 만일 그렇지 않다면 이 근거는 '악하다'고 말할 수 없기 때문이다. 따라서 악의 근거는 자연적 경향성을 통해 우리의 선택 능력을 규정하는 그 어떤 것의 결과일 수 없으며 오직 '우리의 선택 능력 자체가 자유를 발휘하기 위해 스스로 만든 규칙'에—달리 말하면 준칙에 놓여있다(같은 곳). 그렇다면 어떤 사람이 본성상 악하다는 말은 곧 그가 최고의 악한 준칙을 자유롭게 선택했다는 말이 된다—그리고 우리가 이미 알고 있듯이 이런 선택은 어떤 특수한 악한 행위보다도 앞서며, 사실상 그 사람이 자신의 선택 능력을 최초로 사용한 경우에 해당한다. 왜냐하면 모든 특수한 준칙과 모든 특수한 행위는 도덕법칙이라는 동기를 가장 앞세울 것인가 아니면 뒤로 미루어 무시할 것인가에 대한 근본적인 결정을 전제하기 때문이다.

그렇다면 칸트가 사용한 '본성'이라는 용어는 사실상 일상적으로 사용되는 이 용어의 의미와는 정반대되는 듯이 보인다. 칸트가 말하는 '본성'은 오직 자유롭게 선택된 것이기 때문이다! 또한 칸트가 사용한 '본성'이라는 용어의 의미에는 결정적인 요소가 한 가지 더 추가된다. 칸트에 따르면 우리가 어떤 사람이 본성상 선하거나 악하다고 말할 때 이 말은 항상 오직 그 사람이 '그 자신 안에 선하거나 악한(법칙에 어긋나는) 준칙을 채택할 수 있는 (우리가 헤아리기 어려운) 제일의 근거를 지니며, 더욱이 그가 이 근거를 인간으로서 보편적으로 지닌다는 점을 의미한다―따라서 이런 방식으로 그는 자신의 준칙을 통해 동시에 인간이라는 종의 특성도 표현한다'(6:21). 그렇다면 사실상 칸트가 사용한 '본성'이라는 용어 안에는 일상적인 용법과 유사한 요소도 포함된다. 예를 들면 '인간은 본성상 X하다'고 말할 때 우리는 일상적으로 이 X가 인간이라는 종의 보편적인 특성임을 의미한다. 칸트는 바로 이런 요소를 자신이 사용한 '본성'이라는 용어의 의미 안에 그대로 유지한다. 설령 인간이 선함과 악함을 자유롭게 선택했고 따라서 이들이 일상적인 의미에서 '본성적'은 아니라고 할지라도 최고의 선한 또는 악한 준칙을 자유롭게 선택하는 과정에서 인간이 선택하는 바는 결국 인간 종에 속하는 다른 모든 구성원들이 선택하는 것과 같은 것일 수밖에 없다.

물론 자신이 '본성'이라는 용어를 통해 의미하는 바를 정의하는 현 단계에서 칸트는 『종교』에서 자신이 내세우려는 주장, 곧 악은 사실상 인간이라는 종의 본성에 속한다는 주장에 (그가 1부의 제목을 통해 드러내는, 이 문제에 관한 궁극적인 관점에) 몰두하지는 않는다. 하지만 그는 곧이어 종으로서의 인간이 악한지 그렇지 않은지와 관련되는 더욱 상세한 논의를 전개한다. 이 대목을 살펴보기에 앞서 칸트가 사용한 다른 두 용어, 곧 '타고남'과 '성향'에 대해 검토할 필요가 있는데, 그는 이 두 용어 또한 '본성'과 마찬가지로 일상적인 의미와는 상당히 다른 의미로 사용한다.

타고남

6:21-22에서 '본성'이라는 용어에 관해 논의한 후 곧바로 칸트는 인간이 지닌 선한 또는 악한 성격이 (이 둘 중 어떤 것으로 밝혀지든 간에) 타고난 것이라는 견해에 관한 자신의 의견을 밝힌다. 그런데 '본성'이라는 용어와 마찬가지로 여기서 사용된 '타고난'이라는 용어 또한 그리 잘 어울리지 않은 듯하다. 일상적으로 무언가를 '타고난' 것이라고 말할 때 우리는 태어날 때부터 지닌 바 또는 그것과 더불어 태어난 바를 의미한다('타고난'(innate)의 어원인 innatus는 '타고나다'의 의미를 지닌 라틴어 동사 innasci의 과거분사이다). 이런 의미에서 타고난 바는 우리가 통제할 수 없는 요소이며 따라서 우리의 탓으로 돌릴 수 없는 것이다. 그렇다면 칸트가 선한 또는 악한 심정과 관련해 '타고난'이라는 용어의 사용을 피하는 편이 훨씬 더 적절했으리라고 생각된다. 하지만 칸트는 이 용어를 사용하는데 나는 아마 그가 '본성'이라는 용어를 유지한 것과 마찬가지의 이유에서, 곧 그가 원죄설을 재해석해 실천이성과 조화를 이룰 수 있도록 만들기 위해 그렇게 한다고 생각한다. 기독교 교리에 따르면 우리는 문자 그대로의 의미에서 원죄를 타고난다. 원죄는 모든 인간이 태어나면서 지니고 태어나는 것이다. 하지만 칸트는 문자 그대로의 의미에서 우리가 원죄를 타고난다는 주장을 받아들일 수 없다. 그는 인간이 자유롭게 행하지 않은 바에 대해서는 도덕적 책임을 질 수 없다고 굳게 믿기 때문이다. 그렇다면 심정을 '타고

난' 것으로 여기기 위해 그는 '타고난' 이라는 용어의 의미를 다시 규정해야 한다. 그리고 바로 이것이 그가 실제로 시도하는 바이다. 선한 또는 악한 심정을 타고난 성격으로 지닌다는 것은 인간이 이런 심정을 태어난 후에 얻는 것이 아니라는 의미가 아니라 단지 '시간상 적절한 때가 되어야 얻는 것이 아니라는 (따라서 인간이 어린 시절부터 항상 어떤 방식으로든 얻게 된다는)' 의미를 지닐 뿐이다.

   그렇다면 이런 주장을 어떻게 이해해야 하는가? 한편으로 심정을 시간상 적절한 때에 얻는 것이 아니라는 주장은 칸트 철학에서 핵심이 되는 생각, 곧 공간과 시간은 오직 자연적 인과성의 영역에 속하므로 이런 자연적 인과성의 일부가 아닌 자유의지는 공간과 시간 외부에 있는 무언가라는 생각을 반영한다고 볼 수 있다. 이런 의미에서 칸트는 심정이 자유의 산물이므로 '시간상에서 얻어지는 것이 아니라고' 말할 수 있다. 다른 한편으로 어쩌면 칸트가 도입한, 자연이 속하는 현상계와 자유가 속하는 본체계 사이의 구별에 의존하지 않고도 칸트의 주장을 이해할 수도 있을 듯하다. 간단히 말해 자기애보다 도덕법칙을 앞세울 것인가 아니면 반대로 도덕법칙보다 자기애를 앞세울 것인가에 대한 근본적인 결정은 인간을 진정으로 자유롭다고 말할 수 있는 최초의 순간에 이미 내려졌어야 한다. 오직 자유로운 존재만이 도덕법칙이라는 동기를 경험하므로 그런 경험이 없이는 자유가 성립할 수 없다. 자유를 경험한다는 것은 곧 도덕법칙을 경험하는 것이므로 이런 자유를 처음 경험하는 순간에, 이 순간을 유아 때든 아니면 어린아이 때든 어떤 때 경험하든 간에, 우리는 도덕법칙과 자기애 중 어떤 쪽을 앞세울 것인가에 대한 결정을 이미 내린다고 말할 수 있다. 이런 의미에서 심정은 인간이 자유를 최초로 선언한 순간만큼이나 오래된 것이기도 하다. 이런 이유에서 칸트는 우리가 심정을 '타고난' 것으로 여길 수 있다고 말한다.

자신이 '본성'과 '타고난'이라는 용어를 통해 의미한 바를 설명하고 난 후 칸트는 6:25-26에서 흥미로운 지적을 한다. 그는 우리가 개인이 아니라 전체 종으로서의 인간을 선하다고 여기든 아니면 악하다고 여기든 이는 오직 '인간학적 탐구'를 통해 이런 속성을 주장할 만한 근거를 확보한 이후에야 결정할 수 있는 일이라고 말한다. 이는 상당히 혼란스러운 주장이다. 유감스럽게도 칸트는 이 '인간학적 탐구'가 무엇을 의미하는지 또는 정확히 어떻게 이런 인간학적 탐구가 이 질문에 대한 대답을 제공하는지를 제대로 설명하지 않는다. 하지만 이 인간학적 탐구가 경험을 통해 진행되는 한 이런 탐구를 통해 이 질문에 대답하는 것은 불가능한 듯이 보인다. 앞서 이미 논의했듯이 인간 종에 속하는 모든 구성원들이 근본악의 상태에서 자유로운 삶을 영위하기 시작한다는 주장을 경험을 통해 입증하기란 불가능하기 때문이다. 이런 이유로 '인간학적 탐구'에 관한 칸트의 지적은 많은 독자들을 곤혹스럽게 만드는 요소로 남았다. 칸트는 이 문제에 관해 여기서 더 이상의 어떤 언급도 하지 않는다. 하지만 '악을 향한 성향'에 관해 논의하면서 약간의 언급을 더하므로 이제 이 성향에 대해 살펴보려 한다.

성향

칸트는 2절에서 '인간 본성 안의 악을 향한 성향'에 관해 논의하는데 이 부분은 『종교』의 1부 중 가장 큰 논란거리를 제공함에 틀림없다. 그의 논증이 의미하는 바를 파악하려면 우선 '성향'이라는 용어의 의미를 이해해야 한다. 그 다음에 악을 향한 성향의 세 단계, 곧 나약함과 불순함 그리고 악의를 분석해야 한다. 칸트는 앞서 검토한 '본성' 및 '타고남'과 마찬가지로 이런 용어들도 일상적인 의미와 다르게 사용하므로 주의 깊게 검토하지 않으면 혼동하기 쉽다.

칸트는 '성향'을 '어떤 경향성(습관적 욕구, 욕망)이 생길 가능성이 인간성 일반에 대해 우연적인 한에서 그런 가능성의 주관적 근거'라고 정의한다(6:29). 이 정의는 성향을 이해하는 데 거의 도움이 되지 않지만 우리는 이 말의 의미를 알아내려고 애쓰는 수밖에 없다. 여기서 우선 성향은 특수한 경향성을 가능하게 만드는 것임을 알 수 있다. 예를 들면 막대사탕을 향한 나의 경향성은 단것을 즐기는 나의 성향이 어떤 방식으로 작용한 결과임에 틀림없다. 따라서 성향을 통해 등장하는 욕구나 경향성이 보편적이지 않은 것과 마찬가지로 성향 또한 보편적이지 않다. 단것을 즐기려는 나의 성향이나 막대사탕을 향한 경향성을 모든 사람이 공유하지는 않는다. 이것이 바로 칸트가 위의 정의에서 '[어떤 경향성이 생길] 가능성이 인간성 일반에 대해 우연적'이라는 말을 통해 의미한 바이다. 여기서 '우연적'이라는 용어는 정확히 모든 인간이 보편적으로 공유하지는 않음을, 따라서 인간의 본질을 구성하는 필연적 요소가 아님을 의미한다. 이 점은 칸트가 성향에 대한 정의에 덧붙인 각주를 통해서 더욱 분명히 밝혀지는데, 이 각주에서 그는 성향은 무언가를 즐기려 하는 향락적 소질인데 이런 향락을 실제로 경험하고 나면 그것을 향한 경향성이 형성된다고 말한다. 이 점을 예를 들어 설명하면서 칸트는 '모든 야만인들은' 사람을 취하게 만드는 것을 향한 강한 성향을 드러내는데 그것을 경험하기 이전에는 그것에 대한 욕구를 보이지 않는다고 말한다. 하지만 일단 그것을 실제로 경험하고 나면 그 순간부터 그들의 욕구는 '거의 억누를 수 없는 것이' 되고 만다. 이런 예를 통해 칸트는 두 가지 중요한 점을 지적한다. 첫째, 성향은 보편적이 아니다. 칸트의 주장에 따르면 야만인들은 (사람을 취하게 만드는 것을 향한) 최소한 하나 이상의 성향을 드러내지만 (모든) '문명인들이' 이런 성향을 공유하지는 않는다. 둘째, 성향은 사실상 경향성을

향한 일종의 잠재성인데 이런 잠재성이 아직 '활성화' 하지 않는 단계
라 할 수 있다. 나는 단것을 향한 성향을 지닐지도 모르지만 내가 태어
나서 아직 단것을 한 번도 맛보지 않았다면 나는 결코 사탕을 얻기 위
해 주변을 어슬렁거리면서 돌아다니지 않을 것이다. 하지만 사탕을 한
알이라도 맛보고 나면 처음에는 단지 성향에 지나지 않았던 것이 경향
성으로 변하게 된다.

　여기서 이런 방식으로 정의된 성향이 선을 향한 세 가지 소질과 (곧
동물성, 인간성, 인격성과) 구별된다는 점은 명확하다. 왜냐하면 이런
소질들은 인간 본성의 우연적인 특성이 아니라 오히려 필연적이고 보
편적인 특성이기 때문이다. 하지만 우리의 성향이 보편적이 아니라 할
지라도 우리는 흔히 성향을 타고난 무언가라고 생각하며 따라서 우리
가 완벽하게 통제할 수 있는 것이 아니라고 여긴다. 칸트도 이런 점을
염두에 둔 듯 '성향은 어쩌면 타고난 것일지도 모르지만 우리는 성향
을 그런 것으로 여겨서는 안 된다. 오히려 (어떤 성향이 선하다면) 획득
된 것으로, (어떤 성향이 악하다면) 인간 자신에 의해 초래된 것으로 여
겨야 하므로' 성향은 소질과 구별된다고 말한다(6:29). 하지만 왜 칸트
가 설령 성향이 타고난 (태어날 때 지니고 태어나는 무언가라는 일상
적인 의미에서) 것이라 할지라도 그런 것으로 여겨서는 안 되며 인간
이 책임져야 하는 무언가로 '여겨야 한다고' 생각하는지, 그 이유는 분
명하지 않다. 여기서 칸트는 단순히 설령 성향이 타고난 것이라 할지라
도 사람들은 흔히 어떤 방식으로든 성향을 칭찬하거나 비난하려 한다
는 점을 인정한 것인가? 어쨌든 여기서 중요한 점은 일상적인 방식으로
이해되는 성향은 인간이 그것에 대해 도덕적으로 책임질 수 없는 무언
가로 보인다는 것이다. 바로 이런 이유로 칸트는 자신이 성향이라는 용
어를 일상적인 의미와는 다르게 사용한다는 점을 암시하면서 다음과

같이 주장한다. 곧 자신은 오직 '진정한' 도덕적 악을 향한 성향에 관해서만 언급하는데, 이런 성향은 '준칙들을 도덕법칙에서 벗어나게 만들 가능성의 주관적인 근거' 안에 위치하는 것이 틀림없다고 말한다 (6:29). '본성' 및 '타고남'이라는 용어와 관련해서도 그랬듯이 칸트는 악을 향한 성향이 일상적인 의미와는 반대로 우리의 자유로운 선택 능력에서 기인함에 틀림없다고 주장한다. 그리고 만일 (자신이 실제로 그렇게 하듯이) 모든 인간이 악을 향한 성향을 지니며 따라서 이를 인간 종의 특성이라고 가정한다면 이런 성향을 악을 향한 '본성적 성향'이라고 (여기서 다시 한번 칸트는 '본성적'이라는 용어를 자신의 독특한 의미로 사용하는데) 부를 수 있다는 점을 덧붙여 언급한다.

2절의 마지막 문단에서 칸트는 두 종류의 성향, 곧 물리적 성향과 도덕적 성향이 있다는 점을 지적한다(여기서 전자는 일상적인 의미에서의 '성향'에, 후자는 칸트 자신이 사용하는 독특한 의미에서의 '성향'에 대응된다). 칸트에 따르면 물리적 성향은 자연적 존재로서의 인간이 지닌 선택 능력에 영향을 미친다. 하지만 도덕적 악을 향한 물리적 성향이 존재한다는 말은 의미가 없다. 도덕적 악은 오직 자유에 기인한다. 그런데 물리적 성향은 '감각적 충동에' 기초하므로 자유롭지 않다. 따라서 도덕적 악을 향한 물리적 성향이라는 말은 칸트의 관점에서는 일종의 자기모순이다. 만일 도덕적 악을 향한 성향이라는 것이 존재한다면 이 성향은 우리가 자유롭게 선택한 것임에 틀림없으며 우리 자신의 행동을 구성하는 요소이기도 하다(6:31).

하지만 칸트는 곧이어 성향이 마치 우리 자신의 **행동**인 듯이 말하는 것은 다소 어색하다는 점을 지적한다. 우리는 일상적으로 성향을 모든 행동에 앞서는 무언가라고 생각하며 따라서 성향 자체를 곧 행동으로 여기지는 않기 때문이다(6:31). 그렇다면 도덕적 성향이나 악을 향한 성향에 관해 논의하는 일이 불가능한 듯이 보인다. 칸트는 이 문제를 어떻게 해결하는가?

이에 대한 칸트의 해결책은 '행동'이라는 용어 자체를 서로 다른 두 가지 방식으로 사용할 수 있다는 것이다. 우리는 이 용어를 일상적인 의미처럼 우리가 행하는 구체적인 행위, 곧 우리의 준칙과 심정에 의해 결정되는 행위를 지칭하는 것으로 사용할 수 있다. 아니면 이 용어를 우리가 최고의 준칙 자체를 자유롭게 선택하는 일을 지칭하는 것으로 사용할 수도 있다. 이들 중 후자의 의미에서 악을 향한 성향은 일종의 행동이라고 할 수 있다. 왜냐하면 이것은 우리가 자유롭게 선택한 바이기 때문이다. 하지만 이런 행동은 동시에 '성향'으로 여겨질 수도 있는데 그 까닭은 이것이 우리의 악한 행위 (곧 일상적인 의미에서의 행동) 각각의 형식적 근거를 형성하기 때문이다(6:31). 따라서 다시 한번 악을 향한 성향은 도덕법칙보다 자기애를 앞세우는 최고의 준칙을 선택하는 것이라 할 수 있는 악한 행동과 다르지 않음이 드러난다. 하지만 이런 악한 행동은 일상적인 의미에서의 행동은 아니다. 그것은 시간상에서 수행되거나 다른 사람이나 우리 자신이 경험을 통해 확인할 수 있는 행위가 아니다(곧 그것은 어린아이에게서 막대사탕을 훔치는 것이 일종의 행동이라는 것과 같은 의미에서의 행동이 아니다). 오히려 그것은 최고의 준칙을 선택하는 것으로서, 시간상에서 이루어지지 않기 때문에 (이런 선택은 자연적 인과성의 영역이 아니라 자유의 영역에 속하므로) 우리 자신이나 다른 사람에게 보이지 않는 선택이라 할 수 있다. 이런 성향이 일종의 행동인 (비록 일상적인 의미에서는 아니지만) 까닭은 우리가 책임져야 하는 우리의 자유로운 선택 능력의 산물이기 때문이다. 더 나아가 이것이 여전히 악을 향한 '성향'이라고 불릴 수 있는 까닭은 이를 통해 이후 특수한 악한 준칙들을 채택하고 시간상에서 이루어지는 구체적인 악한 행동을 하는 일이 가능해지기 때문이다.

　　독자들은 위에 인용한 대목에서 칸트가 괄호 안에 쓴 라틴어 문구에 주의를 기울일 필요가 있다. 칸트는 악을 향한 이런 성향을 peccatum originarium, 곧 원죄라고 부르는 반면 인간이 행하는 현실적인 악한 행동을 (일상적인 의미에서 — 어린아이에게서 막대사탕을 훔치는 것과 같은 행동을) peccatum derivativum, 곧 파생적 죄악이라고 부른다. 따라서 원죄설을 철학적으로 재해석하려는 칸트의 시도는 원죄설의 중요한 요소, 곧 원죄는 우리 자신의 탓이라는 (따라서 우리는 죄인이라는) 점뿐만 아니라 원죄는 우리가 행하는 구체적인 경험적 행동이 아니라 죄를 저지르는 실제 행위를 가능하게 만드는 조건을 제공하는 죄에 빠진 '본성'을 의미한다는 점을 그대로 유지한다. 물론 기존의 원죄설과 칸트의 해석 사이에서는 중요한 차이점도 발견되는데 그것은 죄에 빠진 본성이 우리가 태어나면서 타고난 것이 아니라 우리 자신의 자유로운 선택의 결과라는 점이다.

　　칸트가 인간 본성 안에 있는 '악을 향한 성향'을 통해 이런 것을 의미한다는 점을 기억하면서 이제 악을 향한 성향의 세 단계를 살펴보기로 하자.

나약함

칸트는 우리가 나약함을 경험한다는 것은 곧 우리가 선택 능력을 발휘해 채택한 준칙 안에 도덕법칙을 도입하지만 실제로 이 준칙에 따라 행위하면서는 '객관적으로' 또는 '이상적으로' 행위하라는, 거부할 수 없는 동기를 무시하고 도덕법칙을 자연적 경향성이 제공하는 동기보다 더 약한 것으로 여기는 것이다(6:29). 칸트는 바울로가 로마인에게 보낸 편지 7장 15절에서 '내가 해야겠다고 생각하는 일은 하지 않고 도리

어 해서는 안 되겠다고 생각하는 일을 하고 있으니 말입니다'라고 외쳤을 때 바로 이 점을 표현했다고 말한다. 많은 기독교 학자들이 바울로의 이 말, 곧 의지의 박약함을 표현한 말을 원죄가 낳은 직접적인 결과로 여긴다는 점은 지적할 만하다.

칸트가 나약함으로 묘사한 바는 곧 '의지의 박약함'과 매우 가까운 듯이 보인다. 곧 우리는 선이 무엇인지 알고, 선을 행하려 하면서도 선을 행하는 데 실패한다. 하지만 칸트의 도덕 이론이 이런 현상을 제대로 설명하는지는 그리 분명하지 않다. 칸트의 관점에서 의지의 박약함의 원인은 정확히 무엇인가? 의지가 박약한 개인은 도덕법칙을 준수할 능력이 없다는 식의 대답은 결코 허용되지 않는다. 만일 허용된다면 그가 도덕법칙을 준수하는 데 실패하는 것은 비난받을 만한 일이 아니며, 따라서 의지의 박약함을 '악을 향한 성향'의 한 단계로 여기는 것 자체가 무의미해질 것이다. 그렇다면 나약함은 단지 우리가 이론상 형성한 준칙을 실제로 준수하겠다는 결심을 하지 못하는 현상으로 보아야 한다.

불순함

나약함과 마찬가지로 불순함 또한 선한 준칙과 공존할 수 있다. 설령 악을 향한 성향 중 불순함이 나약함보다 '더욱 나쁜' 단계라고 할지라도 불순함 자체는 도덕법칙에 반대되는 행위를 전혀 포함하지 않는다! 칸트는 마음의 불순함은 우리가 도덕법칙을 준수하려는 의도에서 선한 준칙을 형성하기는 하지만 오직 법칙 그 자체가 충분한 동기를 제공하지 못하고 오히려 도덕과 무관한 다른 동기를 추가로 필요로 하므로 순수하게 도덕적이지 못한 경우를 가리킨다고 말한다(6:30). 그렇다면 불순함은 도덕법칙에 반대되는 행위를 포함하지 않는다. 오히려 나의 행위는 법칙과 일치하며, 나의 준칙은 내 의도가 도덕법칙을 준수하려는 것인 한에서 선하기조차하다. 하지만 도덕법칙이 나의 유일한 동기는 아니며 사실상 도덕과 무관한 동기가 강력한 힘을 발휘해 만일 이런 동기가 없다면 도덕법칙에 따르지 못하는 수준에 이른다면 나의 행위는 불순하다고 할 수 있다. 그렇다면 누군가 잃어버린 지갑을 주운 경우 보상이라는 부수적 동기가 있으면 돌려주겠지만 그렇지 않으면 돌려주지 않겠다는 준칙을 불순함의 대표적인 예로 들 수 있다.

이와 관련해 우리는 칸트에게 누군가가 선한 준칙을 지니는데 도덕법칙이라는 동기를 앞세우지 않고 도덕과 무관한 다른 동기가 요구하는 바에 따라 단지 의무와 일치하게 행위하는지를 어떻게 알 수 있는가라는 질문을 당연히 던지게 된다. 악의를 향해 점점 타락하는 두 번째 단계라는 점을 차치하고라도 '불순함'은 칸트가 묘사하듯이 선한 준칙을 가장 앞세우는 일과 분명히 충돌하는 듯이 보인다. 하지만 칸트가 준칙은 도덕법칙의 준수를—달리 말하면 합법칙성을—의도하는 한에서만 선할 수 있다고 주장한다는 점을 반드시 기억해야 한다. 순수하게 도덕법칙에 대한 존경에서 그것의 준수를 의도하지 않는 준칙은 진정한 의미에서 선한 것이 아니다.

또한 우리는 악을 향한 성향들 중 왜 불순함이 나약함보다 더욱 나쁜 단계에 해당하는지를 묻지 않을 수 없다. 나약한 사람은 도덕법칙을 준수하는 데 아예 실패하지만 불순한 사람은 최소한 어떻게든 도덕법칙을 준수하기는 한다. 실버는 다음과 같이 말함으로써 이 질문에 대한 대답을 나름대로 제안한다. '불순한 사람은 한 번도 도덕법칙을 준수해본 일이 없으므로 자신의 행위가 법칙에 따르는 것인지를 인식조차 못하는 반면 의지가 박약한 [나약한] 사람은 자신의 나약함을 인식한 후 강건해질 수 있으며, 자신의 악에 대해 양심의 가책을 느끼고 뉘우칠 수 있다'(cxxii). 실제 행동을 통해 도덕법칙을 위반할 경우 우리는 자신의 나약함을 깨달을 수 있지만 도덕법칙을 준수하는 불순한 사람의 행위는 선한 양심이 자신의 악을 직면함으로써 양심의 가책을 느끼도록 만드는 길을 최소한 잠재적으로라도 아예 가로막아 버린다.

악의

나약함과 불순함은 선한 준칙과 공존할 수 있는 반면—최소한 준칙이 도덕법칙의 준수를 의도하는 한에서—악의는 도덕법칙보다 자기애를 앞세움으로써 악한 준칙을 형성하려는 인간의 성향이다. 따라서 칸트는 이런 악의를 마음의 '뒤집힘'으로 볼 수 있다고 말한다. 왜냐하면 이는 도덕법칙보다 자기애를 앞세움으로써 자유로운 선택 능력을 규정하는 동기의 올바른 질서를 거꾸로 뒤집는 것이기 때문이다(6:30). 여기서 중요한 점은 내가 도덕법칙을 위반하는 행위를 실제로 저지르지 않고도 도덕법칙을 자기애 아래에 놓음으로써 악한 사람이 될 수 있다는—곧 내 마음을 거꾸로 뒤집는 잘못을 범할 수 있다는—사실이다. 우리는 의무와 일치하기는 하지만 의무로부터 행위하지 않기도 한다. 칸트가 바울로의 표현을 빌려 자주 사용하는 방식으로 말하면 우리는 법칙을 문자로만 준수하고 정신으로는 준수하지 않기도 한다.[3] 이런 형태로 법칙을 준수하는 것은 마음이 뒤집힌 상태를 보여줄 뿐이므로 우연적인 일에 지나지 않으며 어떤 도덕적 가치도 지니지 않는다. 악의와 불순함이 모두 법칙과 일치하는 행위를 낳을 수 있지만 악의가 더욱 나쁜 까닭은 바로 불순함의 단계에서는 우리가 법칙에 따라 행위하려는 의도를 지니는 반면 악의의 단계에서는 오직 자신의 자연적 경향성을

---

3 옮긴이 주—이런 표현이 등장하는 바울로의 언급은 다음과 같다. '이 계약은 문자로 된 것이 아니고 성령으로 된 것입니다. 문자는 사람을 죽이고 성령은 사람을 살립니다'(고린토인들에게 보낸 둘째 편지, 3장 6절).

만족시키려 할 뿐인데 그저 우연히 그런 행위가 자기애에 역행하지 않는 동시에 법칙과 일치하기 때문이다.

　악의를 정의하고 난 후 곧이어 칸트는 다음과 같이 말한다. '여기서 악을 향한 성향이 (행위와 관련해) 인간 안에, 심지어 가장 선한 인간 안에도 확고히 자리 잡고 있다는 점을 지적하지 않을 수 없다. 따라서 인간들 사이에 악을 향한 성향이 보편적이라는 점 또는 이와 같은 말이기는 하지만 그런 성향이 인간 본성과 단단히 연결되어 있다는 점이 증명된다면 이는 또한 사실임에 틀림없다' (6:30). 여기서 칸트는 1부의 제목에서 이미 암시된 바, 곧 악을 향한 성향이 —이는 우리가 최고의 악한 준칙을 선택한다는 점을 다른 방식으로 지적한 것이기도 한데 —인간 종의 특징임을, 달리 말하면 인간 종에 속하는 모든 구성원들이 자신의 자유를 처음 사용하는 순간부터 도덕법칙보다 자기애를 앞세운다는 점을 명확하고 단호하게 밝힌다. 칸트는 악을 향한 이런 성향이 '(행위와 관련해) 인간 안에, 심지어 가장 선한 인간 안에도 확고히 자리 잡고 있다고' 말한다. 하지만 정확히 어디에 또 어떻게 자리 잡고 있는가? 칸트의 언급을 주의 깊게 분석해보면 그는 인간이 악을 향한 성향을 지닌다고는 말하지만 인간이 실제로 악을 향한 성향을 지닌다는 사실에 대한 증명을 제시하지는 않는다. 이런 애매한 언급 때문에 몇몇 학자들은 이 증명이 칸트의 원전 어딘가에 숨겨져 있으리라고 가정하고 이를 발견하려는 작업에 나서기도 했으며, 다른 학자들은 칸트가 누락한 증명 자체를 나름대로 제시하려고도 했다. 여기서 칸트가 악을 향한 이런 성향이 '행위와 관련해' 확고히 자리 잡고 있다고 말하는 점에 주목할 필요가 있다. 이를 통해 칸트는 어쩌면 모든 인간이, '심지어 가장 선한 인간조차도' 실제로 악한 행위를 하므로 악을 향한 성향이 증명된다는 점을 의미하는지도 모른다. 하지만 다시 한번 이는 경험적인 주장이므로 이를 통해 완벽한 확실성을 지닌 증명을 제시하는 것은 불가능하다. 어쩌면 칸트는 모든 인간이 실제로 악한 행동을 하므로 (이는 그가 어느 누구도 제대로 반박할 수 없으리라고 여겼던 주장인데) 악을 향한 성향이 존재한다는 점이 자명하며, 이 점이 악을 향한 보편적 성향이 존재한다는 결론의 근거를 제공한다고 생각했는지도 모른다.

이런 해석은 다음 절에 등장하는, 인간이 악을 향한 성향을 지닌다는 점에 대한 '형식적 증명'은 필요하지 않으며 우리가 경험을 통해 얻는 인간 행동의 '통탄할 만한 수많은 예들이' 이 점을 충분히 보여준다는 칸트의 주장을 통해서 입증된다(6:32-33). 여기서 칸트는 자신이 앞서 언급한, 장래에 이루어질 인간학의 탐구 성과를 기다리지 못하고 너무 성급하게 이런 주장을 펴는 것이 분명하다. 위와 같은 언급이 등장하는 문단의 나머지 부분에서 칸트는 '자연 상태'에서─그는 많은 철학자들이 이런 상태에서 인간 본성의 선함을 발견하리라 기대했다는 점을 지적하면서─사는 사람들이 저지르는 악한 행위를 나열한다. '토포아 (Tofoa)[4], 뉴질랜드, 사모아 제도에서는' 인간을 죽여 제물로 바치는 일이 자행된다. '문명인들은' 이런 일까지 행하지는 않는다 할지라도 그들 또한 다른 수많은 종류의 악행을 저지른다. 예를 들면 '가장 친한 친구 사이에도 몰래 거짓말을 하며', '우리에게 돈을 빌려준 채권자를 미워하는 성향을 드러내며', '겉으로는 덕을 드러내면서 자주 그 아래 악덕을 숨겨두는 데' 성공하기도 한다.

나는 칸트가 바로 이런 설명을 기초로 인간이 본성상 악하다는 주장을 전개한다고 생각한다. 우리는 사람들의 준칙뿐만 아니라 그 아래 놓

─────────

4   옮긴이 주─남태평양에 있는 통가왕국에 속한 작은 화산섬의 이름이다.

인 최고의 준칙이나 그들의 성향도 직접 지각할 수 없지만 도덕법칙에 위배되는 실제 행위를 얼마든지 볼 수 있다. 그리고 다른 사람들의 경우는 몰라도 우리 자신의 경우 대부분에 비추어보면 악한 행위로부터 특수한 악한 행위 준칙을 이끌어낼 수 있다. 도덕법칙은 자기애라는 동기보다 도덕법칙이라는 동기를 앞세워야 한다고 요구하면서 어떤 예외도 허용하지 않으므로 악한 준칙이 단 하나만 존재한다고 해도 이는 오직 도덕법칙의 무조건적인 요구에 예외를 허용하려는 근본적인 결정(최고의 준칙)으로부터—달리 말하면 악한 성향으로부터 등장한 것이다. 그렇다면 이런 악한 성향이 보편적이라는 주장을 정당화할 수 있을 정도로 악한 행위들이 널리 서로 다른 시대에 서로 다른 사회에까지 널리 확산되어 있는가라는 질문이 제기된다. 이에 대해 칸트는 그렇다고 답한다. 물론 칸트는 이런 사실이 인간이 본성상 악하다는 주장에 대한 결정적인 증명에까지 이르지는 못한다는 점을 인정하면서도 이런 정도로 만족하고 어느 누구도 이 주장을 반박할 수는 없으리라고 확신한다.

　여기서 다시 한번 칸트가 『종교』를 쓴 목적이 도덕에 비추어 기독교 교리를 재해석하려는 것이었음을 상기할 필요가 있다. 앞서 살펴본 대로 『학부들 사이의 논쟁』에서 명시되었듯이 칸트가 채택한 해석의 원칙은 설령 어떤 교리가 이성의 범위를 넘어선 주장을 편다 할지라도 교리가 도덕을 방해하지 않는다면 철학자는 어떤 교리에도 상관하지 말아야 한다는 것이다. 하지만 교리가 도덕원리들과 충돌한다면 철학자는 도덕과 양립할 수 있도록 교리를 재해석해야만 한다. 이제 이런 해석의 원칙을 원죄의 교리와 관련해 고찰해보자. 악이 보편적이라는 생각은 원죄의 교리도 주장하는 바이므로 칸트는 이런 생각 자체와 관련해서 곤란을 겪지는 않는다. 하지만 그는 이런 악이 우리 자신의 자유가 아닌 어떤 것에 의존한다는 생각과 관련해서는 곤란을 겪는다. 따라서 칸트는 원죄의 교리를 완전히 부정하기보다는 악이 보편적이라는 생각을 유지하면서도 보편적인 악을 우리의 자유로운 선택 능력이 낳은 결과로 이해해야 한다는 방향으로 나가도록 원죄를 재해석한다. 이렇게 하기 위해 그는 '본성', '타고남', '성향' 등의 용어의 의미를 다소 어색하게 재규정한다. 하지만 이런 용어 자체는 유지함으로써 원죄의 교리에 등장하는 언어를 보존하면서 원죄가 도덕과 양립할 수 있도록 만들려고 한다. 이들 용어를 이런 방식으로 재해석함으로써 칸트는 비록 인간이 본성상 악하다는 주장이 참임을 확실하게 증명하지는 못했다 할지라도 이런 주장을 그리 큰 부담 없이 펼 수 있게 된다. 종교는 확실히 참임을 증명할 수 없는 수많은 주장들을 내세우는데, 중요한 점은 이들이 도덕의 발전을 방해해서는 안 된다는 것이다. 사실 칸트의 관점에서 보면 모든 인간이 예외 없이 악한 성향을 지니고 출발한다는 생각을 상세히 검토하는 편이 우리 자신이 태어나면서부터 본성적으로 선하다는 믿음에서 등장하는, 다소 과분한 선한 양심의 개념을 전제하는 것보다 더욱 도움이 되는 듯하다.

창세기 2-3장에 대한 칸트의 해석

이제 『종교』 1부에 관한 분석을 마무리 지으면서 구약성서 창세기 2-3장에 등장하는 아담과 이브의 타락 이야기에 대한 칸트의 철학적 해석을 간단히 살펴보려 한다. 칸트가 1부를 성서 해석으로 끝맺는다는 사실은 여기서 그의 주요 목적이 원죄의 교리에 포함된, 도덕을 위협하는 요소들을 중화하려는 것임을 잘 드러낸다. 창세기에 등장하는 이야기에 대한 칸트의 해석은 어쩌면 충분히 전개되지 않은 듯이 보이기도 하지만 그가 이전에 제시한 모든 주장들을 어떤 방식으로 성서에 등장하는 원죄에 대한 설명과 관련지으려 하는지는 분명히 드러난다.

4절에서 원죄에 관한 정통 교리에 도덕적으로 문제가 되는 내용이 포함된다는 점을 처음으로 직접 언급한다. 그는 인간이 지닌 도덕적 악의 근원이 무엇이든 간에 이런 악이 인간이라는 종 전체로 확산된 것을 설명하는 가장 부적절한 방식은 바로 우리가 이런 악을 '최초의 부모'로부터 물려받았다는 식의 설명이라고 지적한다. 칸트는 만일 실제로 이것이 악이 확산된 이유라면 이에 대해 오비디우스(Ovid)처럼, 곧 '우리가 속한 종족과 우리의 조상, 그리고 우리 스스로 행하지 않은 바는 거의 우리 자신의 것이라 여길 수 없다'고(6:40) 반박할 수 있을 것이다. 하지만 도덕적 악이 아담과 이브로부터 물려받아 전해진 것이 아니라면 악의 근원을 어떤 방식으로 정확히 설명할 수 있는가?

아담과 이브의 타락 이야기를 직접 살펴보기에 앞서 칸트는 '근원'의 개념에 대한 몇몇 중요한 점을 지적한다. 4절을 시작하는 문단에서 칸트는 근원을 (또는 최초의 근원을) '제일의 원인, 곧 같은 종류의 다른 원인이 낳은 결과가 아닌 최초의 원인으로부터 유래한 것'이라고 정의한다(6:39). 이 정의는 충분히 명확하다. 악의 근원을 탐구하면서 우리는 어떤 결과 또는 결과들을 낳은 최초의 원인이 무엇인지를 밝히려 한다. 하지만 뒤이어 칸트는 '이성에 따른' 근원과 '시간에 따른 근원'이라는 매우 중요한 구별을 시도한다. 여기서 그는 왜 이런 구별을 도입하는가?

칸트에게 '시간상'에 있다는 말은 곧 기계론적인 인과법칙에 따라 작용함을 의미한다. 하지만 기계론적인 인과법칙은 자유에 반대되는 것이며, 바로 이 때문에 칸트는 자유의지가 본체적이라고, 곧 시간을 벗어난 것이라고 강조한다. 자유의지는 자연 세계의 인과성과 무관한 어떤 인과성임에 틀림없다. 그리고 바로 이것이 여기서 칸트가 자유로운 행위를 단지 자연적 인과성에 따른 결과로 여겨 그것의 근원을 시간상에서 찾으려는 시도는 일종의 모순이라고 말하는 이유이다(6:40). 그렇다면 이성에 따른 근원과 시간에 따른 근원 사이의 구별은 (시간에서 벗어나) 자유의지로부터 기인한 바와 기계론적인 인과법칙에 따라 시간상에서 기인한 바 사이의 구별에 대응된다. 칸트는 악이 그보다 앞선 시간상의 상태가 낳은 기계론적인 결과라는 점을 단호히 부정한다―만일 그런 결과라면 악은 자유의 산물일 수 없으며 따라서 진정한 악일 수조차 없을 것이다. 그러므로 악을 낳은 시간상의 근원에 관해 말하는 것은 전혀 무의미하다.

   칸트에게 자연 세계의 원인과 결과는 누군가가 (말하자면 신과 같은 존재가) 시간상 주어진 한 지점에서 자연 세계의 세세한 내용을 모두 알 수 있다면 그 다음 순간에 무슨 일이 일어날지를 확실하게 예측할 수 있는, 그런 것이다. 그 까닭은 자연 세계가 고정된 기계론적인 법칙에 따라 운행하기 때문이다. 달리 말하면 자연 세계에서 어떤 사건은 시간상 그보다 앞서는 세계의 상태가 낳은 기계론적인 결과이다. 이런 세계상을 받아들인다면 인간의 자유는 설 자리가 없다. 왜냐하면 칸트는 인간의 자유가 자연의 인과성에 반대되는 것이라고 주장하기 때문이다. 따라서 칸트는 도덕적 악의 근원이―근원이라는 말을 통해 그는 '어떤 결과의 최초 원인에까지 거슬러 올라가는 것'을 의미하는데―단지 시간상 앞선 어떤 사건의 상태가 낳은 기계론적인 결과일 수는 없다고 생각한다. 만일 내가 자유롭게 행위한다면 나의 자유로운 행위에 앞선 어떤 사건의 상태도 나의 행위를 결정하지 않는다. 바로 이런 의미에서 나의 행위를 앞선 순간의 자연 세계에서 어떤 사건의 상태가 낳은 시간상의 결과라고 말하는 것은 부적절하다. 내가 자유롭게 행위하는 한 나는 그런 자연의 인과성과는 무관하게 행위한다. 칸트는 이 점을 1부의 내용 중 가장 유려하면서도 중요한 한 대목에서 분명히 드러낸다(6:41). 그는 누구든 악한 행위를 행할 때마다 자신이 죄가 없는 상태에서 직접 악으로 빠져든 것으로 여겨야 한다고 말한다. 그의 이전 행위가 어떠했든 간에 현재 행한 악한 행위는 자유롭게 선택된 것이지 인과적으로 결정된 것이 아니기 때문이다. 따라서 그 사람은 현재의 악한 행위를 저지르지 않을 수도 있었다. 그가 과거에 어떤 악을 저질렀든 간에 도덕적으로 행위하는 것은 '여전히 현재 그에게 부과된 의무이다. 따라서 그는 그렇게 행위할 수 있어야만 한다. 만일 그가 도덕적으로 행위하지 않는다면 그는 행위의 순간에 마치 (자유와 분리될 수 없는) 선을 향한 자연적 소질을 부여받고서도 죄가 없는 상태로부터 바로 악으로 넘어간 것으로 간주되어 책임을 져야만 하며 따라서 곧바로 비난받게 된다'(6:41). 칸트는 인간이 분명히 자연적 원인들로부터 영향을 받을 수 있지만 여전히 궁극적으로 자유로우며 그런 원인에 의해 결정되지는 않는다고 주장한다. 따라서 인간은 그런 인과적 영향을 받는다 할지라도 자신의 행위에 대해 책임을 져야 한다.

우리가 '악한 행위를 저지르는 모든 경우를 죄가 없는 상태로부터 바로 악으로 추락한 것으로' 여겨야 한다는 칸트의 언급은 이미 그가 성서에 등장하는 타락 이야기를 어떤 방식으로 재해석할지에 대한 실마리를 제공한다. 앞서 살펴보았듯이 악은 일상적인 의미의 인간 본성에 포함된 것일 수 없다―곧 악은 문자 그대로 우리가 타고난 것일 수 없다. 왜냐하면 인간은 타고난 본성에 대해 책임질 수 없기 때문이다. 따라서 악에로의 추락은 인간의 근원을 거슬러 올라가 최초의 부모에 이르기까지 추적할 수 있는 성질의 사건이 아니다. 어떤 의미에서는 우리 각각이 개별적으로 추락한다고 보아야 한다. 그리고 칸트가 방금 주장했듯이 행위의 모든 순간에 그보다 시간상 앞선 사건의 상태가 어땠는지와 무관하게 우리는 여전히 자유롭게 행위하고 행위에 대해 책임을 져야 하므로 모든 악한 행위의 경우에서 우리는 어떤 방식으로든 죄가 없는 상태에서 바로 악으로 추락한 것으로 여겨져야 한다. 또한 여기서 칸트가 모든 이야기는 본성상 시간과 관련된다고 (곧 이야기는 연속되는 사건들을 순서에 따라 배치하는 것이라고) 생각한다는 점을 지적할 필요가 있다. 이는 우리가 악의 근원에 관해 이야기하면서 이 근원을 시간상의 근원으로 오해할 위험이 있음을 의미한다. 이 때문에 칸트는 악이 시간에 따른 근원을 지닐 수 없으며 오직 이성에 따른 근거만을 지닐 수 있다는 주장을 적절히 강조한다. 그런데 성서에는 악의 근원에 대한 이야기가 제시되며 따라서 이 이야기는 시간에 따른 근원의 형태를 취할 수밖에 없다.

칸트는 창세기에 대한 해석을 다소 독특한 방식으로 시작하는데 그 까닭은 그가 지금까지 주장해왔던 바와 정확히 반대되는 내용을 말하려 하기 때문인 듯하다. 그는 여기서 악이 악을 향한 근본 성향에서가 아니라 실제로 저지른 죄에서 (곧 신의 명령으로 여겨지는 도덕법칙을 위반하는 데서) 시작된다고 말한다(6:41-42). 그런데 악이 악을 향한 근본 성향에서 시작될 수 없다는 칸트의 주장은 『종교』의 핵심 내용, 곧 인간에게는 악을 향한 성향이 있다는 주장과 모순을 일으키는 듯이 보인다, 하지만 칸트가 이 '성향'이라는 용어를 서로 다른 두 가지 방식으로 이해한다는 점을 떠올린다면 이런 모순에서 벗어날 수 있다. 만일 인간이 악을 향한 성향을 타고난다면 악은 자유로부터 기인하지 않을 것이다. 하지만 만일 인간이 이런 성향 자체를 어떻든 자유롭게 선택한다면 악은 진정 인간의 탓이 된다. 앞서 살펴보았듯이 이것이 바로 칸트가 성향을 자신의 방식대로, 곧 성향은 기본적으로 최고의 악한 준칙을 선택하는 것과 다르지 않으며 따라서 악한 소질을 의미한다고 다시 정의한 까닭이다.

칸트는 『종교』에서 (그리고 다른 곳에서도) '종교'를 '우리의 의무를 신의 명령으로 인식하는 행위'로 정의하려 한다. 앞으로 이 정의가 의미하고 함축하는 바에 관해 더욱 상세히 검토할 기회를 마련할 것이다. 하지만 현 단계에서도 『종교』의 초판 머리말에 관해 논의하면서 언급한 내용, 곧 칸트가 신의 계명을 도덕법칙과 다르지 않은 것으로 여겼으며, 이런 명령들이 도덕적인 까닭은 신이 이들을 명령했기 때문이 아니라 오히려 이들이 도덕적이기 때문에 신이 명령했다고 생각했음을 기억할 필요가 있다. 따라서 우리는 신과 무관하게 도덕법칙을 인식할 수 있으며, 설령 신이 존재하지 않더라도 우리에게는 도덕법칙을 준수할 궁극적 책임이 주어진다. 그렇지만 우리는 도덕법칙을 마치 신의 명령인 듯이 여길 수도 있다. 칸트에 따르면 인간은 도덕법칙을 항상 일종의 강제 또는 명령으로 경험하는데 그 까닭은—순전히 이성적이기만 한 것이 아니라 동시에 자연적이기도 하므로 경향성과 욕구를 지니는—인간은 도덕법칙과 반대되게 행위하려는 동기에도 쉽게 빠지기 때문이다. 도덕법칙은 우리에게 무조건으로 명령한다(바로 이것이 칸트가 이 명령을 정언적이라고 부르면서 의미한 바이기도 하다). 또한 이 명령이 우리의 외부에서 부과된 것이 아니라 할지라도 우리는 이를 어떤 보편적인 법칙의 부여자로부터—이는 당연히 '신'과 같은 대단한 존재를 지칭하는 듯이 들리는데—등장한 것인 양 생각할 수 있다.

칸트는 인간이 도덕법칙을 정언명령으로 경험한다는 생각이 이미 아담에게 내린 신의 명령, 곧 선과 악을 알게 하는 나무 열매만은 따먹지 말라는 명령을 통해 드러난다고 말한다. '도덕법칙은 인간과 같이 순수하지 못하고 경향성에 의해 유혹당하는 존재에게는 금지의 형태로 나타났다(창세기 2장 16-17절)'(6:42). 여기서 칸트는 신이 아담에게 내린 금지의 명령이 매우 구체적인 형태를 띤다는 점이 중요하다고 지적하면서, 이런 매우 구체적인 금지 명령이 정언명령으로 경험되는 도덕법칙 일반을 상징한다고 해석한다.

아담은 도덕법칙 자체를 충분한 동기로 여기는 대신 다른 동기들을 찾으려 했고, 결국 엄격하게 의무로부터가 아니라 다른 동기들에 따라 법칙과 일치하게 행위하는 것을 자신의 준칙으로 삼았다(창세기 3장 6절). 앞서 칸트가 논의했던, 악을 향한 성향의 세 단계로 거슬러 올라가 고찰해보면 아담의 이런 마음 상태는 칸트가 '불순함'이라고 부른 바와 정확히 일치함을 알 수 있다. 곧 아담은 도덕법칙이 충분한 동기로 작용하지 못하고 도덕법칙과는 달리 그 자체로 선하지는 않은 다른 동기들의 도움을 받아 의무에 따르는 상태에 놓여있었다. 이런 불순함이 아직 완전한 사악함에 이르는 것은 아니라 할지라도 이렇게 도덕법칙에 불순한 요소를 섞는 일이 다음 단계에서 인간의 '타락'으로 이어진다는 점은 명백하다.

칸트는 뒤이어 이렇게 처음부터 도덕법칙에 불순한 요소를 섞은 결과 인간은 법칙의 엄격함을 의심하기 시작했고, 자기애의 준칙에 따라 단지 조건적으로만 법칙을 준수함으로써 법칙 준수를 '격하시키는' 일을 스스로 합리화했다고 말한다. 사정이 이렇기 때문에 특수한 행위 준칙을 형성하는 과정에서 '감성적 충동'이 도덕법칙이라는 동기를 능가할 정도로 심각한 수준에 이르자마자 아담은 죄를 —도덕법칙을 위반하는 구체적 행위를— 범하게 되었다. 따라서 불순함에서 시작된 바에 도덕과 무관한 동기에 따라 준칙을 선택하는 일이 더해지면서 이는 결국 금지된 열매를 따먹는 악한 행위를 저지르는 결과를 낳았다. 신이 아담에게 내린 명령이 도덕법칙 일반을 상징하듯이 아담의 타락 또한 모든 인간이 죄를 범하는 한 반드시 타락하게 됨을 상징한다. 이것이 바로 칸트가 '이름만 바꾸면 이 이야기는 곧 너에 관한 것'(Mutato no-

mine de te fabula narratur)이라는 호라티우스(Horace)의 시구를 인
용하면서(6:42) 논의를 마무리 짓는 까닭이기도 하다.

칸트가 이브를 유혹한 뱀을 해석한 방식은 어쩌면 선악과 이야기에
대한 그의 해석 중 가장 흥미로운 부분인 듯하다. 그는 우리가 선을 향
한 소질을 지닌다는 점과 악이 우리의 본성이 아니라 자유로운 선택 능
력에서 기인한다는 점을 전제할 때 어떻게 도덕적 악이 우리 안에 등장
할 수 있는지를 설명하기가 쉽지 않다는 점을 지적한다(6:43). 칸트는
누군가가 악하다는 말이 무엇을 의미하는지는 분명하다고 생각한다. 하
지만 누군가가 왜 실제로 악하게 되었는가라는 질문은—선을 향한 우리
의 소질을 전제할 때 대답할 수 없는 질문이라고 주장한다. 그리고 이
런 악의 이해 불가능성은—곧 '악이 어디에서 생겨나는가?' 라는 질문
에 답하기가 매우 어렵다는 점은—성서의 이야기에서도 잘 드러난다.
성서는 '악의 존재를 세계의 출발점에서부터 인정하면서도 악을 인간
안이 아니라 원래부터 대단한 사명을 지닌 어떤 영적 존재 안에 두었
다'(같은 곳). 여기서 '원래부터 대단한 사명을 지닌 어떤 영적 존재'
는 당연히 사탄(Satan)을 의미한다. 사탄의 악한 본성은 인간 본성 안
의 악보다 훨씬 더 이해하기가 어려운데 그 까닭은 바로 육체를 지닌
존재라기보다는 영적인 존재에 속하는 사탄은 인간과는 달리 도덕법칙
에 맞서는 경향성을 경험하지 않기 때문이다. 성서의 이야기는 이해할
수 없는 악의 근원을 사탄에게로 돌리고, 인간에게서 드러나는 악의 근
원을 소질이 아니라 유혹과 관련해서 설명한다. 인간은 유혹 때문에 악
한 상태로 빠져들 뿐 근본적으로 타락한 것은 아니므로 도덕적 개선의
가능성이 있다(6:44).

성서를 이런 방식으로 해석함으로써 칸트는 악이 궁극적으로 이해할
수 없는 것이라는 점을 인정하면서도 인간은 자신의 악에 대해 (곧 유

혹에 넘어간 것에 대해) 책임을 져야 한다고 주장한다. 더욱이 (이것이 가장 중요한 점이기도 한데) 인간의 악은 선을 향한 소질의 근본적인 타락에서 생겨난 것이 아니므로 도덕적 개선은 항상 가능하다. 그리고 이는 칸트가 다소 비관적인 분위기를 띠는 『종교』의 1부를 마무리 지으면서 남긴 낙관적인 요소이기도 한다. 곧 인간이 아무리 악하다 할지라도 인간에게는 선으로 돌아갈 희망이 항상 남아있다(6:44).

기독교 신학이 타락한 인간을 구원하려는 신의 행위에 초점을 맞추는 것과 마찬가지로 원죄라는 기독교 교리에 대한 칸트의 철학적 재해석 또한 인간의 갱생에 관한 기독교의 가르침을 개인의 측면에서(2부) 그리고 '교회'라는 수단을 통해 단체라는 측면에서(3부) 철학적으로 재해석하는 방향으로 나아간다. 이제 2부에 관해 살펴보기에 앞서 1부 끝부분에 등장하는, 중요한 내용이 담긴 '일반적 주해'를 간략히 검토하려 한다. 이 주해는 칸트가 『종교』의 각 부의 끝부분마다 덧붙인 네 개의 주해 중 첫 번째 것에 해당한다.

일반적 주해

우선 칸트의 원전과 관련된 문제를 간단히 논의하려 한다. 『종교』 6:44에서 칸트는 '일반적 주해'라는 제목으로 새 절을 시작한다. '일반적 주해'라는 제목 아래에는 '선을 향한 근원적 소질 능력의 회복에 관하여'라는 부제가 붙어있다. 하지만 『베를린 월보』에 처음 출판된 1부의 원고에서는 물론 『종교』의 초판에서도 '일반적 주해'라는 제목은 등장하지 않으며 이는 『종교』의 재판에서 처음 추가되었다. 겉으로 보기에 이는 그리 큰 의미가 없는 사소한 변화인 듯하지만 실제로는 특히 이 부분, 더 나아가 어쩌면 『종교』 전체에 대한 해석에 큰 영향을 미치는 중요한 요소이다. 내가 이렇게 주장하는 이유는 6:52에서 시작되는 이 절의 마지막 문단에 등장한다. 이 문단은 재판에서 처음 추가되었다 (칸트가 재판에서 추가한 다른 모든 문단과 마찬가지로 칼표(†)로 시작된다). 이 문단의 첫머리에서 칸트는 다음과 같이 말한다. '이 일반적 주해는 이 저술의 각 부에 덧붙인 네 개의 주해들 중 첫 번째 것이다. 네 주해들의 제목은 (1) 은총의 작용에 관하여, (2) 기적에 관하여, (3) 신비에 관하여 그리고 (4) 은총의 수단에 관하여로 붙일 수 있을 듯하다—이 주해들은 말하자면 순수한 이성의 한계 안의 종교에 부가된 장식과 같은 것이다. 곧 이성의 한계 안에 속하지는 않지만 그 경계 가까이에 놓인 것이다.' 6:44에서 시작되는 1부의 마지막 절에 '일반적 주해'라는 제목을 붙임으로써 칸트는 그저 재판에서 이 한 절을 더하는 데 그치지 않고 이 절 전체가 '은총의 작용에 관하여'라는 제목에 어울리는 내용을 다룬다는 점과 또한 이 내용이 순수한 이성의 한계 안의 종교에 속하지는 않지만 그 경계 가까이에 위치한다는 점을 강력히 암시하는 듯하다. 그리고 이 부분은 『종교』 전반을 해석하는 데도 상당한 중요성을 지니는데 그 까닭은 앞으로 보게 되듯이 칸트가 이 마지막 절에서 언급한 바 대부분이 2부의 (일반적 주해가 아니라) 핵심적인 부분에서 반복되기 때문이다. 이런 사실은 『종교』의 2부가, 전체는 아닐지라도 최소한 여기에 포함된 몇몇 중요한 논의들이 그 자체로 부가된 장식에 속한다는 점을—곧 '순수한 이성의 한계 안의 종교'에 적절하게 속하지는 않지만 그 경계에 놓여있음을 암시한다. 바꾸어 말하면 순수한 이성의 '안에' 놓인 바와 '밖에' 놓인 바 사이의 구획 기준이 선명하지는 않다고 할 수 있다.

'일반적 주해'의 내용을 본격적으로 논의하기에 앞서 칸트가 일반적 주해들을 '부가된 장식'이라고 부르면서 의미한 바를 조금 더 상세히 살펴보려 한다. 부가된 장식에 해당하는 원어 parergon은 어떤 주요 작품을 바탕으로 등장한 이차 작품 또는 부수적 작품을 의미하는 그리스어이다. 따라서 자신의 일반적 주해들에서 칸트는 이성의 영역 밖에서 논의를 전개하는 자유를 누리며 따라서 자신이 스스로 설정한 임무, 곧 '오직 이성의 한계 안에서' 종교를 분석하겠다는 임무를 넘어선 작업을 행한다. 하지만 그는 이렇게 이성의 한계를 넘어서서 작업하는 일이 피할 수 없는 것이라고 주장하는 듯하다. '이성은 자신이 도덕적 요구를 만족시키는 데 무능함을 깨닫고 이런 결함을 보완해줄 듯한 다소 과도한 관념들에 이르기까지 자신을 확장하지만 이렇게 영역을 확장하는 일이 이성에게 적절하게 어울리지는 않는다'(6:52). 이런 언급은 몇 가지 질문을 낳는다. (1) 여기서 이성의 '무능함'이란 정확히 무엇을 말하는가? (2) 일반적 주해에서 언급된 네 가지 관념은 이런 무능함을 어떻게 보완하는가? (3) 왜 '이렇게 영역을 확장하는 일이 이성에게 적절하게 어울리지 않는가?'

이들 중 세 번째 질문에 답하기가 가장 쉽다. 바로 다음 문장에서 칸트는 이성이 이런 관념들의 가능성, 심지어 현실성에 대해서도 이의를 제기하지 않지만 이런 관념들을 자신의 행위 준칙들 안에 받아들일 수는 없다고 말한다. 정확히 신의 관념과 마찬가지로 은총, 기적, 신비 등은 인간이 인식할 수 있는 바의 경계를 넘어서는 것들이다. 물론 인간이 이들의 존재를 인식할 수 없다는 사실이 이들이 존재하지 않음을 의미하지는 않는다. 이들이 존재하든 그렇지 않든 간에 칸트에게 중요한 점은 이런 관념들을 준칙들 안에 받아들일 수 없다는 사실이다―달리 말하면 우리는 예를 들어 우리가 채택한 준칙의 근거로 도덕법칙에 대한 존중을 밀어내고 그 자리에 신의 은총에 대한 믿음을 놓는 일을 결코 허용해서는 안 된다는 것이다. 실제로 칸트는 위의 네 관념들이 (순수한 이성의) '종교'에 도입될 경우 각각의 관념에 대응되는 네 유형의 나쁜 결과, 곧 광신, 미신, 환상적 조명 그리고 마술을 낳게 된다고 직접 언급한다. 이들에 대해서는 부과된 장식에 관해 논의하면서 다시 검토할 것이다. 하지만 여기서 핵심적인 생각은 은총과 기적, 신비의 영역으로 뛰어드는 모험을 감행할 경우 이성은 도덕을 타락시키는 위험을 감수하면서까지 자신의 영역을 넘어서는 확장을 시도하게 된다는 점이다. 만일 이성의 자신의 무능함을 보완하기 위해 이런 부가된 장식을 필요로 한다면 이성은 오직 자신을 상당한 위험에 노출시킴으로써만 이런 필요를 충족할 수 있다. 치료 효과가 강한 약은 그런 효과에 비례해 강한 독성도 지니기 마련이다.

위의 세 질문 중 첫 번째 것은 상당히 복잡한 질문이다. 왜 이성이 도덕적 요구를 충족하는 데 무능한가? 이 질문은 칸트가 1부의 일반적 주해에서 직접 제기한 것은 아니지만 『종교』의 초판 머리말과 관련해 이미 논의했던 것이기도 하다. 도덕 자체는 신의 관념을—더욱 확대하면 그 어떤 초월적인 종교적 관념도—필요로 하지 않지만 이런 사실이 종교적 관념들이 인간의 도덕과 관련해 어떤 역할도 하지 못함을 의미하지는 않는다. 인간은 이성적 존재일 뿐만 아니라 행복을 행위의 궁극 목적으로 여기면서 이를 항상 고려하는 유한한 감성적 존재이기도 하다. 그렇다면 신의 관념은 최고선을—덕이 있는 사람이 그 정도에 비례해 행복을 누리는 상태를—보장하기 위해 필요하게 되며 따라서 도덕은 종교로 이어지게 된다. 하지만 앞에서와 마찬가지로 이렇게 되는 까닭은 도덕법칙이 그 자체만으로는 굳건히 유지될 수 없기 때문이 아니라 인간이 순전히 이성적 존재만은 아니기 때문이다. 이성의 이런 무능함은 오직 인간의 유한성 때문에 생기는 무능함이다.

그렇다면 실천이성이 만들어내는 신의 관념은 도덕이 부과하는 강제 안에서 작동하는 관념인 반면 역사상의 종교는 수많은 초월적인 관념들을—예를 들면 은총, 신비, 기적 등의 관념을—제공하는데, 엄밀히 말하면 이들은 실천이성이 만들어낸 것이 아니며 따라서 최소한 잠재적으로라도 실천이성을 위협할 가능성이 있다. 칸트는 이런 초월적인 대상과 관련하는 신앙을—지식을 표방하는—독단적 신앙이라고 부르면서 이런 신앙은 이성의 눈에는 '불성실하고 무분별한' 것으로 드러난다고 말한다(6:52). 하지만 독단적 신앙이 이런 관념들을 대하는 유일한 태도는 아니다. '반성적 신앙' 또한 존재한다. 이 신앙은 지식을 표방하지 않으며 단지 이런 대상들의 가능성을 가정할 뿐이다. 하지만 이성은 '이런 가능성을 알게 모르게 선의지에게도 도움이 되는 무언가로 여긴다.' 여기서는 '선의지'라는 단어가 결정적인 역할을 한다. 이런 관념들이 반성적 신앙의 적절한 대상이 되려면 이들은 도덕 아래 놓여야 하며 도덕을 위해 사용되어야 한다. 이들이 '오직 이성의 한계 안의 종교'에 부가된 장식이라는 말의 의미는 바로 이성이 이들을 사용할 수 있어야 한다는 것이다. 단 이런 초월적인 대상에 대한 지식을 표방하는 불성실한 '독단적 신앙'의 태도가 아니라 이들이 도덕을 위해 사용될 수 있는 한에서 이런 대상들의 가능성을 조심스럽게 허용하는 '반성적 신앙'의 태도가 필요하다.

그렇다면 어떻게 이런 초월적인 관념들이 도덕적으로 사용되어 이성의 무능함을 보완할 수 있는가라는 질문이 남게 된다. 이제 이 첫 번째 일반적 주해에서 논의되는 초월적 관념, 곧 '은총의 작용'에 관해 살펴봄으로써 이 질문에 답하기로 하자. (기적, 신비 그리고 은총의 수단에 관해서는 각각 2부와 3부, 4부의 끝부분에 이들이 등장하는 대목에서 검토할 것이다.)

앞서 칸트가 '일반적 주해' 각각의 주제를 나열한 대목을 떠올려보면 1부의 마지막 절 전체는 '은총의 작용'과 관련된다. 하지만 겉보기에는 이런 내용이 그리 명확히 드러나지는 않는 듯하다. 무엇보다 칸트는 재판에서 추가된 마지막 절 이전에는 '은총'이라는 단어를 단 한 번도 사용하지 않는다. 하지만 1절의 마지막 절 전체에서 칸트의 관심은 인간을 도덕적으로 더욱 선한 존재로 만들기 위해 신은 우리를 어떻게 도울 수 있는가라는 질문에 집중된다. 그리고 칸트는 '은총의 작용'을 '우리가 단지 수동적으로 받아들일 수밖에 없는 초자연적인 도덕적 영향'으로(6:194) — 달리 표현하면 신이 우리 자신에게 직접 관여하지 않으면서도 우리를 도덕적으로 만들기 위해 행하는 바로 정의한다. 은총에 관한 다양한 기독교 교리들이 복잡하고 오랜 역사를 거쳐 등장했는데 이들을 여기서 모두 자세히 언급하기는 어렵다. 하지만 가장 일반적인 수준에서 말하자면 기독교 전통에서 '은총'은 신의 판단에 따라 죄인을 선하고 올바른 인간으로 회복시키기 위해 신이 내리는 선물과 같은 것이다. 이 은총이 선물인 까닭은 그것에 대한 대가를 치르지 않고 거저 얻기 (곧 인간의 행위에 대한 보상으로 주어진 것이 아니기) 때문이다. 또한 신의 은총이 필요한 까닭은 우리가 원죄를 지니므로 오직 자신의 노력만으로는 구원에 이를 수 없기 때문이다. 따라서 칸트가 원죄의 교리를 도덕적인 방향으로 재해석하면서 은총의 교리로 눈을 돌리는 것은 그리 놀라운 일이 아닌 듯하다. 왜냐하면 은총을 통해 원죄가 낳은 결과가 상쇄되기 때문이다.

앞서 살펴보았듯이 칸트는 인간 본성 안의 근본악은 곧 인간이 선택한 것이므로 이에 대한 책임 또한 인간에게 있다고 강력히 주장한다. 이렇게 보면 근본악은 그 어떤 일상적인 의미에서도 결코 '본성적'일 수 없다. 근본악이 실제로 악하려면 반드시 우리가 스스로 행한 것이어야 하기 때문이다. 그렇다면 인간이 진정으로 선해지는 일 또한 인간 스스로 행한 바를 통해서 이루어지는 것이 당연하다. 그리고 이 점은 첫 번째 일반적 주해의 첫 문장, 곧 도덕적 의미에서 인간이 어떤 존재인지, 선한지 악한지는 인간 자신이 그렇게 만드는 것임에 틀림없다는 (6:44) 문장에서 정확하게 드러난다. 하지만 이 문장은 은총과 관련해서는 어떤 의미를 지니는가? 만일 은총이 우리가 자신을 더욱 선하게 만드는 것이 아니라 신이 우리를 더욱 선하게 만드는 것을 의미한다면 칸트의 관점에서는 은총을 통해 이루어지는 어떤 진보도 진정한 도덕적 진보라고 할 수 없다. 그렇다면 도덕에 대한 칸트식의 접근은 인간을 도덕적으로 선하게 만드는 과정에서 신이 어떤 도움을 베풀 수 있다는 가능성을 철저히 배제하는가? 만일 우리가 은총을 인간이 순전히 거저 얻는 것으로 이해하거나 이런 은총이 없다면 우리가 자신을 도덕적으로 더욱 선한 존재로 만들기 위해 아무것도 할 수 없다고 믿는다면 칸트의 도덕 이론은 은총의 개념과 결코 조화를 이룰 수 없다. 하지만 칸트는 은총의 개념을 완전히 무시하지는 않는다.

인간이 선하거나 더욱 선하게 되기 위해서 어떤 초자연적인 도움이, 이것이 단지 방해물을 제거하는 수준의 것이든 아니면 적극적인 지원이든 간에 어쨌든 이런 도움이 필요하다고 가정한다면 인간은 우선 이런 도움을 받아들일 만한 자격을 스스로 갖추어야 한다. 그리고 이런 도움을 반드시 수용하여 (이는 결코 사소한 것이 아니다) 이런 적극적인 능력의 증가가 자신의 준칙에 반영되도록 해야 한다. 오직 이런 방식을 통해서만 선이 인간의 책임으로 돌려질 수 있으며, 인간은 선한 존재로 인정될 수 있을 것이다. (6:44)

여기서 가장 중요한 점은 칸트가 초자연적인 도움이 반드시 필요하다
는 사실을 인정한다는 식으로 오해해서는 안 된다는 것이다. 그는 단지
만일 우리가 초자연적인 도움이 필요하다고 (이것이 사실임을 인정하
지는 않지만) 가정한다면 인간의 진보를 인간 자신의 책임으로 돌리기
위해서는 어떤 조건을, 곧 이런 도움을 받아들일 만한 자격을 갖추어야
하며 또한 이를 자유롭게 수용해야 한다는 조건을 충족해야 한다는 점
을 명시할 뿐이다. 하지만 이런 도움을 '받아들일 만한 자격을 우선'
갖추어야 한다는 말은 무엇을 의미하는가? 칸트는 이 일반적 주해에서
우리가 자신을 이런 도움을 받을 만한 존재로 만들기 위해 할 수 있는
유일한 것은 바로 더욱 선한 인간이 되는 것이라는 점을 매우 명확히
밝힌다. 사실 이는 칸트가 도덕적 종교와 — 이를 '선한 품행'의 종교라
고 설명하면서 — '은혜를 간구하는 종교' (순전히 예식만을 추구하는
종교)를 매우 선명하게 구별하는(6:51) 점에서도 잘 드러난다. 칸트에
따르면 모든 종교는 이 둘 중 하나의 범주에 속한다. 은혜를 간구하는
종교는 숭배자들이 자신들을 선하게 만들기 위해 아무것도 하지 않더
라도 또는 최소한 자신들을 선하게 만들어 달라고 신에게 간구하기만
하면 신이 얼마든지 숭배자들을 선하게 — 따라서 영원히 행복하게 —
만들 수 있다고 믿는 특징을 보인다. 이런 종교는 신이 전지하다고 가
정하므로 이렇게 '간구' 하는 것만으로도 곧바로 '소망' 에 이르게 된
다. 이에 대해 칸트는 만일 도덕적 진보가 오직 이런 소망만을 필요로
한다면 모든 사람들이 도덕적으로 선하게 될 것이라고 (그런데 이는
결코 사실이 아니라고) 덧붙인다. 이와는 대조적으로 더욱 선한 인간
이 되려면 우리의 능력이 닿는 한 모든 것을 다해야 한다는 것이 도덕
적 종교의 기본 원리이다. 오직 이렇게 한 다음에야 우리는 우리 능력
밖에 놓인 초자연적인 도움을 통해 더욱 선하게 되기를 바랄 수 있다

(6:51-52). 그렇다고 해서 자신의 능력이 닿는 한에서 모든 것을 다하는 사람을 신이 실제로 돕는다는 말은 아니다. 이는 단지 우리가 정당하게 신의 도움을 바랄 수 있는 조건을 제시한 것에 지나지 않는다.

더욱이 칸트는 이 일반적 주해에서 인간이 지금까지 신이 인간을 위해 행한 바나 앞으로 행할 바에 대한 지식을 지닐 필요가 없다는 점을 분명히 밝힌다. 인간에게 필요한 바는 오직 인간이 신의 도움을 받을 만한 자격을 갖추려면 스스로 무엇을 해야 하는지를 인식하는 것이다 (6:52). 사실 신이 이런 면에서 인간을 위해 무엇을 행했는지를 인식하는 일은 결코 불가능하다. 칸트가 이 일반적 주해의 가장 끝부분에서 지적하듯이 우리의 이성이 적절한 한계를 지킨다면 우리가 지니는 원인과 결과의 개념은 자연적 질서 안에 놓인 것들에만 적용될 수 있다 ─이것은 칸트가 『순수이성비판』을 통해 얻은 기본적인 통찰 중 하나이기도 하다. 하지만 신이 우리를 위해 행한 바에 관해 언급하려면 인과성을 자연적 질서 외부에 놓인 무언가에 (곧 신에게까지) 적용해야 한다. 은총의 결과를 경험했다는 주장을 펼 경우 우리는 광신에─우리 자신을 특별한 내적인 경험 또는 깨달음을 얻는 존재라고 믿는 데서 생기는 일종의 위험한 종교적 열정에─빠지지 않을 수 없다(이에 관해서는 아래에서 더욱 상세히 살펴볼 예정이다). 또한 칸트는 우리가 은총의 결과라는 개념을 어떤 방식으로든 실천적으로 채용한다면 모순에 빠지게 된다고 말한다. 왜냐하면 실천이성은 특정한 목적을 이루기 위해 우리가 무엇을 행해야만 하는가에 관한 원리들을 형성하는 능력을 포함하는데 은총의 결과라는 개념 자체가 바로 은총이라는 신의 작용으로 선이 산출되고 따라서 이런 선은 우리 자신의 행위가 아님을 의미하기 때문이다. 따라서 설령 은총이 가능하다는 점에 이론적으로 동의할 수 있을지는 몰라도 은총을 우리 자신의 행위 준칙 안에 포함하는 것은 결코 불가능하다.

칸트의 체계 안에 은총의 개념을 도입할 최소한의 여지가 남아있더라도 그는 이 개념을 은총에 관한 수많은 기독교 교리와는 전혀 다른 방식으로 무척 주의 깊게 제한하여 사용한다. 사실 칸트는 은총의 가능성을 이론적으로 부정하지는 않지만 — 이를 이론적으로 부정하는 일 또한 그가 결코 인식할 수 없다고 여긴 바의 경계선을 넘어서서 무언가를 안다는 주장을 전제해야 하기 때문에 — 은총의 개념이 도덕의 기초를 허물지 않도록 매우 세심한 태도를 취한다. 이를 위해 그는 우리의 도덕적 진보를 위한 그 어떤 신의 도움이라 할지라도 도덕적 발전을 향한 우리 자신의 노력을 필수적인 조건으로 포함해야 한다고 주장한다. 그리고 만일 도덕적 가치가 우리가 자신의 능력을 통해 스스로 행하는 바와 관련되는 것이라면 신이 우리의 노력에 어떤 방식으로라도 기여할 수 있는지는 전혀 분명하지 않다고 말한다. 우리는 2부에서 이 문제를 다시 다루려 한다. 칸트가 1부의 일반적 주해 이후에도 은총에 관해 계속 논의하기 때문이다.

칸트는 1부의 일반적 주해 중 우리가 검토하지 않은 부분에서도 (6:45-51) 몇몇 중요한 논점을 제시한다. 하지만 이런 논점들은 2부에서 더욱 상세히 논의될 내용을 미리 언급한 것에 속한다. 따라서 이들에 대한 검토는 뒤로 미루기로 하고 여기서는 '광신'에 관한 칸트의 언급을 더욱 자세히 살펴보려 한다. 칸트가 네 개의 일반적 주해에서 논의하는 네 가지 주제들은 반성적 신앙보다는 독단적 신앙과 관련되는 것들로서 도덕 아래 놓이는 것들이 아니므로 위험한 결과를 낳을 가능성을 지닌다. 네 개의 일반적 주해가 다루는 주제들은 — 곧 '은총의 결과', '기적', '신비' 그리고 '은총의 수단'은 — 모두 초월적 관념에 속하는데 이들 각각에 부수되는 네 가지 위험으로 광신, 미신, 환상적 조명 그리고 마술을 지적할 수 있다. 칸트는 이들이 자신의 적절한 한계를 넘어서서 잘못된 길로 나아간 이성의 '탈선'을 드러낸다고 말한다(6:52-53).

　그렇다면 은총의 결과에 대한 독단적 믿음에 대응되는 위험은 '광신'(Schwärmerei)이다. 칸트는 여기서 광신이라는 용어의 의미를 충분히 설명하지는 않지만 앞서 인용한 대목에서 광신을 '이른바 착각된 내적 경험'으로(저자의 강조 표시) 여긴다. 후에 4부에서 칸트는 이런 은총의 결과를 경험한 척하는 것은 '단지 감정에 속하는 광신적인 망상'에 지나지 않는다고 말한다(6:194). 결국 이런 내적 경험을 망상으로 만드는 것은 경험을 통해 초자연적인 무언가를 직관했다는 우리 자신의 주장인데, 칸트는 우리가 결코 이런 감각 능력을 지닐 수 없다고 생각한다(6:175 참조).

　이런 광신이 위험한 이유는 1부의 일반적 주해에서 칸트가 언급한 내용에서는 명확히 제시되지 않는 듯하다. 이와 관련해 최근 『종교』에 대한 주석서를 펴낸 디센소(James DiCenso)는 '칸트가 광신의 위험을 상당히 비판적으로 여기는, 이미 확립된 전통에 따른다고' 지적하면서 이런 전통에 속한 인물로 로크(Locke), 스피노자(Spinoza), 흄(Hume) 등을 든다(2011, 39). 또한 칸트는 광신의 위험에 지나친 종교적 열정과 심지어 사상의 자유가 파괴되는 것까지도 포함시키면서, 1786년에 발표한 논문 「사고에서 방향 설정이란 무엇인가?」(Was heißt: Sich im Denken orientiren?)에서 이에 관해 논의한다(8:145 참조). 광신과 관련된 여러 문제에 대해서는 칸트가 종교적 망상과 '사이비' 종교의 위험에 관해 상세히 논의하는 『종교』의 4부를 검토하면서 다시 살펴보려 한다.

2부: 인간을 지배하기 위해 선한 원리가
악한 원리와 벌이는 싸움에 관하여

『종교』의 1부에서 칸트는 인간이 근본악에 처한 상황에서 출발한다는 점을 확립하려 했다. 사실상 칸트는 이 점을 증명하지는 않았지만 내가 주장했듯이 이는 거의 문제가 되지 않는다. 칸트는 인간 본성 안에 근본악이 존재한다는 주장을 형성함으로써 도덕적으로 위험한 요소를 포함하는 원죄라는 기독교 교리를 중화하는 동시에 이 교리가 지닌, 실천적 관점에서 유용한 요소들은 유지하려 한다. 사실 인간이 근본악에 처한 상황에서 출발한다는 가정은 매우 유용할 수도 있다. 왜냐하면 우리가 선하게 태어나 분에 넘치는 선한 양심을 지닌다고 믿고 현실에 안주하려는 생각에서 벗어나 우리를 도덕적 삶이 요구하는 엄격한 자기 성찰과 반성의 방향으로 이끌 수도 있기 때문이다.

나는 또한 근본악에 관한 칸트의 주장이 비관주의적으로 보일지 몰라도 사실상 이 주장은 매우 낙관주의적이라는 점을 지적했다. 왜냐하면 이 악은 우리의 자유로운 선택에 기인하므로 또한 우리의 자유로운 선택에 의해 얼마든지 극복할 수도 있기 때문이다. 하지만 이것이 악을 쉽게 극복할 수 있다는 말은 결코 아니다. 『종교』 2부의 제목은 악을 극복하는 과정이 '인간을 지배하기 위해 선한 원리가 악한 원리와 벌이는 싸움'과 같은 것임을 드러낸다. 이 제목이 다소 종말론적으로 들릴지 모르지만 이것이 바로 핵심이다. 칸트는 선과 악 사이의 싸움을 나타내는 종교적인 표현을 악한 심정에서 선한 심정에로의 변화라는 관점에서 해석하려 한다.

선과 악 사이의 싸움을 나타내는 기독교적 표현을 검토하기에 앞서 칸트는 2부를 스토아학파에 대해 몇 가지를 언급함으로써 시작한다.

칸트에 따르면 스토아학파는 인간이 악에 대항해 적극적으로 싸워나가야 하며, 이를 위해서는 강건함과 용맹함으로서의 덕이 필요하다는 점을 제대로 인식했다. 하지만 이 학파는 자연적 경향성을 적으로 오인했다. 칸트는 앞서 1부에서 이미 자연적 경향성이 도덕적 악의 근원이 될 수 없음을 주장했다. 악은 경향성이 아니라 우리가 자유롭게 선택한 준칙, 곧 도덕에 어긋날 경우에도 경향성에 따르려는 준칙에 뿌리를 두고 있다. 2부를 시작하는 대목에 단 각주에서 칸트는 경향성은 단지 선한 준칙의 실행을 더욱 어렵게 만들 뿐이지만 진정한 악은 이런 경향성에 저항하지 않는 의지 안에 확고히 위치한다고 말한다(6:59 각주).

스토아학파가 악의 진정한 원인을 제대로 확인하는 데 실패했다면 그 이유는 악이 설명할 수 없는 것이기 때문이다. 하지만 이 말이 칸트가 무엇이 악이며, 악이 어디에 위치하는지 확인하지 못했음을 의미하지는 않는다. 칸트는 악이 우리가 자유롭게 선택한 최고의 준칙 안에 위치한다는 점을 전적으로 확신한다. 하지만 악의 궁극적 근원은 설명될 수 없는데 그 까닭은 도덕 자체가 일종의 신비이기 때문이다. 나는 이 주장, 곧 도덕의 근원을 —그리고 이에 상응해 도덕적 타락의 근원도 — 궁극적으로 설명하거나 해명할 수 없다는 주장을 '도덕의 신비성' 명제라고 부르려 한다. 그렇다면 칸트가 도덕을 일종의 신비로 생각하는 이유는 정확히 무엇인가?

인간의 행위가 본능에 의해 지배되어야 하며, 자연적 경향성의 충족을 목표 삼는다는 주장은 그리 낯선 것이 아니다. 우리는 인간을 제외한 다른 동물들이 본능에 따라, 피할 수 없이 그들이 지닌 자연적 경향성의 충족을 위해 행동하는 것을 도처에서 볼 수 있다. 동물들의 행동에 대해서는 도덕과 비도덕을 따질 수 없다. 동물의 본능은 자연적 기계론에 따른 것이기 때문이다. 앞서 1부에서 살펴보았듯이 우리는 인간성을 향한 소질을 지니며 이 때문에 동물의 영역에 속하는 다른 존재들과 구별된다. 이 소질은 각자 서로 비교하는 인간의 능력에서 기인하는데 본성상 문화 발전에 유용하게 작용한다. 하지만 궁극적으로는 인간성을 향한 이런 소질은 인격성을 향한 소질을 동반하지 않는 한 동물성을 향한 소질과 마찬가지로 자연적인 것에 지나지 않으며 따라서 도덕과 무관하다. 오직 인격성을 향한 소질이―곧 도덕법칙을 우리의 선택 능력을 규정하는 충분한 동기로 경험하는 인간의 감수성이―고려된 이후에야 도덕적 선과 악에 대해 말할 수 있게 된다. 이런 인격성을 향한 소질 때문에 인간은 자연의 사슬에서 벗어나서 설령 도덕법칙이 우리가 본능을 억누르고 자연적 경향성의 만족을 희생할 것을 요구하더라도 자유롭게 도덕법칙의 요구에 응답할 수 있다. 하지만 과연 어떻게 인간만이 동물의 영역에서 유일하게 다른 모든 동기들을 억누르고 오직 도덕법칙에 대한 존중만을 자신의 동기로 삼을 능력을 지니는가? ―칸트는 이를 '절대로 설명될 수 없는' 것이라고 단언한다(6:59 각주). 칸트는 1부에서 이미 인간이 자연 위로 훨씬 더 높이 상승하는데 이는 매우 이해하기 힘든 일이며, 거의 '신적인 근원'을 지닌 듯하다고 말함으로써(6:49-50) 이런 도덕적 소질에 대해 놀라움을 표시했다. 동시에 그는 우리의 도덕적 소질에 대해 단지 놀라움과 경탄을 표현하는 수준을 넘어서서 1부에서 도덕의 설명 불가능함에 대한 철학적 해명을 제시한다. 앞서 그가 '이성에 따른 근원'과 '시간에 따른 근원'을 구별한 내용을 다시 떠올려보자(6:39). 왜 인간은 선할 수 있는 능력을 지니는가? 무언가가 존재하는 이유에 대한 설명을 구할 때 우리는 일반적으로 그것의 근원에 대한 설명을 요구한다. 그런데 도덕적 선이 자유의 산물인 한 이에 대해서는 인과적 설명이나 '시간에 따른 근원'을 제시할 수 없다. 칸트에 따르면 자유의지는 '시간상'에서 성립하는 것이 결코 아니기 때문이다. 우리는 자연현상의 경우와는 달리 도덕적 선에 대해서는 인과적 설명을 찾을 수 없다. 우리는 도덕적 선에 대해서는 오직 그것이 '이성에 따른 근원'을 지닌다고밖에 말할 수 없는데 이는 곧 도덕적 선의 근원이 자유라는 말이기도 하다. 더 이상의 설명을 추구하는 것은 곧 자유에 대한 인과적 설명을 시도하는 것이 되는데 칸트는 이런 시도 자체가 용어상 자기모순에 빠진다고 여길 것이다. 자유롭다는 것은 바로 인과적 결정에서 벗어나 있음을 의미하기 때문이다.

하지만 선을 향한 소질을 설명할 수 없다는 것은 당연히 악 또한 설명할 수 없다는 결론으로 이어진다. 어떻게 오직 도덕법칙이 다른 자연적인 경향성이나 능력들을 압도할 수 있는지를 설명할 수 없는 것과 마찬가지로 어떻게 자연적 경향성이 '권위'와 더불어 명령하는 이성을 압도할 수 있는지도 이해할 수 없는 일이다. 따라서 인간악의 원인 또한 '영원히 어둠 속에 가려져 있다' (6:59). 이것이 바로 칸트가 도덕적 선과 도덕적 악을 궁극적으로 설명할 수 없는 것으로 여긴 까닭이다. 칸트는 이런 도덕의 신비성 명제를 『종교』에 등장하는 많은 전환점에서 적절히 활용한다.

칸트가 1부 끝부분에서 성서는 악의 근원을 사탄, 곧 인간을 악에 빠지도록 유혹하는 존재로 여김으로써 악의 파악 불가능성을 표현한다고 말했음을 떠올려 보자. 칸트는 여기서 희망의 징표를 발견했다. 인간이 악에 빠지는 이유는 근본적으로 타락한 본성 때문이 아니라 사탄의 유혹 때문이므로 인간이 선을 회복할 희망이 생겨난다. 하지만 인간이 유혹당했다는 사실이 인간의 죄를 궁극적으로 가볍게 해주지는 않는다. 2부의 1절 앞에 등장하는, 2부의 머리말에 해당하는 부분의 마지막 문단에서 칸트는 바울로(Paul, 원전에는 '한 사도')가 인간이 대항해 싸워야 할 보이지 않는 적은 우리 밖에 존재하는 악령이라고 말했다는 점을 지적한다(여기서 칸트는 에페소인들에게 보낸 편지 6장 12절을 인용한다).[5] 겉보기에 바울로의 언급은 악이 인간 의지 안에 위치한다고 명확히 주장하는 칸트의 윤리 이론과 어울리지 않는 듯하다. 하지만 칸트는 바울로의 언급을 거부하지 않으면서 두 가지 이유를 든다. 첫째, 바울로는 단지 '우리 인간이 규명할 수 없는 개념을 실천적으로 사용하기 위해 구체화하려'(6:59) 했을 뿐이다. 따라서 성서가 어떤 초월적인 주장이라도 전개하는 것으로 여겨서는 안 된다. 성서는 악을 외부의 악령이라는 형태로 표현함으로써 악의 파악 불가능성을 드러낼 뿐이다. 둘째, 실천적인 관점에서는 우리가 대적해야 할 악령이 내부에 있든 아니면 외부에 있든 아무 차이가 없다. 어쨌든 우리가 악을 저질러 죄인이 되는 것은 마찬가지이기 때문이다. 우리를 유혹하는 존재에게 '은밀하게 동조하지'(6:60) 않는다면 우리는 결코 유혹당하지 않을 것이다. 따라서 우리가 유혹받는다는 사실은 1부에서는 위안의 근거로 작용했지만(왜냐하면 이 사실은 우리가 근본적으로 타락하지는 않았다는 점을 보여주므로), 이제 2부에서는 우리가 유혹받을 수 있다는 사실이 우리가 대적해야 할 사탄이 우리의 내부에서도 얼마든지 발견됨을 의미하는 것으로 바뀐다.

5　옮긴이 주–에페소인들에게 보낸 편지 6장 12절은 다음과 같다. '우리가 대항하여 싸워야 할 원수들은 인간이 아니라 권세와 세력의 악신들과 암흑 세계의 지배자들과 하늘의 악령들입니다.'

1절: 인간을 지배하기 위한 선한 원리의 권리 주장에 관하여

A 선한 원리가 인격화한 관념

성서를 잘 아는 사람이라면, 최소한 칸트가 이 절에서 성서 구절들을 번역하면서 덧붙인 여러 각주들을 충실히 따라가다 보면 칸트가 성서에 등장하는, 예수 그리스도에 관한 수많은 대목들을 밀접하게 연결해 논의를 진행한다는 점을 알게 되는데 이들은 대부분 요한의 복음서에 등장하는 것들이다. 이 복음서는 특히 그 도입부가(요한의 복음서 1장 1-18절, '한처음, 천지가 창조되기 전부터 말씀이 계셨다. …'로 시작되는) 그리스도의 정체성과 관련해 가장 난해한 동시에 수준 높은 개념을 제시한 것으로 여겨지며 따라서 이후 '그리스도론'으로 알려진, 곧 예수 그리스도의 본성과 위격을 주로 다루는 기독교 신학의 한 분과의 발전에 가장 큰 영향을 미쳤다. 이 절에서 칸트는 그리스도와 관련된 수많은 성서 구절들을 자신의 특유한 실천적 용어들을 사용해 번역하는데, 이런 관점에서 보면 그가 자신의 고유한 그리스도론을 제시한다고 말할 수 있다. 칸트의 이론은 가톨릭교회를 비롯해 루터교(Lutheranism)를 포함한 개신교 교파 대부분이 규범으로 삼는, 초대 교회의 공의회가 내세운 그리스도론과는 크게 다르다. 하지만 칸트가 완전히 새로운 그리스도론을 제시한다는 말은 그리 적절하지 않은 듯하다. 일반적인 의미에서 그리스도론은 인간 지식의 한계를 넘어서는 실재들을 다루기 때문이다. 칸트의 '그리스도론'은 그리스도의 본질에 관한 고찰을 실제로 제시한다기보다는 그리스도론을 도덕적 종교와 조화를 이루도록 만들기 위해 기독교의 언어를 사용해 재구성한 것으로 보는 편이 좋을 듯하다.

칸트의 기본적인 해석 전략은 다음과 같은 특징을 지니는 것으로 요약된다. 칸트는 성서에 등장하는 그리스도를 인간의 도덕적 완전성을 보여주는 이상으로, 달리 말하면 도덕적 완전성의 관념에 어울리는 개인의 구체적 상징으로 해석하려 한다. 물론 칸트가 고려하는 도덕적 완전성의 관념은 우리를 행해야 할 바와 반대되는 방향으로 이끄는 유혹이 아무리 많다 할지라도 항상 자기애가 아니라 도덕법칙에 의해 규정되는 의지의 관념이다. 이렇게 모방해야 할 이상이 우리 안에 존재하는 한 그리스도는 인간의 도덕적 완전성을 보여주는 '원형'(Urbild)이라 할 수 있다. 하지만 이런 도덕적 완전성의 이상은 오직 실천이성이 스스로 만들어내는 것이다. 칸트가 후에 주장하듯이 이 이상이 무엇인지를 우리에게 가르치기 위해 성서가 반드시 필요하지는 않다. 그렇지만 이런 이상은 도덕성의 계발에 긍정적인 역할을 하는데 이에 관해서는 다시 살펴볼 것이다.

칸트가 복음서에 등장하는 그리스도를 도덕적 완전성의 관념에 어울리는 개인의 구체적 상징으로 여긴다는 점을 기억한다면 『종교』의 특징을 제대로 이해할 수 있지만 그렇지 않다면 큰 혼란에 빠질 것이다. 칸트는 그리스도라는 이름을 거의 언급하지 않는다. 칸트의 해석에 따르면 복음서는 도덕적 완전성의 관념을 반영하는 한 개인을 묘사한다. 이 개인이 역사상 실제로 존재했던 인물인지 그렇지 않은지는 중요하지 않은데 그 이유는 두 가지이다. 첫째, 이상으로 작용하기 위해 이상이 반드시 실제로 현존할 필요는 없다. 사실 이상이 실제로 존재하는 것에서 도출되지 않고 실천이성이 만들어낸 것인 한 이상은 일종의 허구이다. 이 절의 제목이 암시하듯이 여기서 칸트의 관심 대상은 인격화된 도덕적 관념이지 역사상의 인물이 아니다. 둘째, 성서가 묘사하듯이 설령 역사상 실재했던 그리스도가 도덕적으로 완전한 인간이 구현된 실제 인물이었다 할지라도 우리가 이런 사실을 인식하고 확인할 수 있는 방법이 없다. 어쨌든 그리스도의 심정은 다른 어떤 인물과도 달리 결코 인간이 조사하고 파악할 수 있는 대상이 아니다. 나는 설령 그리스도가 결코 현존하지 않았다는 사실이 밝혀진다 할지라도 아니면 최소한 그가 성서에 등장하는 바대로의 인물이 전혀 아니었다 할지라도 칸트는 이런 사실 자체가 도덕적 완전성의 원형을 묘사한 복음서의 이야기들이 지닌 타당성과 유용성을 전혀 훼손하지 않는다고 여겼으리라 생각한다.

앞서 말했듯이 요한의 복음서의 도입부에는(1장 1–18절) 예수 그리스도에 관한 가장 심오한 몇몇 진술이 등장한다. 이 복음서의 저자는 그리스도가 '말씀'(logos)이라고 말하면서 신이 말씀을 통해 세계를 창조했다고 기록하는데, 이는 창세기에서 창조를 설명하는 첫머리에 등장하는 내용, 곧 신이 '…이 있으라'라는 말씀으로 이루어진 명령을 통해 세계를 창조했다는 내용을 떠올리게 한다. 이 말씀은 창조에 앞서 존재하며, 어떤 의미에서는 신과 동일한 것이다. 칸트는 1절을 여는 문단에서 이런 생각을 자신의 윤리적 관점을 통해 해석하기 시작한다. 그는 '충만한 도덕적 완전성에 이른 … 인간성'이(6:60) 곧 신이 이 세계를 창조한 목적을 드러낸다고 말한다. 인간의 행복은 자연스럽게 이런 도덕적 완전성에서 비롯된다. 왜냐하면 칸트가 생각하는 신의 관념은 인간이 행복을 누릴 만한 가치를 얼마나 지니는가에 비례해서 인간에게 행복을 배분하는, 이 세계의 도덕적 창조주의 관념이기 때문이다. 도덕적으로 완전한 인간이 곧 신이 이 세계를 창조한 목적이므로 이런 인간상이 '태초부터 신 안에 있다'고(요한의 복음서 1장 1–2절 참조) 말할 수 있다. 그리고 이런 인간상은 '신의 존재로부터 등장한' 것이므로 이는 창조된 세계의 일부가 아니라 오히려 '신의 외아들'이며, 곧 '말씀'('있으라'라는 명령)이기도 하다. 오직 이 말씀을 통해서만 다른 모든 것들이 존재하게 되며, 말씀이 없이는 아무것도 존재할 수 없을 것이다'(요한의 복음서 1장 3절 참조). 도덕적으로 완전한 인간의 관념이 없이는 다른 아무것도 존재할 수 없을 것이다. 왜냐하면 칸트가 이미 언급했듯이 충만한 도덕적 완전성에 이른 인간성이야말로 신이 세계를 창조한 목적을 드러내기 때문이다. 인간은 이런 목적을 완수함으로써, 곧 이런 도덕적 완전성이라는 이상을 자신의 심정으로 선택함으로써 '신의 자녀'가(요한의 복음서 1장 12절 참조) 된다(6:60-61). 여기서 칸트가 성서의 언어를 다소 함부로 사용한다는 점을 지적할 수 있을지 몰라도 칸트의 목표는 명확하다. 그의 목표는 요한의 복음서 중 도입부의 주제를 초월적이고 신성한 또는 거의 신에 가까운 존재가 아니라 인간의 도덕적 완전성이라는 이상과 관련해 재해석하려는 것이다.

도덕적 존재로서 우리는 충만한 도덕적 완전성에 이른 인간이라는 이상을 인식하므로 '우리 자신을 이런 수준으로 상승시킬'―달리 표현하면 이 이상을 우리 자신을 위한 원형으로 만들―의무를 지닌다. 칸트는 여기서 우리 자신이 도덕적 완전성이라는 이상의 '창조자'는 아니며, 어떻게 이것을 받아들였는지도 파악할 수 없지만 이 이상은 인간 안에 '그 자체로 확립되어 있다고' 주장하면서 다시 한번 도덕의 신비성 명제에 의존한다(6:61). 우리는 인간성이 어떻게 이 이상을 받아들였는지를 파악할 수 없으므로 이 원형이 하늘에서 우리에게로 내려왔다는 식으로 말하게 된다(6:61). 이런 방식으로 칸트는 신이 예수 그리스도를 통해 인간의 형태를 띠고 태어났음을 암시하는 성서의 언어를―그리고 이렇게 주장하는 기독교 교리를―적절히 해석하려 한다.

복음서의 저자들이 '열정적으로' 기록한, 그리스도가 당한 수난과 박해는 도덕적 완전성에 이른 인간이 선한 원리를 위해 자신에게 가해진 모든 형태의 수난을 기꺼이 감수한다는 생각을 드러낸다(6:61). 이런 수난은 우리의 자연적 본능이 도덕법칙과 충돌할 경우 본능을 희생하는 것(그리스도가 세례를 받은 후 광야에서 사탄의 유혹을 받고 이에 저항했듯이 유혹에 대해 저항하는 것)일 수도 있고 아니면 원칙에 따라 굳건히 선한 편에 서려는 데서 올 수도 있다. 그리스도가 자신의 가르침 때문에 수난당하고 십자가에 못 박힌 일은—후에 칸트는 이것이 도덕적 가르침의 핵심임을 보이는데—오직 악만이 존재하지는 않는다 할지라도 대체로 악이 만연한 세계 안에서 살았던 도덕적 완전성의 원형에게 닥친 불가피한 결과이다.

마지막으로 기독교 신학은 예수 그리스도 안에서 발견되는, 신앙을 통한 구원의 능력을 강조한다. 칸트는 후에 우리를 구원하는 과정에서 그리스도가 어떤 역할을 어떻게 하는지에 관해서 훨씬 더 많은 언급을 한다. 하지만 현 단계에서는 칸트가 신이 보기에 좋은 인간성의 원형이 지닌 신앙의 구원 능력을 다음과 같은 방식으로 해석한다는 점을 지적할 필요가 있다. 인간은 이런 도덕적으로 완전한 인간성의 원형 안에서 '실천적 신앙'을 지녀야 한다. 곧 인간은 '유사한 유혹과 고통 아래서 … 인간성의 원형에 변함없이 의지하고 이 원형이 보인 예들을 충실하게 따름으로써 자신이 원형에 다가갈 수 있음을 믿게 하고 확고하게 신뢰하도록 이끄는, 자신 안의 그런 도덕적 심정을 의식해야 한다' (6:62). 바꾸어 말하면 인간은 다른 인간(곧 그리스도)이 지닌 구원의 능력이 아니라 이런 도덕적 이상에 따라 살아갈 수 있는 자신의 능력에 대한 신앙을 지녀야 한다. 이것이 바로 '인간을 그저 의미 없이 신의 즐거움을 위한 대상으로 만들지 않는, 신의 아들에 대한 유일한 신앙'이다(같은 곳).

B 이런 관념의 객관적 실재성

이렇게 도덕적 완전성에 이른 인간성의 관념은 도덕법칙을 형성하는 우리의 이성이 만들어낸 것이다. 칸트는 '당위는 가능을 함축한다'는 자신의 원리에 호소해 우리가 이런 관념에 부합하게 행위하는 것이 가능해야 한다고 말한다. 신중한 사람이라면 누구나 이렇게 행위해야 한다고 생각할 것이 분명하기 때문이다. 칸트는 이런 관념에 따라 행위하는 것이 가능하다는 점을 자신이 증명했다고 주장하지는 않는다. 만일 누군가가 칸트에게 우리가 행해야만 할 바의 가능성을 우선 증명하라고 요구한다면 칸트는 우리가 도덕법칙에 따라 행위하는 것이 가능하다는 점을 증명해야 할 것이다. 하지만 그런 증명은 불가능하다. 칸트가 (도덕의 신비성 명제에서) 우리는 어떻게 도덕법칙이 자연적 경향성보다 더욱 강력한 동기를 제공하는지를 인식할 수 없다고 주장했음을 기억할 필요가 있다. 그렇지만 아마 칸트는 심지어 도덕법칙이 아니라 자기애를 선택할 때조차도 모든 사람이 도덕법칙의 권위를 경험한다고 말할 것이다. 따라서 칸트에 따르면 우리는 도덕법칙의 가능성을 어떤 방식으로든 반드시 증명해야 할 필요는 없다.

하지만 우리가 자기애를 넘어서서 도덕법칙을 선택하는 사람의 구체적인 예를 본다면 어떨 것인가? 그렇다면 우리는 실제로 도덕적으로 행위한 사람이 있었으므로 인간이 도덕적으로 행위하는 것이 가능하다고 말하지 않겠는가? 여기서 등장하는 문제는 어느 누가 되었든 그가 진정으로 도덕적으로 행위함으로써 도덕법칙에 따르는 예를 제공하는지를 우리가 결코 완벽하게 확신할 수 없다는 점이다. 그 사람의 내면에 놓인 심정을 우리는 결코 알 수 없기 때문이다. 칸트는 이 점을 『도덕형이상학 정초』(이하 『정초』로 약칭)에서 다음과 같이 말함으로써 분명히 드러낸다. 우리는 '설령 그렇게 보인다 할지라도 의지가 다른 동기 없이 오직 법칙에 따라 결정된다는 점을 어떤 예를 통해서도 확실히 보일 수는 없다'(4:419). 따라서 우리가 이런 도덕적 완전성의 관념에 부합하게 행위하는 것이 가능하다는 점을 구체적 예들을 통해서는 증명할 수 없다. 우리가 할 수 있는 바는 기껏해야 이런 도덕적 관념의 예를 우리 자신을 통해 드러내는 것뿐이며, 이것이 바로 도덕법칙이 우리에게 요구하는 바이다(6:63). 물론 칸트 또한 인간이 과연 자신의 도덕적 심정을 완벽하게 확신할 수 있는지, 따라서 자신이 본받으려는 예에 따라 행위할 수 있는지를 의심한다. 그리고 그는 자기 자신을 관찰해보아도 자신이 선택한 준칙의 근거가 무엇인지 그리고 준칙들을 순수하고 확고하게 선택했는지를 '완전히 확실하게 인식할 수는' 없다고 말한다(6:63). 하지만 칸트는 설령 인간의 도덕적 완전성을 보여주는 예가 지금까지 단 하나도 없었다 할지라도 그런 완전성에 부합하게 행위할 의무는 결코 손상되지 않는다고 조심스럽게 지적한다.

도덕적 예들에 관한 칸트의 관점은 그리스도를 철학적으로 해석하는데 어떤 영향을 미치는가? 첫째, 그의 관점은 그리스도를 도덕적 완전성의 예로 여기는 일이 가능하지 않을 수도 있음을 의미한다. 왜냐하면 도덕적 완전성은 예들을 통해서는 결코 인식될 수 없기 때문이다. 하지만 이런 주장이 우리가 예들을 도덕 교육을 위해서 또는 이미 이성 안에 존재하는 도덕원리들을 인식하고 반성적으로 고찰하는 일을 돕기 위해서 사용할 수 없음을 암시하지는 않는다. 사실 『종교』 전체는 인간은 순전히 이성적인 피조물이 아니라 동시에 감성적이기도 한 존재이므로 비록 역사상의 종교가 (그것의 상징, 표현, 서사 등과 더불어) 윤리와 이성적 종교를 위해 반드시 필요지는 않다 할지라도 역사상의 종교는 인간의 도덕적 진보에 중요한 역할을 담당한다는 생각을 기초로 삼고 있다. 이와 관련해 칸트는 3부에서 '심지어 최고의 이성적 개념과 근거들에 대해서도 감각적으로 의지할 만한 무언가, 곧 어떤 경험적 보증 같은 것을 요구하는 자연적인 욕구가 모든 사람에게 있다'고 말한다(6:109). 둘째, 설령 그리스도 또는 다른 어떤 인간이라도 도덕적 완전성의 예로 사용될 수 있으려면 우리는 그리스도를 도덕적 완전성의 예로 인식하기 위해 도덕적 완전성이라는 관념 자체를 미리 소유하고 있어야만 한다. 『정초』의 널리 알려진 한 대목에서 칸트는 '복음서에 등장하는 성자조차도 성자로 인식되기에 앞서 우선 우리가 지닌 도덕적 완전성의 이상과 비교되지 않으면 안 된다'고 말한다(4:408). 그렇다면 우리는 도덕적 완전성이라는 관념의 객관적 실재성을 증명할 수 없다는 결론에 이르게 된다. 왜냐하면 우리는 오직 도덕법칙에 따라 행위하려는 관념이 어떻게 선택 능력을 규정하기에 충분한 근거가 되는지를 설명할 수 없고 또한 도덕적 완전성이라는 관념에 부합하는 구체적인 예를 제시할 수 없기 때문이다.

칸트는 이 절에서 그리스도에 관한 기독교의 가르침에 대해 약간의 우려를 덧붙인다. 앞서 지적했듯이 전통적인 기독교 신앙에 따르면 그리스도는 완전한 인간이지만 동시에 신이 인간의 육신을 얻은, 완전한 신적 존재이다. 이런 모든 초월적인 교리에 대해 칸트는 우리가 이런 주장이 참임을 인식할 수는 없지만 (이는 인간의 경험을 넘어서기 때문에) 동시에 초자연적으로 태어난 인간의 가능성을 부정할 수도 없다는 점을 지적한다(6:63). 하지만 칸트가 진정으로 관심을 보이는 바는 이런 사변적 주장의 실천적 수용이다. 그의 결론은 실천적 관점에서 보면 그리스도의 근원이 신이라는 사실은 '우리에게 아무런 도움도 되지 않는다'는 것이다. 왜냐하면 그리스도가 보여준 완전성이라는 이상은 자연적 인간인 우리 안에도 틀림없이 존재하기 때문이다. 그리스도가 어떤 종류의 신성을 지니든 간에 이는 오직 인간일 뿐인 우리가 모방해야 하는 도덕적 완전성이라는 이상과는 무관하다. 사실 그리스도를 신격화하면 그리스도는 도덕적 예로서의 능력을 잃게 된다. '그런 신성한 존재를 인간 본성의 모든 나약함 위에 놓는다면' 그리스도와 다른 모든 인간 사이의 거리가 너무나 멀어져서 그리스도는 인간이 모방해야 하는 예로 작용할 수 없을 것이다(6:64). 여기서 칸트는 그리스도가 신이 아니라 단지 인간일 뿐이라고 분명히 밝히거나 언급하지는 않지만—이는 결코 알 수 없는 것으로 남겨두어야 한다—그리스도를 신으로 여긴다면 이는 우리가 모방해야 할 예로서 그리스도가 지니는 효과를 크게 떨어뜨린다고 주장한다. 칸트의 관점에서 종교의 존재 이유는 바로 도덕이므로 종교를 철학적으로 해석하려는 사람은 그리스도의 신성을 완전히 부정하지는 않더라도 최소한 지나치게 강조해서는 안 된다.

다음 절로 넘어가기에 앞서 기적이라는 주제에 관해 잠시 언급하려 한다(칸트는 2부의 일반적 주해에서 기적에 관해 더욱 상세히 논의한다). 복음서에 따르면 그리스도는 수많은 기적을 행했는데 사실 동정녀 수태로부터 사망 후 부활에 이르기까지 그리스도의 삶 전반이 기적과 밀접하게 관련된다. 특히 신약성서에서, 더욱 넓게는 성서 전반에서 기적은 신의 권위를 증명하는 가장 대표적인 요소로 등장한다. 기적은 기적과 관련되는 개인이 (거의 항상 선지자로 등장하는데) 사실상 신의 진정한 대리인이며, 그를 통해 신의 권능이 실제로 작용함을 보여준다. 특히 그리스도의 경우 기적은 그의 초자연적인 정체성을 드러내는 것으로 여겨진다. 하지만 칸트가 생각한 그리스도는 무엇보다도 우선 인간 완전성의 원형이며, 이런 원형은 이성으로부터 도출되므로 그리스도를 인간이 모방해야 할 원형으로 확립하는 데 기적은 필요하지 않다. 그리스도를, 아니면 다른 어떤 인간이라도 인간 완전성의 원형으로 받아들이는 데 필요한 것은 오직 '조금도 나무랄 데 없는, 실제로 우리

가 바랄 수 있는 한에서 진정으로 칭찬할 만한 삶의 과정뿐이다.' 이것
이상을 요구하는 것은—말하자면 이 원형의 권위를 확립하기 위해 기
적을 요구하는 것은—'우리 자신의 도덕적 불신앙을, 곧 기적에 기초
한 어떤 신앙으로도 … 대신할 수 없는 덕에 대한 믿음이 부족함을' 고
백하는 것에 지나지 않는다(6:62-63).

C 이런 관념의 실재성에 방해가 되는 난점들과 이에 대한 해결책
칸트가 이 절의 제목에서 언급하듯이 그는 우리가 도덕적으로 완벽한
인간성의 관념을 모방하는 데 방해가 되는 몇 가지 난점을 지적하고 이
를 해결하려 한다. 이제 이런 난점들과 이에 대한 해결책을 차례대로
살펴보려 한다.

난점 1
칸트에 따르면 도덕법칙은 우리에게 신성할 것을 명령한다. 칸트는 마
태오의 복음서 5장 48절에[6] 등장하는 그리스도의 말씀을 그리 엄밀하
지 않게 인용하면서 이 '신의 아들'(인간의 도덕적 완전성의 원형)을
통해 우리 앞에 놓이게 된 이상은 '하늘에 계신 우리 아버지'가 신성하
듯이 우리의 삶을 인도하는 신성한 것이어야 한다고 쓴다(6:66). 하지
만 여기서 '신성함'은 정확히 무엇을 의미하는가? 칸트는 이 용어를 여
러 가지 의미로 사용하므로 이를 정확히 밝히는 것이 중요하다. 예를
들면 『정초』에서 칸트는 신성한 의지를—말하자면 순전히 이성적이어
서 의무와 반대되게 행위할 수 없는 의지를—유한하게 이성적인 인간
의 의지와 대비한다(4:414 참조). 인간은 도덕법칙과 반대되게 행위하

---

6   옮긴이 주-마태오의 복음서 5장 48절은 다음과 같다. '하늘에 계신 아버지께서 완
전하신 것같이 너희도 완전한 사람이 되어라.'

려는 동기를 경험하며, 바로 이것이 인간에게 도덕법칙이 일종의 강제 또는 정언명령의 형태로 경험되는 이유이기도 하다. 반면 예를 들면 신은 감성적 본성을 전혀 지니지 않으므로 도덕법칙에 맞서는 어떤 자연적 경향성도 경험하지 않으며 따라서 신은 결코 도덕법칙을 위반할 수 없다. 이런 관점에서 보면 우리는 신을 '덕이 있는' 존재라고 부를 수 없다. 왜냐하면 덕은 도덕적 동기와 비도덕적 동기 사이의 대립을 전제하기 때문이다. 신에게는 이런 대립이 일어날 가능성이 전혀 없다. 신은 순전히 이성적이므로 항상 자동적으로 도덕법칙과 일치하게 행위하며 이렇게 행위하지 않을 수 없다. 이런 의미에서 신은 '신성한 의지'를 소유한다. 하지만 이런 종류의 신성함은—이는 신적인 존재의 특성 중 하나이기도 한데—지금 『종교』에서 인간에게 명령되는 신성함이 아니다. 그 이유는 명확하다. 이런 종류의 신성함에 이르는 일은 이성적인 동시에 감성적이기도 한 인간에게는 절대 불가능한 것이기 때문이다.

신성함의 개념에 대한 칸트의 견해는 몇 차례 변화를 겪으면서 전개되는 듯하다. 『실천이성비판』에서 그는 우리가 영혼의 불멸성을 정당하게 요청할 수 있는 까닭은 도덕법칙이 신성함을 요구하기 때문이라고 주장하면서 신성함을 '감성적 세계의 어떤 이성적 존재도 그가 존재하는 동안 어떤 한 순간에도 도달할 수 없는 완전성'으로 정의한다 (5:122). 따라서 우리는 이런 신성함을 향한 끝없는 전진을 생각하지 않을 수 없는데 이는 영혼의 불멸성을 전제한다. 이런 불멸성이 정확히 어떻게 우리를 감성적인 존재에서 벗어나지 않고는 결코 도달할 수 없는 신성함에 더욱 가까이 가게 하는지는 그리 분명하지 않다. 어쨌든 『실천이성비판』에서 핵심은 우리가 현세에서는 신성함에 도달할 수 없다는 점이다. 『도덕철학 강의』에서 칸트는 그리스도를 신성함의 원형으로 여긴다. 하지만 여기서 그는 신성함을 '사악한 욕구가 전혀 생기지 않는 마음의 상태'로 정의하면서(29:604), 감성적 존재가 결코 도달할 수 없는 상태라고 주장한다.

『종교』에서 칸트는 그리스도의 신성함을 이런 방식으로 이해하지 않는다. 그 대신 그는 신성함을 도덕법칙을 이에 맞서는 다른 동기들에 항상 앞세우는 도덕적 완전성을 지시하는 용어로 사용한다. 바로 앞의 B절에서 살펴보았듯이 칸트는 도덕적 완전성의 전형을 '인간 본성의 모든 나약함 위에' 놓아서는 안 되며, 이 원형은 우리와 마찬가지로 자연적 경향성을 경험하고 법칙을 위반하라는 유혹을 받아야 한다고 주장한다(6:64). 그렇지 않다면 이 원형은 인간이 모방할 만한 모범이 될 수 없을 것이다. 따라서 우리는 어떤 유혹도 아예 경험하지 않는 완전하게 신성한 의지를 지니라는 명령을 받지 않는다. 우리는 단지 어떤 유혹과 마주치더라도 이에 저항하라는 명령을 받을 뿐이다. 그렇다면 『종교』에 등장하는 인간 완전성의 모범은 훨씬 더 인간적이다. 이는 우리가 도달할 수 있는 완전성이므로 『실천이성비판』에서 제시된 영혼 불멸성의 개념이 —이 개념은 무엇보다도 감성적 존재가 신성하게 될 수 없다는 사실 때문에 제기되는 것이므로 —『종교』에서는 거의 아무런 역할을 하지 못한다 해도 이는 별로 놀라운 일이 아니다.

이제 여기서 등장하는 난점에로 되돌아가보자. 칸트는 도덕법칙이 우리에게 신성할 것을 명령한다고 말하는데, 내가 주장했듯이 이 완전성은 우리가 도달할 수 있는 것이어야 한다. 그렇다면 정확히 어디서 난점이 발생하는가? 설령 우리가 신성하라는 명령을 받는다 할지라도 우리는 항상 우리 자신이 이런 신성함에 도달하기에는 부족하다고 스스로 판단한다는 사실에서 난점이 발생한다. 그렇다면 우리는 왜 이런 신성함이 사실상 우리가 도달할 수 있는 것임에도 항상 우리 자신이 신성함에 도달하기에는 부족하다고 판단하는가?

여기서 우리는 실제로 신성함에 도달하기에 부족한 것과 신성함에
도달하기에는 부족하다고 스스로 믿는 것 사이의 중요한 차이를 구별하
고 기억해야 한다. 이 첫 번째 난점에서 (그리고 곧 살펴보겠지만 두
번째 난점에서도) 칸트가 다루는 문제는 본질상 인식론적인 문제이다.
이 인식론적인 문제를 설명하기 위해 나는 칸트가 여기 2부에서 지적
하는 바를 앞서 검토했던, 이런 논의를 예견한 첫 번째 일반적 주해에
등장하는 내용을 통해 보충하려 한다.

무엇보다도 우선 우리는 심정은 선하거나 아니면 악하다는 점을 알
아야 한다. 심정에는 중간이 없다. 따라서 심정과 관련해서 악한 심정
에서 선한 심정에로의 변화는 일종의 '혁명'이다. 칸트가 말하듯이 인
간은 법률상으로 선할 뿐만 아니라 도덕적으로도 선해야 하는데, '이는
점진적인 개혁을 통해서는 이룰 수 없고 인간 심정의 혁명(심정의 신성
함을 드러내는 준칙에로의 이행)을 통해서 이루어져야 한다'(6:47).
하지만 인간은 이런 심정의 혁명이 일어났다는 사실을 직접 인식할 수
는 없다. 준칙의 자유로운 근거로서 심정은 시간을 벗어난 것이며 따라
서 오직 시간상의 것들만을 지각할 수 있는 인간은 심정을 지각할 수
없다. 이는 인간이 시간을 벗어나 있는 심정의 혁명을 오직 시간상의
사건으로, 곧 악한 심정에서 더욱 선한 심정으로 나아가는 '끊임없는
활동과 생성의'(6:48) 점진적인 과정의 형태로 인식함을 의미한다. 인
간은 이런 심정의 혁명을 점진적인 개혁으로 경험하므로 설령 실제로
신성한 심정을 지니고 있다 할지라도 자신에게 명령되는 신성한 심정
에 이르기에는 부적합하다고 느낀다.

칸트는 이 문제에 대한 해결책이 굳이 필요하다고 생각한다면 신은
우리의 행위가 아니라 심정에 기초해 심판한다는 점을 독자들에게 상
기시키는 정도로 충분하다고 주장한다. 우리는 행위에 기초해 판단하

지 않을 수 없기 때문에 우리 자신이 도덕법칙의 신성함에 이르기에는 부적합하다고 느낀다. 반면 신은 자신의 '순전히 지적인 직관을 통해 마음을' —곧 심정을— 들여다보므로 심정을 생성의 상태가 아니라 완전하고 완벽한 전체로 파악한다. 따라서 인간이 언제 죽든 간에, 설령 인간이 명령받은 이상에 도달하기에는 부족함을 스스로 느낀다 할지라도 인간은 얼마든지 신을 기쁘게 할 수 있는 존재이다(6:67). 도덕법칙의 요구에 따라 살아가는 데 영혼의 불멸성은 필요하지 않다.

난점 2

칸트가 언급하는 두 번째 난점은 인간의 도덕적 완전성의 원형을 모방하려고 하는 개인의 '도덕적 행복'과 관련된다. 칸트는 물리적 행복과 도덕적 행복을 구별한다. 물리적 행복은 '우리의 물리적 상태에 대한 만족(곧 해악에서 벗어남과 점점 증가하는 쾌락의 향유)'을 의미한다. 반면 도덕적 행복은 '항상 선을 향해 나아가는 (그리고 결코 선에서 벗어나지 않는) 심정의 실재성과 항상성이 보증되는 상태'로 이루어진다 (6:67). 여기서 도덕적 행복이 서로 다른 두 요소로 구성된다는 점을 지적할 필요가 있다. 우선 심정의 실재성, 곧 우리가 선한 심정을 지니는 상태가 보증되어야 한다. 그 다음으로는 심정의 항상성, 곧 우리가 이런 선한 심정을 계속 유지하고 자신도 모르게 악한 심정으로 빠지지 않는 상태가 보증되어야 한다.

하지만 두 종류의 보증에서 모두 문제가 발생한다. 우리는 우리 자신의 경우조차도 단지 행위만을 볼 뿐 심정을 완전히 파악하지는 못하므로 선한 심정의 실재성을 결코 보증할 수 없는 듯하다. 그리고 지금 현재는 이를 보증할 수 있다 할지라도 우리는 미래를 내다볼 능력이 부족하므로 이런 심정의 항상성을 어떻게 보증할 수 있는지는 불명확하다.

어쨌든 만일 인간이 악한 심정에서 선한 심정에로의 혁명을 자유롭게 경험한다면 인간이 악에로 되돌아갈 수 없다고 생각할 만한 근거 또한 없는 것이 아닌가?

누군가는 칸트에게 도대체 왜 보증이 그렇게 중요한가라고 물을지도 모른다. 설령 현재나 미래에 우리의 심정이 선하다는 점을 전혀 보증할 수 없다 할지라도 여전히 도덕법칙은 우리에게 선하게 될 것을 무조건적으로 명령한다. 우리가 어떻게 선한 방향으로 나아가는지를 인식하지 못하는 우리의 무능력이 과연 어떤 문제를 일으키는가? 엄밀하게 말하자면 보증은 필요하지 않다. 그럼에도 칸트가 이에 관심을 보이는 이유는 두 가지이다. 첫째, 무조건적인 구속력을 지니는 도덕법칙은 본성상 도덕적 행복을 보장해주지 않지만 도덕적 행복은 도덕적 존재에게 무척이나 중요하다. 따라서 우리 심정의 선함과 항상성을 최소한의 정도도 보증하지 못하는 무능력은 도덕적 진보에 상당한 방해물로 작용한다. 칸트도 언급하듯이 '일단 우리가 지니게 된 심정에 대해 신뢰가 전혀 없다면 그것을 유지하는 일은 거의 불가능할 것이다' (6:68). (물론 지나친 보증 또한 우리를 곤란에 빠지게 한다.) 둘째, 구원의 보증이라는 문제는 기독교 신학의 중요한 주제이다. 칸트는 다른 많은 신학적 주제와 마찬가지로 보증이라는 주제도 도덕과 조화를 이룰 수 있도록 만들려 한다.

구원과 관련해 어떻게 우리가 구원받는가라는 질문을 통해 제기되는 구원의 존재론적 문제와 우리가 구원받는다는 사실을 어떻게 알 수 있는가라는 질문을 통해 제기되는 구원의 인식론적 문제를 구별할 수 있다.[7] 넓은 의미에서 칸트가 제시한 구원의 존재론은 비교적 단순하다.

---

7   나는 이 구별을 Keith D. Stanglin의 저서 *Arminius on the Assurance of Salvation: The Context, Roots, and Shape of the Leiden Debate, 1603–1609* (Leiden:

3장 본문 읽기   125

우리는 오직 도덕적 삶을 통해서만 신의 호의를 받을 수 있다. 하지만 다음 항목인 난점 3에서 보게 되듯이 우리가 근본악에서 출발한다는 점을 전제한다면 구원의 문제, 곧 우리가 악한 심정 때문에 저지른 죄의 대가를 어떻게 치를 수 있는가라는 문제가 여전히 남는다. 다른 한편으로 이 두 번째 난점은 구원의 인식론과도 배타적으로 관련된다. 우리가 신을 기쁘게 할 수 있는 유일한 것이 선한 심정이라고 가정하더라도 두 가지 문제가 남는다. 곧 우리가 선한 심정을 지닌다는 점을 어떻게 알 수 있는가라는 문제와 우리가 이런 선한 심정을 유지한다는 점을 어떻게 알 수 있는가라는 문제가 남게 된다.

보증의 교리와 관련되는 성서의 핵심 구절인 로마인들에게 보낸 편지 8장 16절은 다음과 같다. '바로 그 성령께서 우리가 하느님의 자녀라는 것을 증명해 주십니다.' 칸트는 이 구절을 순수한 심정을 소유한 사람은 누구든 간에 자신이 다시 악한 상태로 되돌아갈 수 없음을 스스로 느낀다는 의미로 해석한다. 하지만 칸트는 이런 보증의 개념 자체와 초자연적인 근원을 지녔다고 가정되는 모든 느낌을 매우 의심스럽게 여긴다. 왜냐하면 '사람들은 다른 무엇보다도 자기 자신에 대한 좋은 의견을 조장하는 것에 의해 가장 쉽게 속기 때문이다' (6:68). 우리가 선한 심정을 지녔다는 점을 믿도록 북돋우기보다는 오히려 '두렵고 떨리는 마음으로 자신의 구원을 위해서 힘쓰는' (필립비인들에게 보낸 편지 2장 12절) 편이 훨씬 더 유익할 것이다. 하지만 칸트는 이렇게 공포와 전율에 기초한 접근 또한 '우리를 가장 어두운 광신으로 몰아갈' 위험이 있음을 지적한다(6:68). 이 대목을 통해 칸트가 무엇을 의미하는지는 그리 분명하지 않다. 어쩌면 그는 초자연적인 근원을 가정하는 느

Brill, 2007)에서 인용했다. 스탱글린은 보증이라는 신학적 문제의 역사에 대해 훌륭한 개관을 제공한다. 특히 152-73면 참조.

낌이 우리를 구원하기보다는 오히려 저주할 수도 있음을 지적하는 듯
도 하다. 어쨌든 한쪽 끝에는 완전히 보증받는 상태를, 반대편 끝에는
전혀 보증받지 못하는 상태를 놓고 보증의 수준을 고려해보면 칸트는
중간쯤 되는 지점, 곧 심정을 신뢰하지만 '달콤한 또는 불안에 억눌리
는 광신'(6:68)에까지는 이르지 않는 지점을 유지하려 한다고 말할 수
있다.

보증의 문제에 대한 칸트의 해결책은 오히려 단순하다. 보증과 관련
해 어떤 사람이 선한 삶의 방식을 채택하기로 결심했다면 그는 그 이후
의 삶을 고려할 것이다. 그는 자신의 삶의 태도가 계속 개선되는 것을
발견하는가? 만일 그렇다면 그는 자신의 심정이 개선되었다고 결론지
을 만한 근거를 지니게 되고, 현재의 삶의 태도가 현세의 삶을 넘어서
까지도 계속 유지되기를 희망할 것이다. 이런 이성적 희망은 선을 향한
전진은 항상 미래에도 그런 전진을 위한 우리의 힘을 증가시킨다는 사
실로부터 등장한다. 따라서 우리는 어떤 초자연적인 경험이 아니라 선
한 삶의 태도를 통해서 드러나는, 우리의 선한 심정에 대한 우리 자신
의 의식(의식 그 자체)에 의해서 보증받게 된다. 그렇다면 도덕적 삶은
그 자체를 보증하게 된다(6:70-71). 반면 누군가가 선을 향하려는 결
심을 하기는 하지만 삶의 태도가 개선되는 것을 발견하지 못한다면 그
는 자신의 타락이 심정에 뿌리를 둔다고 여길 만한 근거를 지니게 되
고, 이후의 삶에서도 이런 개선이 이루어지리라는 희망을 거의 가질 수
없을 것이다.

난점 3
세 번째 난점은 설령 우리가 선한 심정에 이르렀고 선을 유지한다 할지
라도 우리는 어쨌든—결코 지울 수 없는 죄의 빚인—악으로부터 출발

했다는 사실과 관련된다. 우리는 설령 도덕적으로 개선되었다 할지라
도 여전히 신이 최후의 심판에서 요구하는 정의(righteousness)[8]에는
이르지 못함을 발견한다. 신의 눈에 정의롭게 보이게 되는 것은 (이는
정의로움을 인정받음, 곧 의인(義認)의 문제로 알려진 신학적 문제이기
도 한데) 우리가 진 죄의 빚을 갚는 속죄의 수단을 얻는 것으로도 여겨
진다.

전통적인 기독교 신학에서 그리스도의 죽음과 부활은 속죄의 과정에
서 핵심을 차지한다. 어떻게 이런 속죄가 이루어지는가를 더욱 정확하
게 개념화하여 규정하기 위한 서로 다른 여러 방식들이 존재한다. 칸트
와 관련되는 개신교의 전통에 따르면 그리스도는 우리의 죄를 대신 속
죄해 처벌을 받았는데, 그 자신은 죄가 없으므로 이렇게 할 수 있었다
고 여겨진다. 우리가 예상할 수 있듯이 칸트는 이런 속죄의 개념은 문
제가 있다고 생각한다. 속죄의 개념이 어떤 형태로든 수용 가능하게 되
려면 도덕적 의미에서 죄를 저지른 사람 자신이 스스로 행하는 바와 직
접 연결되어야 하지 죄인은 팔짱 끼고 보고만 있고 다른 사람이 대신
속죄하는 방식이어서는 안 된다.

인간이 죄 때문에 진 빚에 대해 칸트는 다음과 같은 몇 가지를 지적
한다. (1) 설령 심정의 변화를 겪은 누군가가 새로운 죄를 짓지는 않는
다 할지라도 그가 이전에 지은 죄들이 지워지는 것은 아니다. (2) 선행
을 한다고 해서 이전에 진 빚을 '그 이상으로' 갚을 수는 없다. 선행은
어쨌든 간에 우리가 반드시 해야만 하는 것이기 때문이다. (3) 내가 진

---

8 옮긴이 주―우리말 성서에서 righteousness는 '공의'나 '의로움'으로 번역되기도
하지만 이 책에서 성서 인용의 표준으로 삼은 공동번역 개정판에 따라 '정의'로 번역
했다. 이와 관련되는 대표적인 구절로는 베드로의 첫째 편지 2장 23절 참조. '그분은
… 정의대로 심판하시는 분에게 모든 것을 다 맡기셨습니다.'

빚을 다른 사람이 갚을 수는 없다. 도덕적인 빚은 금전상의 빚과는 달리 다른 사람에게 양도할 수 없기 때문이다. 특히 세 번째 지적은 정통 기독교 신학의 관점에서는 매우 과격하게 보일 것이다. 이는 그리스도의 행위가 다른 사람들의 죄를 대신 속죄하기 위한 것이었다는 생각과 정면으로 충돌하기 때문이다. 칸트에 따르면 죄의 빚은 '모든 채무 중에 가장 개인적인 것이므로 죄 없는 자가 아니라 오직 죄를 지은 자가 짊어져야 한다. 죄 없는 자가 아무리 아량이 넓어 다른 사람의 빚을 대신 지려고 해도 결코 그렇게 할 수는 없다'(6:72). 마지막으로 칸트는 (4) 이전의 악한 심정이 법칙의 '무한한' 위반을 낳고 따라서 무한한 죄로 이어진다는 점을 지적한다. 하나의 개별적인 악한 행위는 법칙을 유한하게 위반한 것이지만 우리가 이미 잘 알듯이 악한 심정을 선택하는 일은 단지 많은 악한 행위들 중 하나에 그치지 않고 행위의 동기를 근원부터 근본적으로 타락시키는 것이다. 칸트가 언급하듯이 이것은 하나의 개별적인 위반이 아니라 준칙 전반의 타락을 의미한다. 따라서 죄를 지은 사람들은 '무한한 처벌과 신의 나라에서 추방되는 것'을 각오하지 않으면 안 된다(같은 곳).

그렇다면 속죄는 어떻게 이루어질 수 있는가? 칸트의 엄격한 주장에 따르면 인간은 어떻게든 스스로 속죄해야만 한다. 하지만 앞으로 행할 선한 행위만으로는 속죄에 충분하지 않다. 이 문제를 해결하기 위해 칸트는 성서에 등장하는 표현들, 특히 바울로가 쓴 여러 편지에 등장하는 표현들을 폭넓게 활용한다. 이를 통해 칸트는 성서와 일치하는 듯이 보이면서도 심지어 속죄에 대한 전통적인 개신교의 교리와도 근본적으로는 대립하는 방식으로 속죄를 설명한다.

우선 칸트는 이전의 악한 심정이 낳은 결과로서의 처벌이 심정을 도덕적으로 바꾼, 새로운 상태의 인간에게도 내려져야 하는가라고 묻는다. 한편으로는 인간이 도덕적 개심 이전에 받았어야 할 모든 처벌이 완전히 이루어졌다고 보기 어렵다. 칸트가 앞서 주장했듯이 악한 인간은 무한한 처벌을 받아야 하기 때문이다. 하지만 동시에 그런 무한한 처벌은 개심 이후의 '새로운' 인간에게는 적절하지 않은 듯이 보인다. 신은 이전에 저지른 죄의 빚을 그저 용서하고 탕감할 수는 없는가? 어쩌면 이것이 가장 손쉬운 해결책인 듯하다. 하지만 칸트는 이런 일이 불가능하다고 생각한다. 정의는 배상이 이루어질 것을 요구하는데, 최고의 정의로운 심판자인 신은 죄가 처벌받지 않고 그냥 넘어가는 것을 결코 용납할 수 없다(6:73). 이런 언급은 죄를 절대 용서할 수 없다는, 다소 냉혹한 표현으로 보일지 몰라도 칸트의 견해를 옹호하는 관점에서 두 가지를 기억할 필요가 있다. 첫째, 기독교 신학자들은 대체로 신의 정의가 그런 배상이 이루어지기를 요구한다는 점에 동의한다. 어쨌든 신이 배상을 요구하지 않고 그냥 용서한다면 우리의 죄를 대속한 그리스도의 희생은 불필요한 일이 되고 말 것이다. 둘째, 칸트의 견해에서 왜 신의 관념이 일차적으로 실천이성에서 등장하게 되는지를 떠올려보아야 한다. 곧 신은 인간이 행복을 누릴 만한 가치(곧 '덕')와 정확하게 비례해서 행복을 누리는 상태를 보장하기 위해서 등장한다. 신은 보상과 처벌을 정확하게 분배하는 존재이므로 신이 우리가 아직 갚지 않은 죄의 빚을 끝까지 갚을 것을 요구한다는 칸트의 주장은 그리 놀라운 것이 아니다.

만일 우리의 개심 이전에는 처벌이 완전히 이루어질 수 없고, 개심 이후에는 처벌이 부적절한 듯이 보인다면 개심하는 동안에 어떤 방식으로 처벌이 이루어져야 한다(6:73). 바울로의 표현을 빌려와 칸트는 도덕적 개심의 과정이 '낡은 인간을 벗어버리고 새로운 인간으로 갈아입는 것'임을 지적한다. 그리고 이 말은 인간이 '정의에 따라 살기 위해 …

죄에 따라 죽는 것'을 의미한다(6:74).[9] 하지만 이 둘은 사실상 서로 분리된, 다른 것이 아니다. 우리는 선한 심정을 채택하기 위해서는 악한 심정을 버려야 하기 때문이다. 칸트는 다시 한번 바울로의 표현을 빌려와 이런 개심은 그 자체가 고통을 동반하는 일종의 희생이라고 말한다.[10] 이 고통은 '낡은' 인간이 마땅히 받아야 할 처벌에 해당한다. 인간은 자신의 선한 심정의 결과로 겪게 될 모든 고통과 시험을 선을 위해 기꺼이 받아들이지만 그럼에도 이는 낡은 인간에게 내려지는 '합당한 처벌'이다. 칸트가 지적하듯이 낡은 인간은 도덕적으로 말하자면 다른 인간이기 때문이다(6:74). 어떻게 보면 이는 다른 사람이 죄의 빚을 갚는 것이라고 할 수 있다. 곧 '새로운 인간'이 '낡은 인간'의 빚을 갚는 셈이 된다. 하지만 이 경우 다른 인간은 오직 도덕적 의미에서만 '다르다.' 물리적 의미에서 그는 여전히 동일한 한 사람이다. 속죄에 대한 전통 기독교의 표현을 빌려 칸트는 새로운 인간이―곧 순수한 심정을 지닌다는 면에서 '신의 아들'이 된 인간이―낡은 인간을 '대속한 대리인'의 역할을 한다고 말한다. 그렇다면 도덕적 개심을 겪은 인간은 자기 자신을 구원하는 자가 된다.

하지만 칸트의 해결책에서도 난점이 발견된다. 예를 들면 칸트는 우

---

9 옮긴이 주―이와 관련되는 성서 구절은 다음과 같다. 골로사이인들에게 보낸 편지 3장 9-10절 '여러분은 옛 생활을 청산하여 낡은 인간을 벗어버렸고 새 인간으로 갈아입었기 때문입니다.' 또한 베드로의 첫째 편지 2장 24절 '우리로 하여금 죄의 권세에서 벗어나 올바르게 살게 하셨습니다.' 이 부분을 표준새번역 성서는 '그것은 우리가 죄에는 죽고, 의에는 살게 하시려는 것입니다'로 번역했는데 이것이 칸트의 표현과 더욱 가깝게 보인다.

10 옮긴이 주―이와 관련되는 성서 구절은 다음과 같다. 갈라디아인들에게 보낸 편지 5장 24절 '그리스도 예수에게 속한 사람들은 육체를 그 정욕과 욕망과 함께 십자가에 못 박은 사람들입니다.' 또한 로마인들에게 보낸 편지 6장 6절 '예전의 우리는 그분과 함께 십자가에 못 박혀서 죄에 물든 육체는 죽어버리고 이제는 죄의 종살이에서 벗어나게 되었다는 것을 우리는 알고 있습니다.'

리가 선행을 통해 이전에 지은 죄의 빚을 그 이상으로 갚을 수는 없다고 주장한다. 하지만 이런 일이 실제로 일어나지 않는가? 칸트는 우리가 선에 바친 삶의 결과로 겪는 고통을 낡은 자아에 대한 처벌로 여긴다. 하지만 도덕법칙은 우리에게 이런 고통을 견뎌내라고 요구하지 않는가? 그리고 만일 이런 고통이 우리에게 의무로 부과된다면 어떻게 이것이 동시에 죄의 빚도 갚는 두 가지 역할을 할 수 있는가? 더욱이 칸트의 주장 전반은 설령 물리적으로 동일한 한 사람이 있더라도 두 자아가 존재하며 그 중 하나가 다른 하나의 빚을 갚는다는 생각에 의존한다. 이 두 자아라는 표현, 곧 '낡은 인간'과 '새로운 인간'이라는 표현을 우리는 얼마나 진지하게 받아들여야 하는가? 만일 이 두 자아가 진정으로 서로 다르다면 왜 속죄는 개심 이후의 자아에게 문제가 되는가? 왜 이 자아는 그저 자신을 낡은 자아가 행한 악이나 지은 죄와 분리할 수 없는가? 반면 두 자아가 진정으로 서로 다르지 않다면 새로운 자아가 과연 어떻게 신의 심판대 앞에서 자신은 진정으로 무죄라고 생각할 수 있겠는가?

칸트는 세 번째 난점에 대한 해결책을 제시한 후 다소 특이한 언급을 한다. '이제 여기서 위에서는 없었던, 우리가 행한 바의 공덕을 넘어서는 것이 등장하는데 그것은 바로 은총에 의해 우리가 얻는 공덕이다'(6:75). '행한 바'(works)와 '은총'이라는 용어는 바울로의 편지에서 등장하는데, 이들은 특히 루터의 신학에서 서로 뚜렷하게 대비되는 것으로 사용된다. '행한 바'는 개인이 자신의 구원을 얻기 위해 한 것을 의미하는 반면 '은총'은 개인이 구원에 합당하기 위해 무엇을 했는가와 전혀 무관하게 신이 자유롭게 부여하는 구원을 의미한다. 루터를 비롯한 다른 개신교 종교개혁자들은 (은총과 관련된 신학적 논의는 궁극적으로 아우구스티누스에게까지 거슬러 올라가는 것이지만) 인간이 죄에 빠진, 타락한 본성을 지니므로 자신을 구원하기 위해 스스로는 아무것도 할 수 없으며 따라서 우리는 전적으로 신의 은총에 의지해야 한다고 주장했다. 그런데 우리가 신을 기쁘게 하기 위한 방법에 대해 칸트가 말한 바는 모두 종교개혁자들의 주장과 정면으로 배치되거나 최소한 그런 듯이 보인다. 『종교』에서 칸트가 제시하는 구원 이론은 전적으로 우리가 '행한 바'에 기초한다. 하지만 칸트는 우리가 신을 기쁘게 하는 과정에서 은총의 설 자리를, 더 나아가 어쩌면 은총의 필요성을 발견한다고 주장한다.

하지만 칸트는 '은총'이라는 용어를 통해 정확히 무엇을 의미하는가? 은총에 관한 칸트의 견해는 전통적인 기독교도의 견해와는 근본적으로 다른데, 이 점은 아래의 인용문에서 충분히 명확하게 드러난다.

> 우리는 현재 지상의 삶에서 (그리고 어쩌면 모든 미래의 시대와 세계에서 조차도) 항상 단지 생성 중에 있는 바를 (곧 우리가 신이 보기에 만족스러운 인간이 되어가는 과정을) 마치 우리가 이미 지상에서 완전히 소유한 듯이 우리 자신에게 돌리려 한다. 하지만 우리는 이를 결코 정당하게 주장할 수 없다(우리는 우리 자신에 대한 경험적 인식을 지닐 수 없기 때문이다). 우리가 우리 자신을 (우리의 심정을 직접 평가하는 것이 아니라 단지 우리의 행위에 따라 추정하여) 인식하는 한에서 그렇다. 따라서 우리 안의 고소인은 여전히 우리가 유죄의 판결을 받아야 한다고 주장할 가능성이 높다. 그러므로 우리가 믿는 선으로 인해 모든 책임에서 벗어나게 되는 일이 영원한 정의와 완전히 일치한다 할지라도 이는 오직 신의 뜻인 은총에 따라 이루어진다(왜냐하면 우리는 오직 우리의 심정이 개선되었다는 생각에 만족하여 이런 일이 이루어진다고 여길지 몰라도 이런 사실을 인식할 수 있는 존재는 오직 신뿐이기 때문이다). (6:75-76)

은총은 단지 생성 상태에 있는 무언가를 (곧 신이 보기에 충분히 만족스러움을) 우리가 완전히 소유한다고 여기는 것이다. 우리가 아직 이런 상태에 도달하지 못했음을 가정할 때 우리가 여기에 도달했다고 여기는 것은 신의 선물이라 할 수 있다. 하지만 칸트는 여기서 우리가 신을 충분히 만족스럽게 할 수 없다고 잘라서 말하지는 않는다. 그는 우리가 '우리 자신에 대한 경험적 인식에 따를 경우' 자신을 신이 보기에 충분히 만족스러운 존재라고 주장하는 것이 정당하지 않다고 말한다. 바꾸어 말하면 우리가 자신의 구원을 스스로 얻을 수 없다는 주장은 사실이 아니다. 단지 우리는 자신의 심정을 인식할 수 없으므로 우리가 구원을 얻었다는 사실을 인식할 수 없다는 주장이 사실일 뿐이다. 따라서 우리는 단호히 자신을 죄인이라고 판결해야 하므로 '죄가 없다'는 판결은 오직 '신의 뜻인 은총'에 의해서만 가능할 수 있다. 이에 대해 당연히 누군가는 과연 이것이 은총인가라고 물을 것이다. 아니면 칸트는 우리가 앞서 보았듯이 (근본악에 관한 그의 논의에서 '타고남'과 '본성' 등의 용어와 관련해서 그랬듯이) 은총이라는 용어를 일상적인 의미와는 정반대되는 방식으로 사용하는가? 칸트가 『종교』에서 은총의 성립 여지를 허용하는가 그렇지 않은가—그리고 만일 허용한다면 이 은총은 정확히 무엇을 의미하는가—등은 수많은 학자들 사이의 논쟁거리였는데, 칸트의 원전을 아무리 주의 깊게 검토한다 할지라도 이런 논쟁은 피할 수 없는 듯하다.

이제 칸트는 인간이 도덕적 개심 이전 상태에서 죄의 빚을 졌으면서도 어떻게 신이 보기에 충분히 만족스럽게 될 수 있는가라는 세 번째 난점에 대한 설명을 제시한 셈이다. 앞서 언급했듯이 죄인이 어떻게 신이 보기에 정의로운 존재가 될 수 있는가라는 문제는 의인이라는 신학적 문제이기도 하다. 칸트는 개심의 과정을 통해 죄의 빚을 갚는 방식

에 대한 자신의 설명을 '사실상 죄를 짓기는 했지만 신이 보기에 만족
스러운 심정으로 이행한 사람이 정의로워짐을 연역하는 것'이라고 말
한다. 그는 이런 연역이 '사변적 질문'에 대답하려는 시도라고 주장하
면서, 이런 연역이 어떤 실천적 의미라도 지니는가를 묻는다(6:76). 어
쨌든 앞서 여러 난점들을 다루면서 칸트는 선한 심정을 선택한 사람이
과거에 악을 저질렀고 여전히 완전성을 향해 천천히 끝이 없는 길을 걸
어가고 있음에도 어떻게 신이 보기에 만족스럽게 될 수 있는가라는 질
문을 계속 던져왔다. 하지만 이 질문은 그 사람이 이미 선한 심정을 지
니고 있음을 전제한다. 따라서 칸트의 견해는 어떤 사람이 우선 선한
심정을 채택하게 만드는 데는 별로 도움을 줄 수 없는 듯하다.

하지만 칸트는 이런 '사변적 질문'에 대답하는 일이 중요하다고 말
한다. 왜냐하면 이 질문에 답할 수 없다면 이성은 죄의 용서를 바라는
인간의 희망과 신의 정의 사이에 조화를 발견할 능력이 없다는 비난을
받게 될 것인데 이는 의심의 여지 없이 도덕적으로 이성에게 불리할 것
이기 때문이다(6:76). 그런데 이것은 정확히 앞서 칸트가 일반적 주해에
서 부가적 장식에 해당하는 고찰의 필요성을 설명하면서 언급한 바이기
도 하다. 여기서 그는 사변적 논의를 통해 부가적 장식에 해당하는 실례
를 드러내 보이면서 이를 핵심 설명에 스며들도록 만드는 듯이 보인다.

더욱이 칸트는 정의로워짐을 연역하려는 자신의 시도가 소극적으로
사용되기 위한 것임을 지적한다. 이 연역은 '사변적 질문'이므로 속죄
가 어떻게 이루어지는지를 정확히 논증하지는 않지만 역사상의 종교들
이 이런 죄의 빚을 갚을 수단으로 제시한 다양한 방법들 중 어떤 것도
도덕적 심정의 진정한 변화를 대신할 수는 없다는 점을 분명히 논증한
다(6:76). 따라서 칸트의 신학적 사변을 어떤 방식으로 해석하더라도
그가 전통적인 교리들을 도덕과 조화를 이루는 것으로 번역하려 하며,

우리를 신 앞에 당당히 서도록 만드는 심정의 혁명 이외에는 종교를 표
방한 다른 어떤 가식적 행위도 단호히 거부한다는 점은 결코 부정할 수
없다.

2절: 인간을 지배하기 위한 악한 원리의 권리 주장과
선악 두 원리 사이의 싸움에 관하여

인간은 누구나 악을 극복하고 선한 심정을 확립하려는 싸움에 나선다.
칸트가 2부 첫머리에서 주장했듯이 이 싸움에서 적은 우리 '내부에' 있
다. 하지만 성서는 선과 악 사이의 싸움을—인간 외부에 있는—두 힘
이 인간을 지배하기 위해 다투는 싸움 이야기의 형태로 표현한다. 칸트
는 이 이야기를 재해석하려 하는데, 그의 시도는 아담과 이브의 추락에
서 시작해 그리스도의 죽음과 부활로 끝맺는다. 물론 여기서도 칸트는
여전히 '예수 그리스도'라는 이름을 사용하지 않는데 그 까닭은 그가
성서를 인간 완전성의 원형을 상징적으로 드러낸 것으로 해석하기 때
문이다.

　사탄은 원래는 선했지만 설명할 수 없는 어떤 이유로 악하게 된 존재
인데 악한 원리를 대표한다. 사탄은 신에게 반기를 듦으로써 천상에서
추방되었는데 그 후 신이 지상에서 모든 재화의 소유주로 창조한 아담
과 이브를 마음대로 지배하기 위해 애쓴다. 사탄은 이 둘이 신에게 거
역하도록 만듦으로써 사탄은 자기 자신을 지상의 소유주로 상승시키고
지상에 '악의 나라'를 굳건히 세우려 한다. 아담의 후손들은 이런 악의
나라에 복종하지만 자유롭게 이런 복종에 동의해서 그렇게 했다. 심판
받아 지옥에 떨어질 일만 남은 이 세계에서 재화에 현혹되는 일을 스스

로 허용했기 때문이다(6:79).

칸트는 이런 악의 나라가 지배하지만 선한 원리를 존중하는 정치 체제, 곧 유대인들의 신정정치의 형태를 통해 이 세계에 선한 원리가 유지되었다고 말한다(6:79). 그런데 칸트가 유대교를 하나의 종교가 아니라 '정치 체제'라고 말하는 것은 다소 어색해 보일지 모른다. 앞으로 보게 되듯이 칸트는 기독교만이 유일한 도덕적 종교이며, 도덕적 종교만이 진정한 종교이므로 도덕적이 아닌 어떤 종교도 종교일 수 없다고 믿는다. 1부에서 칸트의 윤리학을 논의하면서 등장했던, 도덕성과 합법칙성 사이의 구별을 떠올려보자. 우리의 행위는 어떤 동기가 이런 행위를 낳았든 간에 도덕법칙과 일치하는 한 합법칙적이다. 하지만 우리가 도덕법칙에 대한 존경으로부터 행위할 경우에만 우리의 행위는 도덕적이다. 더욱 쉽게 말하면 합법칙성과 관련해 행위의 동기는 아무런 차이도 만들지 못하지만, 도덕성과 관련해서는 큰 차이를 낳는다. 칸트에 따르면 유대교는 신을 왕으로, 유대인들을 신의 백성으로 삼는 정치 체제이다. 신은 유대인들에게 명령을 내렸는데(신은 시나이 산에서 모세에게 613개의 율법을 내렸는데 이들이 유대교의 여러 의식의 기초가 된다), 이들 중 일부는 윤리적이지만(예를 들면 '살인하지 말라') 다른 많은 것들은 종교적 의식이나 행사에서 지켜야 할 바를 규정한 내용에 속한다. 칸트는 이런 율법들 중 일부가 명백히 윤리적이라 할지라도 유대교는 도덕적 종교로 인정될 수 없다고 생각한다. 왜냐하면 유대인들은 이런 '윤리적 행위'를 도덕법칙에 대한 존경에서가 아니라 단지 처벌의 두려움과 세속적 보상의 약속에 따라 행하도록 명령받았기 때문이다.

하지만 그리스도는 유대교 내부에 혁명을 — 칸트가 지적하듯이 고대 그리스의 도덕적 가르침으로부터 영향을 받았다고 해도 좋을 만한 혁명을 — 일으켰다. 성서와 기독교 교리는 그리스도를 아담과 이브의 죄를 물려받지 않고 태어난, 따라서 사탄의 유혹에서 벗어난 존재로 묘사한다. 사탄은 그리스도의 마음에 어떤 영향도 미칠 수 없었으므로 오직 자신이 할 수 있는 일만을, 곧 지상에서 그리스도의 존재를 고통과 박해 그리고 죽음으로 이어지는 비참한 것으로 만드는 일만을 행했다. 따라서 그리스도와 사탄이라는 두 존재에 의해 상징되는 선과 악 사이의 싸움은 물리적인 관점에서는 사탄의 승리로 막을 내린 듯이 보인다. 하지만 사탄은 궁극적으로 그리스도의 마음을 지배할 수 없었으며 따라서 그리스도를 따르기로 선택한 어느 누구의 마음도 지배하지 못했다. 비록 악이 완전히 정복되어 사라졌다고 말할 수는 없지만 그리스도 이후 다른 어떤 것이, 곧 자유가 지배하는 일이 가능하다는 점이 증명됨으로써 악의 지배력은 크게 약해졌다. 이럴 경우 기꺼이 악의 지배에 굴복하기로 스스로 선택하지 않는 한 어느 누구도 악의 지배를 받지 않을 것이다(6:82). 선을 위해 죽음을 받아들임으로써 그리스도는 이런 자유의 상징이 되었으며, 따라서 인간이 도덕적 완전성에 도달할 수 있음과 악에 대한 선의 승리를 명백히 보여주었다.

일반적 주해

2부의 일반적 주해 또는 부가된 장식에서 칸트는 기적의 문제를, 좀 더 범위를 좁히면 기적에 대한 믿음이 동반하는 위험성에 대해 다룬다. 칸트는 2부의 주해 첫머리에서 지상에 도덕적 종교를 확립하기 위해서는 흔히 이런 도덕적 종교의 출발점과 밀접히 연결되어 등장하는 기적들을 불필요한 것으로 제거하지 않으면 안 된다고 선언한다. 여기서 칸트가 사람들은 기적에 대한 믿음을 바로 멈추어야 한다고 말하지는 않는

다는 점을 주목해야 한다. 그가 기적들이 불필요한 것이 되어야 한다고
말하면서 의미한 바는 오히려 종교가 기적들에 의존하거나 기적으로부
터 지지를 이끌어냄으로써 자신의 타당성을 주장해서는 결코 안 된다는
점이다. 칸트에 따르면 도덕적 종교는 우리의 의무를 신의 명령으로서
준수하려는 심정에 근거한다(6:84). 앞서 살펴본 대로 기적에 의해 먼
저 정당화되고 권위를 얻지 않고서는 이성이 명령한 도덕적 계율들의
권위를 확보하지 못하는 종교는 한마디로 ‘도덕적 불신앙’ 이다.

　칸트가 이 일반적 주해에서 수행하려는 바를 이해하려면 그가 궁극
적으로 염두에 두는 바, 곧 여러 역사상의 종교 중 오직 기독교만이 유
일한 도덕적 종교이며, 기독교 창시자의 가르침만이 본질상 도덕적 가
르침이라는 주장을 (이런 주장을 칸트는 4부에서 전개하는데) 기억할
필요가 있다. 따라서 칸트가 여기서 도덕적 종교의 역사적 서막이 ‘단
지 제의와 계율’ 에 근거한 낡은 종교의 종언을 나타내기 위해서라도
기적을 동반해야 한다는 일반인들의 사고방식은 충분히 일리가 있다고
주장하면서 그리스도와 성서를 기록한 사도들과 관련된 기적을 지시함
은 당연하다. 그는 이런 기적이 유대교의 종언과 기독교의 탄생을 나타
낸다고 여기기 때문이다. 하지만 이런 기적이 어떤 방식으로든 이 새로
운 종교에 반드시 필요하지는 않다. 도덕적 종교는 단지 제의와 계율에
근거한 종교와는 달리 기적을 빌려 권위를 확보할 필요가 없기 때문이
다. 동시에 이 새로운 종교의 탄생과 연관된 기적이 실제로 일어났다는
주장에 도전해 논쟁을 벌일 필요도 없다. 이제 이런 기적과는 아무 상
관이 없이 도덕적 종교는 스스로 굳건히 성립하기 때문이다. 특히 이
새로운 종교의 창시자가 기적적인 본성을 지녔다는 사실이나 그가 지
상에 기적적으로 등장했다가 다시 기적적으로 떠나갔다는 사실 또는
기적적인 방법으로, 곧 초자연적인 계시를 통해 자신이 행한 기적 자체

를 널리 알렸다는 사실 등에 대한 믿음을 놓고 논쟁을 벌일 필요가 조
금도 없다. 이런 모든 믿음들이 '기적에 대한 증명이 각자의 영혼 안에
지워지지 않게 보존된 증거에 의존할 뿐 실제의 기적을 필요로 하지 않
는다는' 가르침을 널리 전파하기 위한 '외부의 포장'으로 사용되어왔
다는 점을 고려할 때 이들에 대해 왈가왈부하지 않고 그대로 두는 편이
좋을 듯하다(6:85). 곧 우리가 기적에 대한 인식이나 신앙고백이 신을
충분히 기쁘게 만드는 조건이라고 주장하지 않는 한 기적에 대한 믿음
을 그대로 두어도 무방하다(같은 곳).

　이런 기적들을 의심할 필요가 없다는 칸트의 언급은 기독교 정통 교
리에 대해 최소한의 양보를 한 것으로 볼 수 있다. 특히 그는 우리가 어
떤 초월적인 주장에 대해서도 그것이 참인지 거짓인지를 인식할 수 있
는 처지에 있지 않으므로 모든 초월적인 주장들을 어떤 방식으로도 제
대로 의심할 수 없다고 일관되게 주장해왔다. 하지만 그는 기독교 정통
교리에 강력히 도전하는 주장도 편다. 곧 그는 이런 기적들에 대한 신
앙이나 신앙고백이―여기에는 그리스도가 인간의 몸으로 태어난 것과
죽은 후 부활했다는 사실에 대한 믿음과 성서의 근원이 신이라는 믿음
등이 당연히 포함되는데―도덕적 종교에는 전혀 필요하지 않다고 주
장한다.

　칸트는 계속해서 기적에 대한 믿음을 부인하려고 하지는 않지만 이
런 믿음이 자신들의 삶의 방식에 어떤 실천적인 영향을 미치는 것도 결
코 허용하지 않는 이성적인 신앙인들에 대해 설명한다. 이런 태도는 먼
과거에 기적이 일어났음을 인정하지만 현재에도 계속 일어날 수 있음
은 부정하는 '현명한 정부'의 정책에까지 반영된다. 이런 방식으로 현
명한 정부는 새로운 기적 창조자들이 일으킬지도 모를 공적 질서의 파
괴를 미연에 방지한다(6:85-6). 칸트는 왜 기적 창조자들이 공적 질서

에 위협이 되는지 그 이유를 정확하게 설명하지는 않지만 기적을 창조
할 수 있다는 주장이 은연중에 권위를 주장하는 것으로 이어져 결국 현
존하는 종교적 또는 정치적 권위의 체계에 도전하는 식으로 악용될 수
있다는 점을 염두에 두고 있음이 분명하다.

　이어서 칸트는 기적에 대한 정의를 ('세계 안에서 일어나는 사건이
지만 그 원인과 작용법칙이 우리에게 절대로 알려지지 않으며 또한 알
려질 수도 없는 것') 제시한 후 기적을 두 종류로, 곧 신이 일으키는 기
적과 마력을 지닌 존재가 일으키는 기적으로 분류하고 후자를 다시 천
사의 기적과 악마의 기적으로 나눈다(6:86). 기적이 이런 분류에 도움
이 될 만한 작은 이름표를 달고 일어나는 것은 결코 아니므로 여기서
당연히 우리가 어떻게 기적들을 구분할 수 있는가라는 질문이 제기된
다. 칸트는 곧바로 선한 천사가 일으키는 천사의 기적은 논의에서 배제
하면서 '이에 대해서는 거의 또는 전혀 언급되는 바가 없다'고 지적한
다(6:86). 신이 일으키는 기적과 관련해서 칸트는 이성이 이런 기적의
수용 여부를 결정하는 '소극적인 기준'을 지닌다고 말한다. '무언가가
신이 직접 나타나 명령한 바로 여겨진다 할지라도 만일 그것이 도덕과
정면으로 충돌한다면 그것은 설령 신적인 기적의 겉모습을 지닐지 몰
라도 결코 신이 행한 기적일 수 없다'(6:87). 여기서 칸트는 성서 중 창
세기 22장에 등장하는, 아케다(akedah) 또는 이사악의 '결박'으로 알
려진 유명한 예를 인용한다.[11] 이 이야기에서 신은 아브라함에게 아들
이사악을 번제물로 바치라고 명령한다. 아브라함이 신의 명령을 받아

11　옮긴이 주-창세기 22장 1-2절 참조. '하느님께서 아브라함을 시험해 보시려고
"아브라함아!" 하고 부르셨다. "어서 말씀하십시오" 하고 아브라함이 대답하자 하느
님께서는 이렇게 분부하셨다. "사랑하는 네 외아들 이사악을 데리고 모리야 땅으로
가거라. 거기에서 내가 일러주는 산에 올라가, 그를 번제물로 나에게 바쳐라."'

들여 이사악을 결박하고 막 칼로 찌르려 할 때 천사가 나타나 멈추라고 말한다. 이 이야기에서 칸트가 관심을 보이는 기적은 이야기 마지막에 천사가 나타난 부분이 아니라 아브라함에게 아들을 번제물로 바치라고 명령하는 목소리가 등장하는 첫 부분이다. 누군가에게 살인을 명령하는 이것이 과연 신으로부터 등장한 '기적'일 수 있는가? 칸트는 단호히 아니라고 답한다. 이 명령은 그 자체로 도덕과 충돌하기 때문이다. 이 기적이 실제로 일어났다고 가정한다면 이는 마력을 지닌 존재가 일으킨 기적으로 여겨야만 할 것이다. 하지만 우리는 어떤 기적이 도덕과 일치한다고 해서 곧 그것을 신이 일으키는 기적으로 결론지어서는 안 된다. 칸트가 말하듯이 '악령도 흔히 자신을 빛의 천사로 드러내기 때문이다'(6:87). 따라서 우리는 아브라함에게 번제를 멈추라고 명령한 목소리가 신의 기적인지 아니면 천사의 기적인지에 (또는 심지어 악마의 기적일 수도 있는지에) 대한 결론을 내릴 수는 없다. 하지만 아브라함이 어떻게 들었든 간에 그를 자식 살해의 길로 내몰 뻔한 목소리는 결코 신에게서 나온 것이 아니라는 결론은 내릴 수 있다.

3부: 악한 원리에 대한 선한 원리의 승리, 그리고 지상에 신의 나라를 세움

인간은 신이 보기에 만족스럽게 되기 위해 스스로 심정상의 혁명을 일으켜야 한다. 다른 어느 누구도 이 일을 대신해줄 수는 없다. 사실 칸트가 1부에서 다루었던 근본악이나 2부에서 다루었던, 이 악에 맞서기 위한 싸움 등은 다소 개인적인 색채가 강했다. 이제 3부에서는 악에 대항하는 싸움이 지닌 사회적 차원이 논의의 전면에 나서게 된다. 3부를 여

는 문단에서 칸트는 우리가 악에 대항하는 싸움에서 이김으로써 받게
되는 상은 오직 악의 지배로부터 벗어난 자유라고 말한다. 하지만 악의
맹공에서 영원히 벗어난 것은 아니므로 우리는 항상 악과의 싸움에 대
비한 무장 상태를 유지해야 한다(6:93).

이어서 칸트는 다음과 같은 의미심장한 주장을 편다. 만일 우리가 계
속 이렇게 위험한 상태에 놓이게 되는 원인을 찾아본다면 쉽게 확신할
수 있는 바는 우리를 각 개인으로 분리해 생각할 경우 '우리 자신의 자
연적인 본성' 때문이 아니라 우리가 관련을 맺고 함께 살아가는 다른
사람들 때문에 위험한 상태에 놓인다는 점이다. 분리된 존재로서의 인
간은 그리 많은 욕구를 지니지 않으며 차라리 마음의 평정 상태를 원하
는 정도에 그친다. 하지만 인간은 다른 사람들 가운데 놓이게 되면 강
력한 격정에 휘말린다. '인간은 다른 사람들이 자신을 가난하다고 여
겨 경멸할 것이라고 걱정하는 한에서만 가난해진다(또는 자신을 가난
하다고 여긴다). 질투, 권력욕, 탐욕 그리고 이들과 결합된 적대적인
경향성들은 우리가 다른 사람들 가운데 놓이게 되자마자 혼자 있을 때는
그리 지나친 요구를 하지 않던 우리의 본성을 강력하게 공격한다.' 우
리가 관련을 맺는 다른 사람들 자체가 악하다고 전제할 필요는 조금도
없다. 다른 사람들에게 둘러싸여 함께 살아가는 한 우리도 다른 사람들
도 모두 서로 타락하기 마련이다(6:93-94).

이런 주장은 칸트가 1부에서 시도했던 '인간성을 향한 소질'에 대한
분석을 떠올리게 한다(6:26-27). 앞서 살펴보았듯이 이 소질은 자신을
다른 사람들과 비교하고 오직 이를 통해서만 자신이 행복하다고 판단하
는, 거의 기계적인 성향으로 이루어지는 자기애의 형태를 띠었다. 다른
사람들의 눈에 돋보여 자신의 가치를 확보하려는 이런 욕구는 곧바로
다른 사람들보다 우월해지려는 욕구로 이어져, 칸트가 '문화적 해악'

이라고 부른 것을 낳는데 여기에는 질투, 배은망덕, 다른 사람의 불행을 보고 기뻐함 등이 포함된다(6:27). 이런 용어들에 비추어볼 때 인간성을 향한 이런 소질은 '인간 본성 안의 선을 향한 소질'로는 거의 보이지 않는다. 하지만 칸트는 이를 선을 향한 소질로 여기는데 그 까닭은 이런 타고난 경쟁심이 곧 자연이 '문화 발전을 위한 동기'로 채택한 수단으로 작용하기 때문이다. 또한 이런 소질 자체가 '사람들 서로 간의 사랑'을 배제하지는 않는다. 하지만 인간성을 향한 이런 소질은 양날의 검과 같은 양면성을 지니며, 이런 관점에서 이 소질은 동물성을 향한 소질과 유사한 면이 있다. 두 소질 모두 자연적이고 기계론적인 형태의 자기애, 곧 도덕법칙 아래에 놓일 경우 인간에게 이익이 되는 자기애를 드러낸다. 하지만 이런 형태의 자기애가 제멋대로 작용하는 것이 허용되면 악을 불러온다. 설령 이런 악이 자연적 형태의 자기애를 통해 가능해진다 할지라도 이렇게 등장한 악 자체가 자연적인 것은 아니다. 왜냐하면 악은 오직 도덕법칙을 자기애 아래에 놓는 자유로운 선택의 결과이기 때문이다.

칸트가 3부에서 제기한 주장, 곧 도덕적 타락의 책임이 대체로 인간들 사이의 상호 관련에 놓여있다는 주장에 근거해 몇몇 학자들, 대표적으로 우드(Allen Wood) 같은 학자는 '인간 본성의 근본악이 오직 사회적 상황 안에서만 발현되어 드러난다'고 본다(Wood 2010b, 261). 바꾸어 말하면 이런 학자들은 칸트가 1부에서는 주로 개인주의적인 관점을 강조했지만 악을 향한 인간의 성향이 본질상 사회적이므로 여기 3부에서 칸트가 자신의 견해를 충분히 표현했다고 해석한다. 우드에 따르면 인간 본성 안의 근본악에 붙인 다른 이름이 곧 '반사회적 사회성'이다. 이 문구는 『종교』에는 등장하지 않지만 「세계시민의 관점에서 본 보편사의 이념」(Idee zu allgemeinen Geschichte in weltbürgerlicher

Absicht, 1784) 중 제4명제에서 다음과 같이 도입된다.

자연이 인간의 모든 소질을 계발하기 위해 사용하는 수단은 사회 안에서 인간
들 사이의 적대감인데, 이 적대감이 결국 법이 지배하는 사회적 질서의 원인이
되는 한에서 그렇다. 나는 여기서 적대감을 사람들의 반사회적 사회성으로,
곧 끊임없이 사회를 파괴하려고 위협하는 일반적인 저항과 결합되면서도
동시에 사회를 이루고 살려는 성향으로 이해한다. (44)

그렇다면 궁극적으로 칸트가 근본악이라는 말을 통해 의미한 바를 이
해하는 열쇠가 바로 사회인가? 이 질문에 대해 어떤 답을 하더라도 칸
트가 악을 극복하기 위해서는 근본악이라는 행위를 단지 개인적 차원
이 아니라 사회적 차원에서 고찰해야 한다고 여기는 점은 명백하다. 만
일 이런 상호 타락을 막는 것을 목표로 삼는 어떤 연합체를 결성하지
않는다면 인간들은 다시 악에 빠질 위험에 계속 노출된다. 따라서 그런
사회를 확립하는 것은 인류 전체에게 부여된 의무이다(6:94). 그렇다
면 1장의 목표는 이런 사회의 특성을 정확히 서술하고, 사회의 형성 과
정에서 역사상의 종교가 담당할 수 있고 또 담당해야 하는 역할을 분명
히 밝히는 것이 된다.

1장: 지상에 신의 나라를 세우는 과정에서
선한 원리의 승리에 대한 철학적 표상

Ⅰ. 윤리적 자연 상태에 관하여(6:95-96)

인간은 상호 타락을 통해 생겨난 악에 맞서 싸우기 위해 사회를 확립할

의무를 지닌다. 칸트는 이 사회를 '윤리적 공동체'라고 부르면서 이를 '법적-시민적' 또는 정치적 상태와 대비하여 구별한다. 1장에서 칸트의 주장은 대부분 이 구별을 근거로 삼는다. 칸트에 따르면 정치적 상태는 인간들이 공적인 법률 아래 놓인 상태이다. 이런 법률들은 강제적인데 이 말은 통치자가 법률의 준수를 강요할 권력을 지닌다는 점을 의미한다. 이런 법률들이 강요될 수 있는 까닭은 당연히 통치자가 오직 시민들의 행위가 법률과 일치하는가에만 관심을 보이기 때문이다. 예를 들어 통치자가 시민들이 도둑질하지 말라는 법률을 지키기를 원한다 할지라도 그는 어쩌면 이 법률을 지켜야 하는 이유에 대해서는 무관심할 수도 있다. 어쩌면 통치자는 사람들이 법률을 지키는 내면적 동기에 대해서는 무관심한 것 외에 다른 선택지가 없다고 말하는 편이 더 나을지도 모른다. 왜냐하면 통치자는 사람들이 행위를 할 때 지니는 내면적 심정을 파악할 수 없기 때문이다. 따라서 사람들이 도둑질을 하지 않는 이유가 처벌의 두려움인지 아니면 도덕적 의무감인지 또는 붙잡혔을 때 느낄 곤혹감과 수치심인지는 통치자에게 아무 차이도 상관도 없다. 중요한 점은 어쨌든 사람들이 법률에 따른다는 사실이다. 칸트식의 용어로 표현하면 정치적 상태는 도덕성(도덕법칙에 대한 존경에서 행위하는 것)보다는 합법칙성(법률에 일치되게 행위하는 것)을 기초로 삼아 작동한다.

정치적 상태에 대한 이런 설명으로부터 우리는 이 상태가 합법칙적 행위가 없다면 존재할 수 없을지 몰라도 진정한 도덕적 행위가 없이도 얼마든지 존재할 수 있다는 점을 알 수 있다. 따라서 정치적 공동체는 도덕적 악에 맞서 싸우기에 충분하지 않으며 윤리적 공동체가 요구된다. 윤리적 공동체는 사람들이 도덕법칙 아래서 결합한 공동체이다. 정치적 상태의 법률과는 달리 도덕법칙은 강제적이지 않다. 앞서 지적했듯이 통치자는 도덕성을 강요할 위치에 있지 않다. 통치자는 사람들의 행위 아래 놓인 도덕적 심정을 파악할 수 없기 때문이다. 하지만 도덕 법칙이 강제적일 수 없는 또 다른 이유가 있다. 오직 개인의 자유로운 선택 능력으로부터 등장한 행위만이 도덕적 가치를 지닌다. 따라서 도덕적 행위는 강제될 수 없다. 외부의 강제는 자유와 반대되는 것이기 때문이다. 그렇다면 인간은 정치적 자연 상태에서 정치적 상태로 이행하라고 강제될 수는 있지만 윤리적 자연 상태에서 윤리적 공동체로 이행하라고 강제될 수는 없다. 인간들 스스로 자유롭게 이런 이행을 선택해야 한다. 이는 사람들이 현존하는 정치적 상태의 일부를 형성하면서도 동시에 윤리적으로는 자연 상태에 놓여있을 수도 있음을 의미한다.

마지막으로 칸트는 윤리적 공동체의 개념이 모든 인간들의 결합을 포함하는 일종의 이상이라고 말한다. 이런 방식으로 또한 칸트는 윤리적 공동체를 단지 사람들 중 적은 수의 일부만을 포함하는 정치적 상태와 구별한다. 따라서 윤리적 원리들 아래서 결합한 어떤 특정한 사회에 속한 집단은 아직 윤리적 공동체를 구성한 것이 아니다. 이 집단은 모든 인류를 포괄하는 윤리적 전체를 확립하기 위해 노력해야 한다. 오직 그럴 경우에만 이런 윤리적 공동체라는 이상에 도달할 수 있을 것이다.

II. 윤리적 공동체의 구성원이 되기 위해 인간은 윤리적 자연 상태에서 벗어나야 한다(6:96-98)

인간은 자연 상태에서 벗어나 정치적 상태로 들어가야 할 의무를 지니는 것과 마찬가지로 윤리적 자연 상태에서—곧 서로 상대방의 도덕적 심정을 타락시키는 상태에서 — 벗어나 윤리적 공동체로 들어가야 할 의무 또한 지닌다. 정치적, 윤리적 자연 상태 모두에서 인간은 자신이 따를 법칙을 스스로 만들며, 어떤 외부의 법칙도 인정하지 않고, 어떤 외부의 권위에도 복종하지 않는다. 정치적 자연 상태에서 벗어나기 위해서는 외부의 권위(통치자)를 인정하고 법률을 준수하는 일이 필요하다. 하지만 윤리적 자연 상태에서 벗어나기 위해서는 무엇이 필요한가? 칸트는 뒤에서 이에 대해 더욱 자세히 논의한다. 여기서는 단지 우리가 윤리적 자연 상태에서 벗어날 의무를 지니는데 이 의무는 독특한 종류의 것이라는 점만을 지적한다. 이 의무는 개인이 다른 사람들에 대해 지는 의무가 아니라 인류 전체가 자기 자신에 대해 지는 의무이기 때문이다. 하지만 인류 전체가 어떤 의무를 지닌다는 말은 정확히 무엇을 의미하는가? 여기서 칸트가 전개하는 추론은 다음과 같다. 모든 이성적 존재는 공동의 목적을 지닌다. 이 목적은 곧 최고선의 증진이며 이는 또한 모두에게 공통적으로 선하다. 이 목적은 오직 공동의 목표를 위해 결합한 모든 사람들의 협력을 통해서만 실현될 수 있다. 어떤 고립된 한 개인에게 속한 능력만으로는 결코 이 목적을 이룰 수 없다. 따라서 윤리적 공동체를 실현할 의무는 다른 도덕적 의무들과는 다르다. 도덕적 의무는 우리가 오직 자신의 능력 안에 속하는 바를 행할 것을 요구할 뿐이다. 윤리적 공동체를 실현할 의무는 인류의 집합적 의무이다. 오직 전체로서의 인류만이 실현할 수 있기 때문이다(6:97-98).

하지만 전체로서의 인류가 과연 윤리적 공동체를 실현할 수 있는가? 만일 그렇게 할 수 없다면 그것은 의무가 될 수 없다. 여기서 칸트는 인류가 자신의 능력만으로는 이 목표를 성취하지 못할 수도 있다는 다소 낯선 언급을 한다. '우리는 이미 이 의무가 또 다른 관념, 곧 더욱 상위의 도덕적 존재라는 관념을 필요로 하며, 이런 존재의 보편적 조직을 통해 그 자체만으로는 불충분한 각 개인의 힘이 공동의 목표를 위해 결합될 것을 예상할 수 있다'(6:98). 칸트는 이런 상위의 존재가 담당하는 역할을 이어지는 절에서 더욱 자세히 언급한다.

III. 윤리적 공동체의 개념은 곧 윤리적 법칙 아래 놓인 신의 국민이라는 개념이다(6:98-100)

정치적 공동체와 마찬가지로 윤리적 공동체도—공통의 입법자가 제정한—공적인 법칙을 필요로 하며 모든 구성원이 이에 따라야 한다. 정치적 상태에서 입법은 도덕적이 아니라 강제적이므로 이런 법적-시민적 법률의 제정자로서 국민들 자체와 관련된 특별한 문제는 제기되지 않는다. 칸트에 따르면 정치적 상태에서의 입법은 '각자의 자유는 보편적 법칙에 따라 다른 모든 사람의 자유와 공존할 수 있어야 한다는 조건에 의해서 제한된다'는(6:98) 원리에서 도출된다. 이 원리에 관한 세부사항을—이는 칸트의 『도덕형이상학』 중 전반부에 해당하는 '법이론'의 주제이기도 한데—여기서 언급할 필요는 없을 듯하다. 핵심 논점은 법적-시민적 입법은 다른 사람들의 자유와 공존할 수 있도록 하기 위해 개인의 자유 행사를 제한하는 것이므로 이 입법은 정치적 상태를 구성하는 개인들이 행하는 행위의 도덕성에 대한 어떤 통찰도 요구하지 않는다는 것이다.

이와는 대조적으로 윤리적 공동체에서는 사람들이 자기 자신을 통치권을 지닌 입법자로 여길 수 없다. 행위의 도덕성은 인간의 눈으로는 볼 수 없는 것이기 때문이다. 그렇다면 윤리적 공동체는 행위 아래 놓인 심정까지도 파악할 수 있으며, 단지 합법성이 아니라 도덕적 가치에 따라 정의를 집행하는 통치자를 필요로 한다. 하지만 이것이 곧 이런 입법자의 의지로부터 법칙이 도출되어 제멋대로 윤리적 공동체의 시민들에게 부과된다는 말은 결코 아니다. 왜냐하면 칸트에게 도덕법칙이란 이성적 존재가 자기 자신에게 부여한 법칙이기 때문이다(그리고 바로 이것이 자율의 의미이기도 하다). 어떤 법칙이든 외부로부터 이성적 행위자에게 부과된 것은—이것이 신을 포함하여 다른 존재의 의지로부터 도출된 것이든 아니면 심지어 자연법칙이든 간에 ─ 타율적이므로 도덕적인 것이 아니다. 따라서 자신의 법칙을 시민들에게 부과한다고 해서 그가 곧 윤리적 공동체의 통치자가 될 수는 없다. 오히려 이런 도덕법칙들이 곧 최고의 입법자의 의지가 되어야 한다. (앞으로 보게 되듯이 4부에서 칸트는 종교란 곧 우리가 자신의 의무를 신의 명령으로 인식하는 것이라고 정의한다.) 자신의 명령이 동시에 도덕법칙이 되고, 우리의 심정까지 파악할 수 있으며, 우리의 도덕적 가치를 규정하고 이에 비례해 행복을 누릴 수 있도록 하는 최고의 입법자는 다름 아닌 신뿐이다. 따라서 칸트는 윤리적 공동체는 도덕법칙과 일치하는 신의 명령 아래서 사람들이 결합한 공동체라고 결론짓는다.

　하지만 사람들이 단지 법으로 정해진 법칙들에 ─ 곧 단지 입법자의 의지로부터 도출되기만 했을 뿐 도덕적이지는 않은 법칙들에 ─ 따라 신 아래 결합한 경우도 얼마든지 생각할 수 있다. 이런 정부 형태를 '신정 정치'라고 부를 수 있다. 이를 채택한 나라에서 신이 통치자임은 분명하지만 이런 나라는 본질상 앞에서 말한 정치적 상태와 다르지 않다. 따라서 이런 공동체에 속한 사람들은 윤리적 공동체를 형성했다고 인정받지 못한다. 칸트는 유대교를 정확히 이런 방식으로 이해하는데 이에 관한 논의는 아래의 2장에서 주로 이루어진다.

IV. 신의 국민의 관념은 (인간이 만든 조직 중에는) 교회의 형식을 통해서만 실현될 수 있다(6:100-102)

칸트는 이 절을 이런 윤리적 공동체를 실제로 자신만의 힘으로 확립할 수 있는 인간의 능력에 대해 약간의 회의를 드러내는 것으로 시작한다. 그는 이런 이상이 '인간의 손에서 크게 축소된다'고 말한다. 감성적인 인간 본성이라는 조건은 이런 목적에 도달할 수 있는 인간의 능력을 제한한다. 「세계시민의 관점에서 본 보편사의 이념」에 등장했던 주장을 다시 한번 반영해 칸트는 '어떻게 그토록 굽은 나무에서 온전히 곧은 무언가가 자라나기를 기대할 수' 있는가라고 묻는다. 「보편사의 이념」에서는 이 질문이 정치적 상태의 관점에서 제기되었다면 여기서는 윤리적 공동체의 관점에서 제기된다.

칸트는 그렇다면 신의 도덕적 국민을 만들어내는 일은 인간은 할 수 없고 오직 신만이 할 수 있는 것이라고 말한다. 하지만 인간은 그저 주저앉아서 신이 이런 일을 행하기를 기다릴 수만은 없다. 사실 여기서 전개되는 칸트의 논의는 2부에서 등장했던 은총에 관한 논의와 유사성을 보인다. 우리가 자신을 더욱 선한 인간으로 만들기 위해 우리 능력 안에 속한 모든 것을 다한 후에야 신의 도움을 바라는 일이 합당하듯이 사회가 윤리적 공동체를 실현하기 위해 자신의 능력 안에 속한 모든 것을 다한 후에야 사회적 수준에서도 신의 도움을 바라는 일이 합당하게 된다. 오직 각 개인이 '마치 모든 것이 자신에게 달려있다는 듯이' 행위할 경우에만 우리는 신이 우리를 달리 대해주기를 바랄 수 있다(6:101). 그렇다면 인간이 할 수 있는 일은 과연 무엇인가?

칸트는 이 질문에 대해 곧바로 직접 답하지는 않는다. 그 대신 그는 '교회'의 개념을 도입하면서 '보이는 교회'와 '보이지 않는 교회'를 구별한다. 무엇보다 우선 칸트는 교회라는 말을 통해 자신이 의미하는 바는 신의 입법 아래 놓인 윤리적 공동체, 곧 자신이 앞 절에서 논의했던 공동체 이외의 다른 어떤 것도 아니라는 점을 명확히 밝힌다. 따라서 여기서 도입된 '교회'는 전혀 새로운 개념이 아니다. 보이지 않는 교회라는 말을 통해 칸트는 신의 통치 아래 결합된, 모두가 도덕적으로 '올바른' 인간들의 공동체라는 이념을 지칭한다. 우리는 사실상 어떤 특정한 공동체가 모두 도덕적으로 올바른 존재들로 구성되었는지를, 따라서 어떤 교회가 '보이지 않는' 것인지를 결코 인식할 수 없다—우리는 심정을 파악할 수 없기 때문이다. 그러므로 보이지 않는 교회는 이성의 이념인데, 이 이성의 이념은 인간이 자신의 윤리적 공동체를 구성하면서 모방해야 할 무언가이므로 보이지 않는 교회는 곧 하나의 원형이다. (여기서 원형(Urbild)에 대한 번역어로 '원형'(prototype)이 아니라 '전형'(archetype)을 사용하기도 하는데, 독일어 단어 Urbild는 앞서 2부에서 '그리스도'를 인간의 도덕적 완전성의 원형과 연결했을 때 이미 등장했던 용어이다. 신의 아들이 개인과 맺는 관계는 보이지 않는 교회가 집단으로서의 인간과 맺는 관계와 같다고 할 수 있다.)

이와는 대조적으로 보이는 교회는 이 원형을 모델로 삼아 실제로 인간이 형성한 공동체인데 물론 원형에 미치지는 못한다. 그렇다면 보이는 교회는 어떤 모습을 보이는가? 무엇보다 우선 공적인 법칙에 따르는 모든 공동체는 그 구성원 중 일부가 다른 구성원들에게 복종할 것을 요구하는데, 후자의 구성원들은 법칙을 가르치고 이 법칙의 준수 여부를 감독하는 역할을 담당한다. 따라서 보이는 교회의 구성원도 '평신도'와 '교회의 종복'으로 나뉘게 된다. 교회의 종복들은 나머지 평신도들보다 높은 위치를 차지하지만 이들은 단지 교회의 '보이지 않는 수장', 곧 신의 일을 돌보는 것일 뿐이므로 '종복, 곧 하인'으로 불린다 (6:101).

이어서 칸트는 '참된' 보이는 교회는 보이지 않는 교회에 가능한 한 가까이 다가가야 하므로 다음과 같은 특징을 드러내야 한다고 말한다. (1) 보편적이어야 한다. 참된 교회는 도덕적이어야 하는데 도덕성은 보편적이다. 따라서 참된 보이는 교회는 교회 내부의 우연적인 (본질적이 아닌) 문제에서 다소 차이를 보일 수는 있지만 본질적인 목표와 관련해서는 결코 분리될 수 없다. (2) 교회는 순수해야 한다. 이 말이 의미하는 바는 교회 구성원들의 결합이 오직 도덕적 동기에만 기초해야 한다는 것이다. 따라서 그 어떤 미신이나 광신에 빠져서도 안 된다. (3) 교회 구성원들 사이의 관계는 자유로워야 한다. 교회는 도덕적 공동체이므로 누군가에게 구성원이 되라고 강요해서는 안 된다. 더욱이 이런 자유로운 관계는 교회와 국가 사이의 관계에까지도 확대되어야 한다. (4) 마지막으로 교회의 기본법은 바뀌어서는 안 된다. 물론 교회의 행정과 관련되는 우연적인 규정들은 시간이 흐르면서 바뀔 수 있다. 하지만 교회의 기본 원리들은 곧 도덕적 원리들이므로 결코 바뀌어서는 안 된다.

  마지막으로 칸트는 보이는 교회는 신이 통치하는 나라를 대표하는 것이므로 정치적 국가 체제와 어떤 공통점도 지니지 않으며 따라서 교회는 군주정도, 귀족정도, 민주정도 아니어야 한다고 지적한다. 그 대신 칸트는 교회가 보이지 않는 도덕적 아버지 (곧 신) 아래 결합된 가족과 같은 것이라고 말한다. 아들은—곧 2부에서 도덕적 완전성의 원형으로 묘사되었던 그리스도는— '아버지의 의지를 깨닫고', 다른 가족들이 '아버지의 의지를 더욱 잘 알도록' 만들기 위해 애쓴다. 따라서 가족 구성원들은 아들 안에 있는 아버지에게 영광을 돌리며, 가족 전체는 '자유롭고, 보편적이고, 영속적인 심정의 결합체로' 나아가게 된다 (6:102). 여기서 등장하는 기독교적인 표현은 칸트가 기독교 교회를 설령 유일한 '참된 보이는 교회' 는 아닐지라도 그런 교회 중 하나로 생각하고 있음을 분명히 드러낸다.

V. 모든 교회의 기본법은 항상 교회 신앙이라고 불릴 수 있는 어떤 역사상의 (계시된) 신앙에서 출발하는데 이런 신앙의 근거는 성서에 의해서 가장 잘 마련된다(6:102-109)
만일 보편성이 참된 교회의 특징이라면 그런 교회가 순전히 이성적인

(도덕적인) 신앙에 기초해야 한다는 점은 당연하다. 도덕성은 보편적이므로 도덕성에 기초한 종교 또한 보편적일 것이다. 하지만 '인간 본성이 지닌 어떤 나약함' 때문에 오직 이런 순수한 신앙에 기초해서는 교회의 성립 근거를 완전하게 확보할 수 없다(6:103). 이 절에서 칸트는 사람들은 신이 인간에게 원하는 바가 도덕적으로 선한 삶이라는 사실을 쉽게 확신하지 못한다고 주장한다. 그렇기 때문에 사람들은 도덕과 무관한 어떤 방식으로 신을 숭배하려 들게 되고 결국 도덕적 종교를 오직 신을 숭배하는 종교로 대체하게 된다. 칸트에 따르면 인간 세계의 모든 '위대한 군주'는 신하나 백성들이 복종의 표시를 통해 자신을 숭배하고 찬양하기를 원하므로 사람들은 신까지도 틀림없이 이런 방식으로 숭배받기를 원할 것이라고 생각하게 된다. 칸트는 이 점에 관해 아래의 4부에서 훨씬 더 상세히 논의하는데, 거기서 그는 신을 숭배하는 종교가 등장하게 된 까닭을 더욱 선한 인간이 되어야 한다는, 막대한 노력을 요구하는 도덕적 부담에서 벗어나려고 하는 인간의 성향 탓으로 돌린다. 이 때문에 사람들은 정확히 현실의 통치자를 모델로 삼아 인간과 동일한 형태인 신의 개념을 형성한다.

하지만 인간이 숭배받기를 원하듯이 신 또한 숭배받기를 원한다고 생각하는 종교가 무슨 잘못이 있는가? 실제로 성서에도 신이 숭배받기를 원한다는 사실을 드러내는 명백한 표현이 수없이 등장한다. 칸트는 이런 사고방식에는 무언가 분명히 잘못된 점이 있다고 여긴다. 그는 많은 사람들이 오직 도덕적 행위를 통해서만 인간이 신에게 계속 봉사할 수 있으며, 인간은 신에게 어떤 영향이라도 미칠 능력이 없으므로 그 이외의 다른 어떤 방법을 통해서도 사실상 신에게 봉사할 수 없다는 점을 제대로 깨닫지 못한다고 말한다(6:103). 왜 인간이 신에게 어떤 영향이라도 미치는 일이 불가능한가? 칸트는 이에 대해 분명히 답하지는 않지만 여러 가지 가능성을 생각해 볼 수 있다. 어쩌면 여기서 칸트는 전통적인 신학적 용어, 곧 자주 언급되듯이 신은 무감각하므로 다른 존재에 의해 감정상의 영향을 받지 않는다는 표현을 염두에 두는지도 모른다. 여기에는 당연히 아첨에 의해 감정적인 영향을 받지 않는 것도 포함된다. 아니면 칸트는 자연을 초월한 예지적 존재로서 신은 인과법칙에 얽매이지 않으며 따라서 다른 존재에 의해 영향을 받을 수 없다고 생각하는지도 모른다. 또 달리 어쩌면 칸트는 자신이 지금 논의하는 신의 관념이 실천이성이 산출한 신의 관념이므로 이런 신은 정의상 오직 피조물들의 도덕적 행위에만 관심을 보인다고 손쉽게 생각하는지도 모른다. 여기서 칸트의 생각이 어떻든 간에 논점은 명확하다. 이성적 종교는 오직 도덕적 행위만이 신을 기쁘게 만드는 종교라는 점이다. 이외의 다른 어떤 방식으로 신에게 봉사하려는 모든 시도는 근본적으로 잘못된 것이다. 4부에서 칸트는 자연적인 수단으로 (곧 도덕과 무관한 인간의 행위로) 초자연적인 존재에게 (곧 신에게) 영향을 미치려 하는 시도는 '물신숭배'에 지나지 않는다고 진단한다.

그 다음에 칸트는 법칙을 부여하는 신의 의지를 고려하는 두 가지 방식을, 곧 (1) 단지 율법적인 법칙을 통해서 명령하는 방식과 (2) 도덕법칙을 통해서 명령하는 방식을 구별한다(6:104). 후자의 경우 각 개인은 자기 자신의 이성을 통해 신의 의지를 확인할 수 있다. 사실상 신의 관념은 도덕적 책임에 대한 개인 자신의 의식에서뿐만 아니라 최고선을 이 세계에서 실현하기 위해 더욱 상위의 존재를 요청해야 하는 필요성에서 도출된다. 이런 신의 관념은 오직 하나의 순전히 도덕적인 종교라는 관념으로 이어진다. (요약하면 바로 이것이 칸트가 이전 저술들에서 전개한 신과 종교의 관념이며 또한 그가 『종교』의 초판 머리말에서 다소 간결하지만 분명하게 제시했던 신과 종교의 관념이기도 하

다.) 하지만 만일 신의 명령이 도덕적이 아니라 율법적이라면 우리는
우리 자신의 이성을 통해서는 이를 인식할 수 없고, 그 대신 어떤 역사
상의 계시를 통해서 인식해야만 할 것이다. 그렇다면 율법적인 법칙의
부여는 우리에게 심각한 문제를 일으킨다. 만일 이 법칙이 이성을 통해
서는 인식될 수 없고 오직 역사상의 계시를 통해서만 인식될 수 있다면
이런 계시를 받지 못한 수많은 사람들은 어떻게 되는가? 어떤 율법적
인 법칙도 모든 사람에게 타당할 수는 없다. 따라서 보편적인 교회는
신을 도덕법칙을 통해서 법칙을 부여하는 존재로 여기는 종교 위에 기
초해야만 한다. 칸트는 마태오의 복음서 7장 21절을[12] 인용해 '주님, 주
님! 하고 부르는 사람이 아니라 신의 뜻을 실천하는 사람이' ─곧 선한
품행을 통해 신을 기쁘게 하려는 사람이 ─신을 제대로 숭배하는 사람
이라고 말한다.

    잠시 한걸음 물러서서 지금까지의 논증을 점검해보자. 우선 칸트는
정치적 국가와 윤리적 공동체를 구별하면서 인류는 스스로 윤리적 공
동체를 설립할 의무를 지닌다고 주장했다. 그 다음에 그는 이 윤리적
공동체가 도덕법칙 아래 신의 국민들이 결합한 것으로 여겨져야 한다
고 보면서 이 공동체를 '교회'라고 부른다. 이어서 그는 보이지 않는
교회와 보이는 교회를 구별했다. 보이지 않는 교회는 이상적인 윤리적
공동체를 상징하는데 이는 보이는 교회가 모방해야 할 원형이기도 하
다. 마지막으로 칸트는 참된 보이는 교회는 보편적인 공적 법칙들 위에
기초해야 하는데, 여기서 작동할 수 있는 유일한 법칙은 오직 도덕법칙
뿐이라고 주장했다. 율법적인 법칙은 역사적 상황에 따른 우연적인 것

---

12   옮긴이 주─마태오의 복음서 7장 21절은 다음과 같다. '나더러 '주님, 주님!' 하고
부른다고 다 하늘 나라에 들어가는 것이 아니다. 하늘에 계신 내 아버지의 뜻을 실천
하는 사람이라야 들어간다.'

이므로 보편화될 수 없기 때문이다.

　이제 칸트는 참된 교회의 특징을 직접 명확히 설명하면서 그런 교회의 구현이 몹시 복잡한 일이라는 점을 인정한다. 보이지 않는 교회에서 통용되는 유일한 법칙은 도덕법칙이며, 모든 인간은 도덕적 심정을 '올바르게 세우는 일' 안에서 하나로 결합된다. 반면 보이는 교회에서는—이상적이지는 않지만 역사상 실제로 등장한 제도로서—모든 사람이 도덕적 심정을 통해 결합되지 않는다. 사실 보이는 교회의 핵심은 오직 이런 이상적인 결합을 향해 나아가는 것이다. 따라서 도덕법칙만으로는 충분하지 않다. 보이는 교회는 '경험적 조건에 의거해 어떤 교회적 형식을 띤, 공적인 형식의 의무를 필요로 하는데 이런 형식은 본질상 우연적이고 잡다하다'(6:105). 칸트가 '공적인 형식의 의무'라는 말을 통해 지시하는 바는 특정한 교회 조직을 형성하는, 신을 숭배하기 위한 특수하고 우연적인 법령과 양식, 곧 특정한 교회 신앙이 채택하는 예배 형식, 전례, 성서 그리고 교리 등이다. 이런 공적인 형식의 의무는 결코 보편적이지 않다. 이들은 이성에서 도출된 것이 아니며 따라서 율법적인 법칙이기 때문이다. 하지만 앞으로 보게 되듯이 이런 율법적인 법칙들도 도덕적 종교를 증진하는 수단 또는 도구로 활용됨으로써 도덕적 종교에 도움을 줄 수 있다.

　칸트는 우리가 이런 수단으로 작용하는 교회 신앙을 넘겨받기 위해 신의 주변에서 마냥 기다려서는 안 되며 또한 어떤 특정한 교회 신앙과 그것의 법령만이 사실상 신성하다는 안이한 결론을 내려서도 안 된다고 한결같이 주장한다. 물론 우리에게는 어떤 교회가 신성하다는 점을 검증할 방법이 전혀 없다. 하지만 여기서 칸트의 핵심은 만일 우리가 어떤 교회가 신성하다고 선언해 버리면 우리는 그 교회의 형식을 개선함으로써 보이지 않는 교회에 더욱 가까이 다가가도록 만들어야 하는 부담을 스스로 덜어버리는 잘못을 범하게 된다는 점이다. 하지만 순수한 종교적 신앙을 증진하는 수단으로서 교회 신앙이 필요하다는 점을 인정하면서 칸트는 교회의 가르침이 도덕적 신앙과 조화를 이룬다는 점이 밝혀진다면 특정한 교회 신앙이 사실상 '신이 만든 특별한 장치'임을 단호히 부정하는 것 또한 일종의 '오만'일 수 있다고 말한다. 칸트는 후에 4부에서 기독교가 바로 이런 교회 신앙임을 주장한다.

　우리는 보이지 않는 교회가 윤리적 공동체를 발전시키기 위해 요구하는 율법이나 공적인 예배 형식 등을 새로 만들어낼 필요는 없다. 철학적으로 말하면 순수한 종교적 신앙이 선행한다. 보이는 교회는 보이지 않는 교회를 모델로 삼아 형성되기 때문인데, 이는 특정한 불완전한 인간이 도덕적 완전성의 전형을 자신이 따라야 할 모델로 삼는 것과 마찬가지이다. 하지만 실제로는 명령받은 율법을 준수함으로써 신에게 봉사하는 것을 목표로 삼는 특정한 교회 공동체가 항상 순수한 종교적 신앙에 선행한다. 칸트가 말하듯이 성전이 교회보다 선행하며, 사제들이 성직자보다 선행한다(6:106). 율법에 따른 신앙은 항상 거기에 이미 존재한다. 이렇게 되는 까닭은 매우 분명하다. 신이 우리의 도덕적 삶이 아니라 임의로 주어진 계율과 명령의 준수를 통해서 숭배받기를 원한다고 생각하는 인간의 성향 때문이다. 이런 논의를 거친 후 칸트는 교회 신앙은 (곧 계시된, 율법적인 법칙에 기초한 역사상의 신앙은) 순수한 종교적 신앙을 전파하기 위해 덧붙여진 것이 아니라고 결론짓는다. 오히려 교회 신앙이 항상 선행하고 참된 교회는 이로부터 비롯된다. 그리고 이는 칸트가 이 절의 제목에서 간결하게 언급한 바이기도 하다.

　마지막으로 칸트는 종교적 신앙은 단지 전통이 아니라 문헌을 통해서 가장 잘 전파된다고 주장한다. 심지어 성서를 읽을 줄 모르는 사람들조차도 성서와 성서의 해석자들을 존경하며, 전통과 율법의 공적인 준수에 기초한 신앙은 (고대 그리스와 로마의 종파들에서 볼 수 있듯이) 국가가 붕괴되면 사라지고 만다. 이렇게 문헌이 전통보다 우월하다는 점을 전제하고 칸트는 보이는 교회에 필요한 율법뿐만 아니라 이런 율법과 '가장 엄밀하게 조화를 이루는' 순수한 도덕적 교리까지도 담고 있는 문헌이 '우리 인간의 손에 들어온 것이 얼마나 큰 행운인가'라고 말한다. 계속해서 그는 이런 책은 계시와 똑같은 정도의 권위를 내세울 수 있다고 덧붙인다(6:107). 여기서 칸트가 고려하는 문헌은 당연히 성서인데, 더욱 구체적으로는 신약성서이다. (앞으로 보게 되듯이 4부에서 칸트는 구약성서의 가치에 대해 심각하게 회의하는 태도를 보인다.)

칸트는 이 절을 몇 가지 용어상의 지적을 하면서 마무리 짓는데 이들 중 가장 중요한 것은 종교와 신앙의 구별이다. 칸트에 따르면 '종교'라는 용어는 오직 참된 도덕적 종교에 대해서만 적용되어야 한다. 단지 역사상 등장한 이른바 종교라고 불리는 것들은 (예를 들면 유대교, 이슬람교, 기독교 등은) 신앙이라고 불러야 마땅하다. 참된 도덕적 종교는 오직 하나밖에 있을 수 없기 때문에 신앙인들 사이의 차이는 항상 신앙상의 차이일 뿐이며 결코 종교상의 차이가 아니다. 자주 세상을 피로 물들인 다양한 '종교적 분쟁'도 알고 보면 특정한 교회 신앙들 사이의 분쟁에 지나지 않는다. 사실상 오직 불관용의 국가만이 우리의 신앙을 금지한다. 하지만 이미 알다시피 어떤 국가도 오직 도덕적 행위로 구성되는 참된 종교를 믿는 일을 가로막을 수는 없다(6:107-108).

Ⅵ. 교회 신앙에 대한 최고의 해석자는 순수한 종교적 신앙이다 (6:109-114)

이제 종교는 (여기서 종교는 방금 살펴본 바대로 참된 도덕적 종교를 의미하는데) 이중의 곤경에 처하게 된다. 한편으로 종교는 역사상의 신앙과 연결되자마자 보편성을 잃게 된다. 하지만 종교는 역사상의 신앙이 없이는 성립할 수 없다. '왜냐하면 모든 사람들은 최고의 이성적인 개념들과 그 근거에 대해서조차도 감각적으로 의지할 만한 무언가, 곧 어떤 경험적 보증 같은 것을 요구하는 자연적인 욕구를 지니기 때문이다'(6:109). 그렇다면 역사상의 신앙은 설령 참된 도덕적 종교의 보편성을 손상한다 할지라도 이런 종교를 위한 수단으로 필요하다. 따라서 특정한 역사상의 신앙이 어떻게 보편적인 도덕적 신앙과 결합될 수 있는가라는 질문이 제기된다.

이에 대한 대답이 바로 해석이다. 우리는 우리 손에 전해진 계시가 무엇이든 이런 계시와 더불어 출발한 후 이를 해석해 순수한 종교의 보편적 도덕법칙과 조화를 이루도록 만든다. 하지만 만일 전해진 문헌의 명백한 의미가 도덕적 종교의 원리들과 조화를 이루지 못한다면 어떻게 해야 하는가? 이에 대한 칸트의 대답은 상당히 놀랍다. 그는 주저 없이 다음과 같이 주장한다. '원전 문헌이 견딜 수 있는 한에서' 문헌에 대한 도덕적 해석이 '강요되어야' 하며, 이렇게 강요된 해석이 도덕을 증진하지 못하고 심지어 때로는 도덕에 역행하기도 하는 문자 그대로의 해석보다 훨씬 바람직하다(6:110). 도덕적 해석을 통해 우리는 특정한 역사상의 신앙에서 계시에 해당하는 부분을 추출한 후 그 내용이 도덕적 종교의 원리와 조화를 이루도록 만들 수 있다. 이런 방식으로 역사상의 것을 보편적인 것을 위한 수단으로 활용할 수 있다.

이어지는 문단에서 칸트는―기독교를 포함한―서로 다른 많은 종교들이 자신들의 종교적 문헌을 바로 이런 방식으로 해석한다는 점을 지적함으로써 특정한 계시에 대해 도덕적 해석을 '강요하는 것'에 대한 모든 우려를 누그러뜨리려 한다. (잠시 후에 보게 되듯이 칸트는 문헌을 올바르게 해석할 책임은 도덕적 해석자가 아니라 성서학자에게 있다고 주장한다.) 어쨌든 도덕적 해석이라는 관행이 많은 종교들에서 이루어진다는 주장은 확고하게 옹호되기는 매우 어려운 듯하다. 하지만 칸트는 도덕적 종교를 향한 소질이 인간 이성 안에 숨어있기 때문에 계시에 대한 도덕적 해석이 계시가 지닌 문자 그대로의 의미를 명백히 위반하지 않으면서도 자주 이루어진다는 주장을 여기에 더한다. 이른바 이런 계시가 처음에 도입된 까닭은 신에게 제사를 지내기 위한 것이었을지 몰라도 도덕적 종교를 향한 소질 자체가 이런 '시적인 구성물'에 더해지고 함께 엮이면서 자기 목소리를 내게 되었다(6:111). 칸트의 이런 주장이 아무리 다소 억지스럽다 할지라도 아래의 내용에 비추어보면 궁극적으로 큰 상관은 없는 듯하다. 왜냐하면 바로 다음 줄에서 그는 우리가 이런 도덕적 해석이 문헌을 쓴 저자의 진정한 의도를 반영한다고 주장하지 않는 한 이런 해석을 불성실한 것으로 비난해서는 안 된다고 말하기 때문이다. 도덕적 해석자는 단지 자신의 해석이 저자가 의도한 바일 수도 있다고 주장할 뿐이다. 도덕적 해석자는 저자의 진정한 의도를 복구하는 것을 목표로 삼지 않는다. 그는 여러 종류의 해석들 중 하나를 시도하는, 여러 종류의 해석자들 중 한 사람에 지나지 않는다. 도덕적 해석자와 더불어 전혀 다른 종류의 해석자가 등장하는데 그는 바로 성서학자이다.

칸트에 따르면 성서학자는 두 가지를, 곧 성서의 보증과 해설을 목표로 삼는다(6:113). '보증'이라는 말을 통해 칸트는 무엇을 의미하는가? 인간의 한계 때문에 교회 신앙이 계시를 결코 배제할 수 없다는 점을 (순수한 도덕적 신앙이라면 계시를 배제할 수 있겠지만) 전제할 때 이런 계시의 권위는 그 근원에 대한 탐구를 통해 '역사적인 사실임이 증명됨으로써' 확보되어야 한다. 우리가 이런 계시가 사실임을 확인하기 위해 '천상에까지 올라가 볼 수는' 없지만 성서학자는 최소한 신의 계시의 근원에 계시를 받아들일 수 없도록 만드는 요소가 조금이라도 존재하는지를 탐구해 볼 수 있다. 여기서 칸트가 실제의 예를 들지는 않지만 아마 다음과 같은 것을 생각하는 듯하다. 만일 성서의 특정 부분에 2천 년 전 어떤 선지자를 통해 신이 계시를 내렸다는 주장이 등장하는데 그 시대의 언어와 역사를 탐구한 결과 사실상 2천 년 전에 이런 계시가 내려지기 어렵다는 사실이 밝혀진다면 이는 성서가 실제로 신의 계시라는 점을 의심할 만한 충분한 근거가 된다. 따라서 성서의 연구를 통해 특정 내용이 실제로 신의 계시라는 사실을 보일 수는 없지만 최소한 신의 계시가 불가능하지는 않다는 점을 확립할 수 있다. 성서의 '해설'과 관련해 칸트는 성서 문헌들이 당시의 공동체에 어떤 의미로 받아들여졌는지를 이해하기 위해서 성서학자는 성서 원전의 언어뿐만 아니라 당시의 (관습과 당시 유행한 종교적 믿음까지도 포함하여) 역사적 맥락에 대한 지식까지도 지녀야 한다고 지적한다. 따라서 어떤 문헌에서 저자의 진정한 의도가 무엇인지를 밝히는 일은 기본적으로 도덕적 해석자가 아니라 성서학자의 관심사이다. 성서학자는 자신의 언어 및 역사적 지식을 동원해 이런 의도와 의미를 밝히려고 애쓴다.

이어서 칸트는 성서에 대한 제삼의 해석자, 곧 원전의 의미를 해석하고 신과 관련된 기원을 확인하면서 이성도 학문적 지식도 활용하지 않고 그 대신 그저 '내면적 느낌'만을 사용하는 해석자의 주장을 단호히 거부한다(6:113). 칸트는 '느낌'에 기초한 주장을 당연히 의심스럽게 여기는데 그 까닭은 느낌이란 사적인 것이므로 계시의 진실성을 결정하는, 공적으로 사용될 수 있는 어떤 기준도 제시하지 못하기 때문이다. 이와는 대조적으로 이성적 종교는 올바르게 보편적이다. 따라서 어떤 계시가 신에게서 유래했는지는 이 계시가 이성적 종교와 양립할 수 있는가라는, 보편적으로 인식 가능한 기준을 통해 확인될 수 있다. 그리고 성서에 대한 연구는 궁극적으로 '성서학자들과 그들의 통찰에 기초한 일종의 신앙이' 되는 것이 사실이지만(6:114) 이런 학자들의 주장은 얼마든지 면밀한 검토의 대상이 되기도 하고 또 증거에 기초해 평가되기도 한다. 따라서 이성적 종교와 학자들의 연구에 근거한 종교만이 성서를 올바르게 해설할 수 있는 두 방법으로 인정된다. 하지만 오직 이성적 종교만이 보편적으로 타당한데 그 까닭은 단지 정의(定義)에 의한 역사적 논거는 결코 보편적인 설득력을 확보할 수 없기 때문이다(칸트는 4부에서 이른바 '교학 종교'에 관해 논의하면서 이 점을 다시 다룬다).

마지막으로 이성적 종교든 성서에 대한 학문적 연구든 간에 이를 통해 얻은 통찰을 '공적으로 사용하는' 일을 세속적 권위가 결코 방해해서는 안 된다는 칸트의 주장에 주목할 필요가 있다. 여기서 중요한 것은 칸트가 '공적으로'라는 용어를 현재의 우리라면 '사적으로'라고 표현할 의미로 사용한다는 점이다(칸트의 '계몽이란 무엇인가?'를 읽은 독자들은 이 점을 잘 알 것이다). 달리 말하면 칸트는 이런 해석자들이 자신의 생각을 표현할 공적인 공간으로 설교단을 사용할 권리를 옹호하려는 것이 아니다. 그가 옹호하려는 바는 철학자들과 성서학자들이 정부의 검열을 받거나 어떤 특정한 종교적 교리에 대한 신앙고백을 강요당하지 않고 다른 철학자나 성서학자들과의 토론에 참여할 자유이다. 앞서 살펴보았듯이 칸트 자신도 『종교』를 출판하는 과정에서 이런 검열의 영향을 받았다. 따라서 검열로부터의 자유를 옹호하는 그의 태도는 『종교』가 일반 대중들에게 이해받기 위한 것이 아니라 오직 학자들 사이의 논쟁을 위한 의도에서 쓰인 저술임을 암시하는 듯도 하다(앞의 1장 '맥락' 참조).

VII. 교회 신앙이 오직 순수한 종교적 신앙의 배타적 지배로 점차 이행하는 것은 신의 나라가 다가오는 것이다(6:115-124)

『종교』의 3부 1장의 마지막 부분에 해당하는 이 절은 명백히 가장 도발적인 동시에 가장 흥미로운 절이기도 하다. 왜냐하면 바로 여기서 칸트는 교회 (역사상의) 신앙과 도덕적 신앙 사이의 긴장 관계를 직접 해결하려고 시도하기 때문이다. 칸트는 참된 교회를 구별해주는 특징이 보편성임을 상기시키면서 논의를 시작한다. 역사상의 신앙은 오직 그것이 의존하는 역사와 관련이 있는 사람들에게만 타당하므로 이런 신앙의 타당성은 우연적이다. 따라서 역사상의 신앙은 참된 교회가 요구하는 보편성을 지니지 못한다. 하지만 만일 이런 역사상의 신앙 안에 (도덕적 신앙에 이르기 위한 수단으로서) 자기 자신으로부터 완전히 벗어나 순수한 종교적 신앙에로 점점 가까이 다가가려는 원리가 포함되어 있다면 그리고 이런 역사상의 신앙이 도덕적 신앙에 이르기 위한 수단이라는 명확한 자의식이 존재한다면 우리는 이런 역사상의 교회를 참된 교회로 여길 수 있다. 앞으로 보게 되듯이 역사상의 신앙이 지니는 이런 지위에 대한 명확한 자의식은 매우 중요하다. 역사상의 신앙이 지니는 지위와 규정이 목적 자체로 여겨지면 이는 도덕적 신앙을 증진하는 것이 아니라 오히려 적극적으로 손상하게 된다.

이어서 칸트는 '구원하는 신앙'과 '노예적인' 또는 '대가만 바라는' 신앙 사이의 구별을 도입한다. 칸트에 따르면 '구원하는 신앙'은 '영원한 행복을 누릴 도덕적 존엄성을 지니는 (그럴만한 가치를 지니는) 각 개인의 신앙'이다(6:115). 이런 신앙은 유일하지만 순수한 종교적 신앙을 목표로 삼고 추구하는, 다양한 형태의 역사상의 신앙에서 발견될 수 있다. 이와는 대조적으로 '노예적 신앙'은 신에게 바치는 제례에 얽매인, 곧 도덕적 가치가 전혀 없는 행위를 통해 단지 신을 기쁘게 하는 것만을 추구하는 종교의 신앙이다. 이런 신앙은 비도덕적이므로 결코 구원하는 신앙이 될 수 없다.

구원하는 신앙에서 '신의 축복을 받을 희망'은 두 가지 조건에 의존한다. 첫째는 도덕적 심판자(곧 신) 앞에서 과거의 그릇된 행위를 상쇄하는 것이고, 둘째는 도덕적 행위를 행하는 새로운 삶으로 전회하는 것이다. 따라서 구원하는 신앙은 (1) 우리가 과거의 죄를 속죄할 수 있다는 (달리 말하면 도덕적 죄를 참회하고 죄의 빚을 갚을 수 있다는) 믿음과 (2) 앞으로 도덕적 행위를 행함으로써 신을 기쁘게 할 능력을 지닌다는 믿음을 필요로 하는데 이들 중 전자는 인간이 자신의 힘만으로 실현할 수 없는 것인 반면 후자는 인간이 자신의 힘으로 실현할 수 있고 또 실현해야만 하는 것이다. 칸트는 이 두 조건이 하나의 구원하는 신앙을 형성한다고 말한다. 하지만 이 둘은 정확히 어떻게 서로 결합될 수 있는가? 과거의 악행을 상쇄하는 데 대한 믿음이(곧 속죄에 대한 믿음이) 선한 품행을 낳는가? 아니면 선한 품행이 속죄에 대한 믿음을 낳는가?

여기서 잠시 멈추어 이 질문의 의미를 상세히 검토할 필요가 있다. 어쨌든 칸트는 이미 2부에서 과거의 죄에 대한 어떤 속죄도 도덕적 전회에 의존해야만 한다고 확고히 주장하지 않았던가? 그렇다면 왜 그는 여기 3부에서 이 질문을 새로 제기하는가? 이는 이미 해결된 문제가 아닌가? 어떤 의미에서 이 문제는 이미 해결되었다. 앞으로 보게 되듯이 칸트는 궁극적으로 도덕적 행위가 속죄할 수 있다는 믿음에 선행해야 한다는 점을 다시 한번 확인한다. 하지만 칸트가 이 절에서 대답하려는 더욱 큰 질문은 이 문제를 다시 고찰하게 만든다. 칸트는 교회 신앙이 순수한 이성적 신앙으로 나아가기 위한 수단으로 사용되어야 한다는 점을 이미 확립했다. 하지만 이는 순수한 도덕적 신앙이 결국 교

회 (역사상의) 신앙이 없이도 성립할 수 있는지 아니면 교회 신앙이
'항상 구원하는 신앙의 본질적인 부분으로 순수한 종교적 신앙에 부가
되어야 하는지' 라는(6:116) 질문을 불러일으킨다. 지금까지 칸트는 일
단 목적지에 이르고 나면 수단은 결국 사라지고 만다는 점을 확신하는
듯이 보였다. 하지만 여기서 그의 언급은 이런 확신을 의심하게 만든
다. 이 대목에서 그는 인간 이성의 '주목할 만한' 이율배반이 등장한다
고 주장하면서, 이것이 해결되지 않으면 우리는 교회 신앙이 계속 장기
적으로 필요한가라는 질문에 답하지 못하게 되리라고 말한다.

이율배반이란 ─ 칸트의 제1, 2비판을 읽은 독자들에게는 이미 친숙
한 용어겠지만 ─ 두 가지 서로 다른 합리적 입장 사이의 모순 또는 대
립을 의미한다. 현재의 맥락에서 칸트는 우선 속죄에 대한 믿음이 선한
품행을 이끌어낸다는 점이 성립할 수 없음을 보이려 한다. 그 다음에
그는 우리가 속죄에 대한 믿음이 없이 선한 품행으로부터 시작하는 것
또한 마찬가지로 성립할 수 없음을 보이려 한다. 이제 이런 이율배반에
대한 칸트의 해결책을 살펴보기에 앞서 양쪽의 주장을 더욱 상세히 검
토해보자.

우선 칸트는 속죄에 대한 믿음이 선한 품행을 이끌어낼 수 없다는 점
을 확고히 제시한다. 사실 그가 이런 생각을 몹시 경멸한다는 점은 충
분히 명확하다. 만일 교회 신앙이 죄인에게 그의 죄에 대한 속죄가 이
루어지는데 이런 속죄가 유효하다는 점을 받아들이기만 하면 된다는
복음을 전한다면 그는 이런 복음을 믿을 수밖에 없을 것이다 ─ 과연 누
가 믿기를 거부하겠는가? 동시에 칸트는 자신이 죄를 지었으며 따라서
처벌을 받아야 한다는 점을 아는 이성적 존재가 이전에 영위하지 못했
던 도덕적 행위의 삶을 살기로 결심하는 정도만으로 자신의 죄를 그렇
게 쉽게 없앨 수 있다고 여기는 것은 상상할 수 없는 일이라고 말한다.

오히려 그는 우선 자신을 도덕적으로 개선하기 위해 자신의 힘으로 할 수 있는 모든 것을 다한 후에야 이런 속죄가 이루어지리라고 생각해야 할 것이다. 따라서―도덕적 행위의 우선성을 강조하는―순수한 도덕적 신앙이 속죄의 복음을 동반하는 교회 신앙에 선행해야 하는 듯이 보인다.

하지만 인간이 사실상 '본성이 타락한' 존재라면 이런 도덕적 전회를 이루는 일이 어떻게 가능할 것인가? 인간이 자신의 죄와 자신을 지배하는 악한 원리의 힘을 잘 아는 상태에서 어떻게 선한 품행을 추구하는 자신의 능력을 신뢰할 수 있을 것인가? 인간이 도덕적 삶을 살 수 있게 되는 유일한 방법은 신과 화합하고―곧 자신이 과거에 행한 죗값을 치름으로써 도덕적 죄를 상쇄하고―이런 신앙을 통해 새롭게 태어나는 것뿐이다. 그런데 이런 경우 인간 자신의 능력을 넘어서는 신앙이 선한 삶을 살려는 노력에 앞서야 하는 듯이 보이며, 교회 신앙이 순수한 도덕적 신앙에 선행해야 하는 듯하다.

하지만 이런 이율배반에 관한 논의에서 다소 석연치 않은 점이 발견된다. 『종교』 1부에서 가장 중요한 주장은 바로 인간이 선을 향한 도덕적 전회를 이룰 능력을 지님에 틀림없다는 것이었다. 실제로 우리는 1부에서 칸트가 '본성'이라는 용어를 일상적으로 사용되는 것과는 정확히 정반대의 의미로 다시 정의했음을 살펴보았다. 따라서 칸트가 현재 이율배반에 관한 논의의 후반부 첫머리에서 '본성이 타락한' 인간이 어떻게 도덕적 전회를 이룰 수 있는가라는 질문을 제기한다면 우리는 칸트에게 다음과 같이 답할 수 있을 듯하다. '인간의 '본성이 타락했다'는 말의 의미에 대한 당신 자신의 설명에 따르면 이런 도덕적 전회가 확실히 가능하다.' 그렇다면 여기서 우리는 사실상 어떤 이율배반도 전혀 존재하지 않는다는 결론을 내리고 싶은 유혹을 느낀다. 그리고 어쩌면 칸트의 질문은 그리 중요하지 않은 것일지도 모른다. 왜냐하면 그는 결국 도덕적 신앙이 교회 신앙에 선행해야 하며, 교회 신앙이 궁극적으로 반드시 필요하지는 않다고 강력히 주장하기 때문이다. 하지만 칸트는 이 문제를 이론적으로가 아니라 실천적으로 해결한다. 그는 이 문제가 이론적으로는 해결될 수 없다고 주장한다. 1부의 논의를 떠올려보면 칸트는 자유와 관련해 신비로운 무언가가 존재한다고 생각한다. 우리는 자연계에서 어떤 사건의 원인이 무엇인가를 물을 수 있을지 몰라도 특정한 자유로운 행위를 결정하는 원인이 무엇인가를 결코 통찰할 수 없다. 왜냐하면 자유로운 행위를 결정하는 원인이 존재한다면 그 행위는 더 이상 자유롭지 않을 것이기 때문이다. 따라서 어떤 개인은 자유롭게 자기애보다 도덕법칙을 앞세우는 반면 다른 개인은 도덕법칙보다 자기애를 앞세우는 이유는 최소한 인간의 이론적 통찰에 근거하는 한 설명할 수 없다. 바로 이 때문에 칸트는 이율배반의 양쪽을 제시한 후에 이 두 입장이 인간 자유의 인과적 결정에 대한 (곧 무엇이 인간을 선하게 또는 악하게 만드는가에 대한) 통찰을 통해서는 결코 서로 화해할 수 없다고 말한다. 이런 질문에 답하는 것은 인간 이성의 사변적 능력을 넘어서는 일이다(6:117-118). 속죄에 대한 믿음이 우리가 자유를 먼저 사용해 선한 품행을 선택하는 것에 반드시 앞서야 한다고 결정하려면 이런 결정은 이론적인 근거가 아니라 실천적인 근거에서 이루어져야 한다.

뒤이어 칸트는 실천적인 근거에서 선한 품행이 속죄에 대한 믿음에 앞선다는 쪽을 지지한다. 이율배반 중 첫 번째 입장을 설명한 후 칸트는 이미 인간이 스스로 처벌받아야 함을 알면서도 동시에 실제로 도덕적 가치를 지닌 아무 일도 하지 않은 채 그저 속죄가 이루어지리라고 믿는 일은 결코 상상할 수 없다는 점을 지적했다. 더 나아가 이전에 도덕적 행위를 하지 않았는데도 도덕적 행위로부터 이루어지는 속죄가 가능하리라는 생각은 결코 성립할 수 없다고 강조했다. 하지만 그는 이 제 선한 품행이 실천적인 근거에서 선행해야 한다는 점을 더한다. 도덕 법칙은 무조건적으로 명령하므로 도덕법칙이 어떤 구원하는 신앙에 대해서도 최고의 조건으로 작용해야 하기 때문이다. 더욱이 칸트가 반복해서 강조하듯이 교회 신앙은 순수한 도덕적 신앙을 증진하기 위한 수단에 지나지 않으므로 이 교회 신앙이 무엇에 관심을 보이든 간에 실천적 행위가 아닌 이론적 지식은 오직 행위의 준칙을 강화하고 완성해야 할 뿐, 그것에 앞서려 해서는 안 된다(6:118). 마지막으로 칸트는 외부에서 오는 속죄에 대한 믿음이 도덕적 행위에 앞선다면 믿음이 의무가 되고 도덕적 행위는 은총의 결과가 된다는 점을 지적한다. 그런데 이는 칸트가 2부에서 주장했던 바와 정반대되는 것이다. 2부에서 칸트는 선한 품행이 무조건적인 의무인 반면 우리의 죄에 대한 속죄는 은총에 속하는 문제라는 점을 분명히 밝혔다.

어쩌면 칸트는 이 절을 여기서 끝낼 수도 있을 듯하다 ─ 하지만 그는 그렇게 하지 않는다. 이율배반에 대한 그의 해결책은 이를 이론적으로 '해소하기'보다는 실천적 준칙을 통해 '과감한 조치를 취하는' 것이다. 그리고 이런 실천적 해결책은 종교적 문제를 다루면서 허용되는 것이기는 하지만 (종교는 어떤 방식으로든 도덕적 행위와 관련되기 때문에) 칸트는 이론적 해결책도 제시하려는 욕구를 만족시키기 위해 몇 몇 언급을 덧붙일 필요를 느낀다(6:119). 하지만 그는 이미 이 이율배반이 자유의 사용에 대한 이론적 통찰을 통해서는 해결될 수 없다고 말한 바 있다. 따라서 그가 무엇을 주장하든 간에 그는 이전과는 다른 방식을 취해야 한다.

칸트의 이론적 해결책을 이해하려면 2부에 등장했던 내용 중 두 가지를 기억해야 한다. 첫째. 칸트는 성서에 등장하는 그리스도를 우리의 이성이 형성한, 인간의 도덕적 완전성을 상징하는 이상으로 해석한다 —그리고 이 이상은 우리가 모방해야 할 모델이므로 일종의 원형이기도 하다. 둘째, 그는 (인간 완전성의 도덕적 원형으로서의) 신의 아들에 대한 믿음을 이런 도덕적 이상에 따라 살아갈 수 있는 우리 자신의 능력에 대한 믿음으로, 바꾸어 말하면 선한 도덕적 심정을 통해 신을 기쁘게 할 수 있는 우리의 능력에 대한 믿음으로 해석한다. 이제 이를 기억하면서 칸트의 해결책을 검토해보자.

칸트는 신의 아들에 대한 믿음이 2부에서 도덕적으로 해석되었던—그 자체로 이성의 도덕적 이념을 지칭한다는 점을 지적한다. 따라서 내가 신의 아들에 대한 믿음에서 시작하든 아니면 순수한 도덕적 신앙(곧 선한 품행)에서 시작하든 이들 둘 사이에는 아무런 차이가 없다. 이 둘은 결국 같은 것에 이르기 마련이다. 하지만 이 원형이 이 세계에 **실제로 등장했다**는 (곧 역사상 그리스도라는 개인이 존재했다는) 믿음은 전혀 다른 문제이다. 도덕적 신앙은 순전히 이성적인데 그리스도의 존재에 관한 주장은 이성적이 아닌 역사상의 명제이다. 이런 관점에서 보면 신의 아들의 존재에 대한 믿음은 순수한 도덕적 신앙에 어울리지 않는 것이다.

칸트는 자신이 이런 모순을 해소할 수 있다고 여기면서 다음과 같은 점을 지적한다. 역사상의 신앙에 따르면 원형으로서의 그리스도는 천상에서 지상으로 내려온 존재를 상징하는 반면 도덕적 신앙에 따르면 이 원형은 이미 우리 안에 존재하는 것으로 여겨진다. 하지만 이 둘 사이에 진정한 모순은 성립하지 않는다. 신의 아들이—또는 칸트의 표현대로 '신인'(God-man, 神人)이—역사상 실제로 등장했다는 사실은 감각을 통해 지각되고 경험에 의해 인식되는 바가 아니며 또한 구원하는 신앙의 '진정한 대상'에 해당하지도 않는다. 오히려 우리는 이 신인을 이미 우리 자신의 이성 안에 놓여있는 원형과 일치하는 것으로 판단한다. 달리 말하면 우리가 이 신인을 판단하는 유일한 방식은 사실상 천상에서 내려온 원형으로 여기는 것인데, 우리 자신의 이성 안에 이미 이런 원형에 대한 지식이 들어있기 때문에 우리는 이런 지식을 기준과 특징으로 삼아 그리스도를 원형으로 인식할 수 있다. 따라서 우리가 이 원형을 천상에서 내려온 것으로 믿든 아니면 단지 우리 자신의 이성 안에 존재하는 것으로 여기든 간에 이 원형은 여전히 하나의 동일한 원형일 뿐이다. 이를 바탕으로 칸트는 현재의 이율배반은 단지 표면적인 것에 지나지 않는다고 결론짓는다. 왜냐하면 이는 '하나의 동일한 관념을 단지 서로 다른 관점에서, 서로 다른 원리에 따라 바라봄으로써' 등장한 것이기 때문이다(6:119).

칸트가 이런 방식의 해결책을 선택한 이유를 파악하기란 그리 어렵지 않지만 이 해결책 자체는 별로 만족스럽지 않다. 이 이율배반에 대한 칸트의 해결책은 신인을 통해 성립하는 구원하는 신앙의 진정한 대상은 감각에 포섭되는 바가 아니라 신인을 우리 자신의 이성 안에 이미 존재하는 원형과 일치하는 것으로 여기는 우리 자신의 인식이라는 주장에 의존한다. 하지만 교회 (역사상의) 신앙은 이 점을 결코 인정하지 않을 것이다. 교회 신앙은 그리스도가 실재했다는 역사상의 명제에 대한 믿음이 분명히 우선한다고 주장하기 때문이다. 만일 이 역사상의 명제를 이성적 관념으로 만들 수 있다면 이율배반은 해소될 것이다. 하지만 이율배반이 등장하는 까닭은 무엇보다도 역사상의 것(외부로부터 이루어지는 속죄에 대한 믿음에 우선성을 부여하는 것)과 이성적인 것(도덕적 행위에 우선성을 부여하는 것) 사이에 모순이 발생하기 때문이다. 칸트도 이를 충분히 인정하면서 만일 실제로 우리가 '어떤 현상의 실재성에 대한 역사상의 믿음을' 구원하는 신앙의 조건으로 만들려고 한다면 우리는 구원하는 신앙의 조건에 관한 준칙들이 명백히 충돌하는 상황에 직면하게 된다고 덧붙인다. 왜냐하면 우리는 서로 전혀 다른 원리로부터—곧 하나는 이성적이고, 다른 하나는 경험적인—산출된 바에서 출발하지 않을 수 없기 때문이다. 따라서 이런 이론적인 해결책은 사실상 결코 해결책일 수 없으며, 역사상의 신앙과 이성적 신앙 사이의 대립은 오직 실천적인 근거에서 해소되는 문제로 남게 된다.

이런 모든 논의를 통해 얻을 수 있는 교훈은 무엇인가? 이 절의 핵심 질문은 인간이 교회 신앙이라는 수단에서 완전히 벗어날 수 있는가라는 것이었다. 만일 우리의 죄에 대해 외부로부터의 속죄가 이루어진다는 역사상의 주장이 선한 품행에 우선하는 위치를 차지해야 한다고 믿는다면 이 질문에 대한 대답은 '아니오'이며, 교회 신앙은 필수불가결한 것이 된다. 반면 우리의 죄에 대한 속죄가 이루어진다는 믿음이 도덕적 삶을 살기 위해 우리가 할 수 있는 모든 것을 다한 후 이에 뒤따르는 것이라고 생각한다면 교회 신앙은 반드시 필요하지는 않은 것이 된다. 어쨌든 칸트는 이성이 교회 신앙의 도움이 전혀 없이도 우리가 도덕적인 면에서 선한 존재가 되기 위해 우리 능력 안에 있는 모든 것을 다한다면 신이 이를 낱낱이 세어 다르게 대우할 것이라고 희망할 능력을 완벽하게 지닌다고 믿는다—칸트는 여기서 이런 믿음이 '이미 이성을 통해 보증되었다고' 말한다(6:120). 따라서 어떤 특정한 교회 신앙이 역사상의 사실에 대한 명제를 반드시 필요하지는 않은 것으로 여긴다면 이런 교회 신앙은 순수한 도덕적 신앙으로 나아가기 위한 효과적인 수단이 될 수 있다. 반면 어떤 교회 신앙이 역사상의 사실에 대한 명제를 필수적인 것으로 여긴다면 이런 신앙은 항상 도덕적 신앙과 충돌하고, 도덕적 신앙을 손상하게 된다. 도덕적 신앙은 교회 신앙을 사용할 기회를 지니는데, 교회 신앙이 역사상의 주장들을 도덕적 해석 방식을 통해 해석할 경우에 그렇다. 이것이 바로 칸트가 앞 절에서 성서에 대한 도덕적 해석자가 성서학자에 우선한다고 주장했던 까닭이다. 도덕적 해석을 하지 않을 경우 교회 신앙은 수단이 아니라 방해물로 추락하고 만다. 하지만 칸트는 우리의 도덕적 소질이 낳은 필연적 결과에 따라 이 수단마저도 궁극적으로는 필요 없게 되리라고 주장하면서 종교는 점차 모든 경험적인 것과 모든 역사상의 규정으로부터 벗어나 '마침내 순수한 종교적 신앙이 모든 것을 지배하여 '신이 모든 것 안에서 모든 것이 되는' 수준에' 이르게 되리라고 선언한다(6:121).

2장: 지상에 선한 원리의 지배를 점차 확립해나감에 대한 역사적 표상

다행스럽게도 2장은 1장보다 훨씬 덜 복잡하지만 그렇다고 결코 중요성이 떨어지는 것은 아니다. 칸트는 2장을 매우 흥미로운 주장으로 시작한다. 그는 우선 우리가 도덕적 종교의 역사를 서술할 수 없다고 말하는데 그 까닭은 도덕적 종교의 발전이 '공적인 상태'에 놓여있지 않으며, 각 개인이 다른 사람이 아니라 단지 자기 자신 안에서 일어난 도덕적 종교의 진보만을 의식할 수 있기 때문이다(6:124). 이는 칸트가 지금까지 계속 주장해왔던 논점이기도 하다. 곧 도덕적 가치를 결정하는 유일한 요소인 심정은 헤아릴 수 없는 것이다.

따라서 우리가 종교의 역사를 요약하려 한다면 도덕적 신앙이 아니라 교회 신앙과 관련해서 할 수밖에 없다. 또한 우리는 다양한 형태의 교회 신앙을 순수하고 불변하는 종교적 신앙과 비교함으로써 교회 신앙의 역사에 접근해야 한다. 따라서 순수한 종교적 신앙은 우리가 교회 신앙의 발전을 평가하는 기준으로 작용한다(6:124). 사실 이렇게 교회 신앙을 평가할 수 있는 기준이 마련되지 않는다면 그것의 발전에 대한 언급 자체가 아예 불가능하다. 역사가가 할 수 있는 바는 오직 오랜 시간에 걸쳐 개별적인 신앙의 형태가 끊임없이 그리고 우연적으로 변화하는 과정을 기록하는 것뿐이다. 만일 도덕적 신앙이 공적인 상태에 놓여있지 않다면 당연히 우리는 교회 신앙 안에서 도덕적 신앙이 등장하는 순간을 인식할 수 없을 것인데 이는 우리가 다른 사람의 심정을 인식할 수 없는 것과 마찬가지이다. 따라서 칸트는 정확히 말하자면 종교의 역사는 교회 신앙이 '종교적 신앙이 부과하는 제한 조건들에 의존함을 인정하고, 종교적 신앙과 일치해야 한다는 필연성을 받아들이는' 순간부터 시작되어야 한다고 주장한다(6:124). 달리 말하면 교회 신앙이 우선 이성적 신앙과 교회 신앙 사이의 구별을 명백히 의식하고, 이런 구별의 해소를 최고의 도덕적 임무로 여겨야 한다는 것이다(6:124-125). 오직 그 후에야 비로소 보편적 교회가 형태를 갖추게 되고, 도덕적 종교의 역사가 서술될 수 있다.

칸트에 따르면 이런 역사는 순수한 도덕적 신앙의 증진을 제일의 임무로 삼는, 유일한 교회 신앙인 기독교와 더불어 시작된다. 물론 기독교가 유대교로부터 발전했고, 유대교 경전을 기독교 성서로 여긴다는 점은 분명한 사실이지만 칸트는 유대교가 도덕적 종교의 역사 자체와는 아무 관련이 없다고 주장한다. 유대교는 도덕적 내용이 없는 교회 신앙에 지나지 않기 때문이다. 따라서 기독교는 유대교와 근본적으로 단절된 것으로 보아야 한다. 칸트가 유대교를 이런 식으로 특징짓는 (또는 잘못 특징짓는) 것은 사실 지나치게 노골적이며 불공정하지만 칸트의 견해는 정통 기독교 신학에서 유대교에 대해 내리는 평가뿐만

아니라 칸트가 살았던 당시 독일에서 유대교에 대해 보였던 철학적 태
도와 다소간 일맥상통하기도 한다. 이제 칸트의 언급을 바탕으로 유대
교에 대한 칸트의 견해를 간단히 살펴보려 한다.

칸트는 자신이 2부에서 드러냈던 견해를 되풀이한다. 곧 유대교는
원래 정치적 상태에 적용되는, (도덕적이 아닌) 규제적인 율법으로 구
성된 종교였다―칸트는 이후 여기에 도덕법칙이 부가되었을 가능성을
인정하기는 한다. 이런 주장은 유대교의 율법이 최소한 원래의 형태에
서는 단지 겉으로 법칙과의 일치만을 명령했을 뿐, 이런 일치 아래 놓
인 심정에 대해서는 전혀 관심을 보이지 않았음을 의미한다. 신이 이런
율법의 제정자로 여겨진다 해도 이는 아무런 차이도 만들지 못한다. 신
정정치 체제에서는 신이 정치 지도자로 간주되었는데 세속의 지도자가
오직 법률의 준수에만 관심을 보이고 이런 준수의 내부적 근거에 대해
서는 관심을 보이지 않는 것과 마찬가지로 신의 명령 또한 단지 강제적
인 율법의 형태를 띨 뿐이다(6:125). 십계명조차도 ― 이들 중 많은 것
이 사실상 도덕법칙에 해당하는데 ― 이를 준수하는 사람이 지닌 도덕
적 심정에는 아무런 관심도 보이지 않은 채 그저 제정되어 부과되었을
뿐이다. 그러므로 이런 율법들을 준수했을 때 현세에서 신이 베푸는 보
상조차도 윤리적 개념에 따라 이루어지지 않는다. 우리가 율법을 준수
하는가(또는 준수하지 않는가)에 따라 우리의 후손이 보상받거나 처벌
받을 수도 있다는 사실을 보면 이런 점이 잘 드러나는데, 이는 곧 도덕
성을 무너뜨리는 것이기도 하다(6:126). 칸트는 또 다른 증거를 들어
이런 율법의 제정이 미래의 삶을 전혀 고려하지 않은 채 이루어지는 규
제에 지나지 않는다는 점을 역설한다. 물론 이것이 유대인들에게 미래
의 삶이라는 개념이 아예 없었음을 의미하지는 않는다. 칸트는 그들도
미래의 삶이라는 개념을 지녔음에 틀림없다고 말한다. 이 개념에 대한

믿음은 인간 본성의 보편적인 도덕적 소질이기 때문이다(6:126). 따라서 율법의 제정에서 이 개념이 빠졌다는 사실이 의미하는 바는 오직 (신으로 대표되는) 법칙의 제정자가 의도적으로 이 개념을 배제했다는 것이다. 그리고 이는 신의 의도가 윤리적 공동체가 아닌 정치적 공동체를 설립하는 것이었음을 드러낸다. 미래의 삶에서 보상과 처벌이 이루어진다는 생각은 정치적 공동체에는 어울리지 않는다. 왜냐하면 그런 보상과 처벌은 결코 정치 지도자의 능력 안에 속하는 것이 아니기 때문이다.

마지막으로 칸트는 유대교가 보편적 교회의 역사 안에 설자리가 없는 까닭은 바로 유대교가 유대인들을 제외한 다른 모든 사람들을 공동체에서 철저히 배제하고, 오직 자신들만을 신이 선택한 특별한 민족으로 여기기 때문이라고 지적한다. 설령 유대교의 신이 모든 것을 창조했다는 의미에서 보편적 통치자라고 할지라도 이런 신은 도덕적 명령이 아니라 단지 계율적인 명령만을 내릴 뿐이므로 이런 신의 개념은 도덕적 종교에서 생각하는 신의 개념과 결코 같을 수 없다(6:127).

그렇다면 교회의 보편적 역사는 기독교의 출현과 함께 시작되어야 하는데, 이는 기독교가 유대교를 거부하고 관계를 단절함으로써 출발했음을 암시한다. 설령 기독교라는 새로운 신앙의 최초 지도자들이 유대교의 경전을 바탕으로 자신들의 신앙을 형성했다 할지라도 이는 단지 이런 연결점을 유지하는 것이 새로운 도덕적 종교를 유대인들에게 소개하는 가장 편리한 방법이었기 때문이다(6:127). 하지만 칸트는 유대교에서 기독교가 출현한 것이 전혀 아무런 준비도 없는 상태에서 그저 이루어진 일은 결코 아니라고 강조한다. 앞서 2부에서와 마찬가지로 칸트는 그리스 철학의 영향을 통해 유대교에 이미 도덕적 가르침이 유입되어있었다고 주장한다(6:128).

하지만 교회의 역사가 기독교의 출현과 더불어 시작되었다는 칸트의 주장이 역사상의 종교로서의 기독교를 전적으로 지지하는 태도로 이어지지는 않는다. 이와는 정반대로 그는 기독교의 역사를 볼 때 '기독교를 추천할 만한 요소는 아무것도 없다'고 평가하면서(6:130) 기독교가 저지른 다양한 잘못을 나열한다. 이런 잘못을 범하기는 했지만 기독교의 '진정한 최초 목적'이 인간의 역사에 순수한 종교적 신앙을 도입하려는 것이었음은 여전히 명확하다. 더욱이 그는 기독교 역사에서 현 시대가 (곧 칸트가 살았던 당시가) 교회 역사 중 최선의 시대라고 주장한다. 왜냐하면 참된 종교적 신앙의 씨앗이 기독교 안에 공개적으로 뿌려졌기 때문이다. 이런 주장을 바탕으로 칸트는 이 씨앗이 '방해받지' 않고 자라나 기독교가 보이지 않는 교회로 계속 다가가기를 기대한다(6:131). 그런데 이런 참된 종교의 씨앗은 정확하게 무엇을 의미하는가? 뒤이어 칸트는 '우리가 속한 세계의 모든 나라들에서 참된 종교를 신봉하는' 사람들은 누구나 다음의 두 원칙을 보편적으로 채택했다고 말한다.

1. 계시에 관한 주장과 관련한 겸손의 원칙. 도덕적 내용을 포함한 성서의 특정 부분이 사실상 신의 계시라는 주장은 (비록 증명될 수는 없다 할지라도) 항상 가능하며, 또한 성서와 그것을 기초로 삼는 교회 신앙이 없다면 사람들은 쉽사리 하나의 종교를 믿도록 통합될 수 없으므로 어떤 유형의 것이든 간에 이미 우리 손 안에 있는 계시와 교회 신앙을 참된 종교의 증진을 위해 사용하는 것은 충분한 의미를 지닌다. 따라서 교회 신앙은 공격받아서도 안 되지만 동시에 마치 구원을 위해서 반드시 필요하다는 등의 이유로 어느 누구에게도 강요되어서는 안 된다(6:132).

2. 성서는 도덕을 위해 해석되고 가르쳐져야 한다는 원칙. 교회 신앙이 계시

를 채택하는 까닭은 사람들에게 계시가 없다면 발견될 수 없었던 도덕적 준칙들을 제공하기 위해서가 아니라 오직 '신성함을 향하기 위해 노력하는 덕의 관념을 생생하게 드러내 보이기' 위해서이다. 따라서 이런 계시는 항상 오직 도덕을 위해 가르쳐지고 해석되어야 하며, 이 과정에서 참된 종교는 신이 우리를 구원하기 위해 무엇을 행하는가에 대한 지식이 아니라 구원받을 만한 존재가 되기 위해 우리가 과연 무엇을 행해야만 하는가에 대한 성찰로 구성된다는 점과 더 나아가 우리가 신을 기쁘게 할 수 있는 유일한 방법은 무조건적인 가치를 지니는 것, 곧 도덕적 행위를 행하는 것이라는 점이 거듭 강조되어야 한다(6:132-133).

물론 이들 모두는 현실의 통치자가 이런 원칙들의 확산을 허용한다는 점을 전제하는데 이런 전제가 당연시되지는 않는다. 실제로 칸트 자신도 종교적 정통 교리를 앞세워 종교에 관한 계몽주의적 사상을 검열하려는 시도의 희생양이 되기도 했다. 칸트는 통치자가 이런 사상의 확산을 금지해서는 안 되는 의무를 지니며, 통치자가 제멋대로 어떤 특정한 역사상의 교회 신앙의 교리를 선호하면서 이를 받아들이면 이익을 제공하고 이를 거부하면 처벌로 위협하는 것은 몹시 위험한 일이라고 주장한다. 통치자의 이런 정책은 시민들의 양심과 자유에 대한 폭력이며, 이를 통해 국가는 큰 손실을 입게 된다. 시민들의 이런 자유가 '신성한' 까닭은 바로 이 자유가 우리 자신을 신성하게 만드는 유일한 요소인 도덕적 행위의 필요조건이기 때문이다. 뒤이어 중요한 내용을 지적함으로써 칸트는 국가가 오직 개인이 종교적인 의견을 공개적으로 선언하는 것을 금지할 뿐 어느 누구에 대해서도 그가 원하는 대로 생각하는 것을 가로막을 수는 없기 때문에 국가가 개인의 양심에 위해를 가할 수 없다는 견해를 반박한다. 세속적인 권력은 사람들의 자유로운 생각을 방해할 수 없는 반면 정신적 권력, 곧 종교적 권력은 그렇게 할 수 있으며, 사실상 종교적 권력은 세속적 권력까지도 이런 식으로 강제한다. 교회가 이런 권력을 지니는 까닭은 앞서 논의했듯이 노예와 같은 형태로 종교를 숭배하려는 인간의 성향 때문이다. 바로 이런 성향을 교묘히 이용해 종교는 신도들이 역사상 우연히 등장한 교리나 관행에서 벗어나는 일을, 더 나아가 이런 교리나 관행 자체를 의문시하는 일을 매우 두렵게 여기도록 손쉽게 조종한다. 따라서 이런 강제로부터 벗어나는 것은 단지 자유롭기를 (최소한 사상의 자유와 관련하는 한에서) 원하는 문제인 반면 종교는 바로 이렇게 원하는 작용에 내면의 '빗장'을 걸 수 있는 권력을 지닌다(6:134 각주).

　칸트는 기독교의 종말론을 상징하는 내용, 곧 세계의 최종 목적과 운명에 관한 내용을 도덕적으로 해석하면서 2장을 마무리 짓는다. 이런 내용에는 예를 들면 천국이 도래할 것을 드러내는, 계시록의 예언 등이 포함된다. 칸트는 이런 내용을 역사로 (더욱 엄밀하게 말하면 예언을 통해 알려지는 미래의 역사로) 여겨서는 안 되며 지상에서 가능한 최고선이라 할 수 있는, 도덕적인 세계 질서가 도래하리라는 이상을 역사적인 이야기를 통해 묘사한 것으로 보아야 한다고 주장한다. 세계의 종말에 관한 기독교의 모든 상징적 요소들은 오직 이런 체계 안에서만 적절한 의미를 지닐 수 있다.

일반적 주해

칸트가 제시한 세 번째 일반적 주해는 '신비'를 주로 다룬다. 기독교 신학에서 신비는 인간의 이해를 넘어서는—신이 계시했고, 오직 신앙에 기초해서만 받아들일 수 있는—교리를 의미한다. 기독교 신학에서 신비의 전형적인 예를 보여주는 것은 삼위일체의 교리이다. 이 교리에 따르면 신은 하나인데 동시에 이 유일한 신 안에 세 '위격'이—곧 성부와 성자, 성령이—존재한다. 이 세 위격은 각각 서로 구별되는 동시에 신과 동일하다. 이 교리는 이성적 사고의 관점에서는 명백히 여러 문제들을 일으킨다—세 위격이 모두 신과 동일하다면 과연 어떻게 각각의 위격이 서로 구별될 수 있는가? 세 위격이 분명히 서로 구별된다면 어떻게 신은 하나일 수 있는가? 다행스럽게도 우리는 이런 질문에 답할 필요가 없다. 이런 질문들이 더 이상 답할 필요가 없는 것으로 판명되면 기독교 신학의 관점에서 이들 자체는 어떤 문제도 일으키지 않는다. 삼위일체는 일종의 '신비'로서, 인간의 이해 범위를 분명히 넘어서지만 우리는 그것을 계시된 진리로 받아들여야 한다.

설령 이 일반적 주해를 읽지 않는다 할지라도 우리는 이미 다음과 같은 전개를 충분히 예상할 수 있다. 곧 칸트는 이런 종교적 신비 중 어떤 것도 참일 수 없다고 독단적으로 부정하지는 않으면서도 우리가 이런 초감각적 실재들을 이론적으로 통찰할 수 있다고 여겨서는 안 되며 또한 이런 신비들에 대한 믿음을 곧 신을 섬기는 활동의 일종으로 여겨서도 안 된다고 주장할 것이다. 하지만 그는 기독교의 여러 상징들을 적절히 사용해 도덕적 관념을 표현하려는 목표를 계속 유지하면서 기독교의 삼위일체 교리도 당연히 도덕적으로 활용하려 한다. 그리고 이것이 바로 3부의 일반적 주해가 지닌 임무 중 하나이기도 하다. 하지만 앞으로 보게 되듯이 칸트는 삼위일체를 일종의 신비로 여기지 않는다. 왜냐하면 (그의 해석에 따르면) 삼위일체는 오직 실천이성이 만들어낸 신의 관념을 표현한 것에 지나지 않기 때문이다.

그렇다면 과연 칸트에게도 '신비'란 것이 존재하는가? 이에 대한 대답은 '그렇다'인데, 예상대로 그는 '신비'라는 용어를 자신의 특유한 방식으로 정의한다. 칸트는 신비를 '각각의 개인은 인식하지만 공적으로 인정되지는 않는, 곧 보편적으로 전달될 수 없는 신성한 무언가'라고 정의한다(6:137). 칸트는 신비가 '신성하다'고 말하면서 이 용어를 자신이 『종교』 전반에 걸쳐 계속 사용해왔던 방식으로, 곧 도덕적인 것을 지칭하는 방식으로 사용한다. 따라서 칸트에게 신비란 도덕과 관련되며, 이런 면에서 인식 가능하다. 하지만 칸트의 정의에는 명백히 오직 이성의 한계 안에서의 종교 외부에 위치하는 요소가 존재한다. 곧 신비는 보편적으로 전달될 수 없다는 점인데, 달리 표현하면 이는 우리가 이론적으로 인식할 수 없는 무언가가 존재한다는 말이다.

그렇다면 칸트가 고려하는 신비는 어떤 종류의 것인가? 그는 현재의 일반적 주해에서 세 종류의 신비를 명확히 드러내는데 이들은 모두 자유의 관념과 연관된다. 자유 자체는 결코 신비적인 것이 아니다. 자유에 대한 인식은 보편적으로 전달 가능하기 때문이다. 모든 사람은 도덕법칙을 선택하여 행위를 규정하는 자신의 능력을 통해 자신의 자유를 의식하게 된다. 하지만 앞서 1부에서 살펴본 대로 우리는 우리의 자유가 성립하는 근거를 알지 못한다. '근거'라는 용어를 통해 칸트는 단순히 우리가 자유를 사용하도록 결정하는 무언가를 의미한다. 우리는 자연적 인과성을 통해 자유의 사용을 설명할 수 없으므로 우리에게는 예를 들면 우리가 어떻게 선한 심정이나 악한 심정을 채택하는지를 설명할 수 있는 방법이 전혀 없다. 칸트는 우리가 자유의 관념을 실천이성의 최종 목표에 (우리의 도덕적인 최종 목적에) 적용하려 한다면 우리는 '신성한 신비'에 이르게 된다고 말한다. 이런 신성한 신비에 관해 살펴보기에 앞서 우선 삼위일체에 대한 칸트의 언급을 검토해보자.

무엇보다 우선 칸트는 실천이성의 임무가 신이 그 자체로 (그 자신

의 본성상) 무엇인가를 규정하는 것이 아니라—이는 어쨌든 인간 이
성의 한계를 넘어서는 이론적인 전제에 지나지 않는다—실천이성의
요구를 만족시키려면 신이 어떤 존재여야 하는가를 규정하는 것이라고
말한다. 실천이성이 만들어낸 신의 관념은 세 가지의 본질적인 특징을
지닌다. 곧 신은 (1) 신성한 법칙 부여자이며, (2) 자비로운 통치자이며,
(3) 공정한 심판자이다. 이 세 특징은 실천이성으로부터 도출되며, '대
부분의 문명화된 민족의' 종교에서(6:140) 발견되는 것이므로 여기에
는 신비로운 요소가 전혀 등장하지 않는다. 하지만 모든 신인동형론의
신앙을 정화해 도덕적 종교로 만든 최초의 종교가 기독교이므로 기독
교의 공적인 가르침은 이런 관점에서 이전에는 인류에게 알려지지 않
았던 신비를 계시한 것으로 여겨질 수 있다. 이런 기독교의 계시에 따
르면 신성한 법칙 부여자로서의 신은 '자비롭거나', '관대한' 또는 '전
제적인' 존재가 아니다. 오히려 신의 법칙은 우리의 도덕적 개념과 직
접 연결되며, 인간의 신성함을 추구한다. 자비로운 통치자로서의 신은
신과 같은 신성함에 따라 살지는 못하는 인간의 무능력을 보충해주지
만 오직 인간 스스로 먼저 선한 도덕적 심정을 통해 신을 기쁘게 하는
존재가 된다는 조건을 충족할 경우에만 그렇게 한다. 마지막으로 공정
한 심판자로서의 신은 관대하지도 않고, 인간이 스스로 도달할 수 없는
신성함에 따라 살기를 기대하지도 않는다. 칸트는 신성한 삼위일체에
대한 이런 도덕적 신앙이 정치적 국가에서 삼권분립을 (곧 입법부와
행정부, 사법부를) 반영한 실천적 이념이라고 말한다. 하지만 이는 단
지 실천적 이념일 뿐이다. 삼위일체가 곧 신 자체가 어떤 존재인지를
드러낸다는 주장은 인간 지식의 한계를 넘어설 뿐만 아니라 삼위일체
를 실천적이 아니라 이론적으로 이해하는 것은 도덕적 신앙의 증진에
도 도움이 되지 않는다.

　삼위일체에 대한 실천적 신앙이 신비로운 것이 아닐지 몰라도 칸트
는 이 일반적 주해에서 세 종류의 신비를 소개하고 설명한다—이들은
우리가 이론적으로 그 가능성을 파악할 수 없지만 실천적으로 필요한
것들이다.

소명의 신비

오직 신이 자연의 조물주일 경우에만 우리가 신을 자연법칙의 창조자
로 여길 수 있는 것과 마찬가지로 신이 인간을 창조했을 경우에만 우리
는 신을 도덕적 입법자로 여길 수 있다. 여기서 칸트는 인간이라는 창
조된 존재가 어떻게 자유롭게 행위할 수 있는가를 묻는다. 인과성의 원
리에 따르면 생산하는 원인(신)이 피조물 안에 배치한 것 이외의 다른
어떤 내적인 행위 근거도 피조물(인간) 자체가 지닌다고 생각할 수 없
다. 하지만 만일 신이 내적인 행위 근거를 인간 안에 배치했다면 인간
이 진정으로 자유롭게 행위하는 일은 결코 불가능한 듯이 보인다. 따라
서 인간의 자유는 창조의 개념과 조화를 이룰 수 없는 듯하다. 이에 대
해 칸트는 우리 자신을 피조물로 생각하기보다는 신이 창조했기 때문이
아니라 신의 부름을 받았기 때문에 신의 나라에 속한 시민으로 규정된,
이미 현존하는 자유로운 존재로 보아야 한다고 말한다. 우리가 신의 나
라에 속한 시민으로 부름을 받은 존재라는 생각은 실천적인 관점에서
는 매우 명확하지만 정확히 어떻게 인간이 부름을 받게 되었는지는 우
리가 전혀 통찰할 수 없는, 따라서 파악할 수 없는 일종의 신비이다. 궁
극적으로 이런 부름, 달리 말해 소명의 신비는 앞서 언급했던 도덕성의
신비, 곧 자연적인 존재로서의 인간이 어떻게 자연의 인과성에서 벗어
나 도덕법칙의 무조건적인 부름에 응답할 수 있는가라는 질문과 맥을
같이한다.

속죄의 신비

우리가 아는 한에서 인간은 타락한, 신성한 법칙을 제대로 지키지 못하는 존재이다. 또한 이런 자신의 위반을 자신의 힘으로 보상할 수 있는 어떤 방법도 지니지 못한다. 인간이 진정으로 신의 나라에 부름을 받았다면 이런 결함을 보충할 어떤 방법이 반드시 있어야 한다. 그런데 이성은 인간의 모든 선함이 인간 스스로 자유를 사용한다는 사실에서 비롯된다고 말한다. 따라서 우리는 인간이 이런 결함을 보상할 수 있는 수단을 신이 지닌다고 가정해야 한다 — 하지만 정확히 어떻게 보상이 이루어지며 어떻게 인간이 도덕적 가치를 지닐 수 있는가는 여전히 파악할 수 없는 신비로 남는다.

선택의 신비

설령 인간이 신성함에 이르지 못하는 데 대한 속죄가 가능하다 할지라도 이런 도움을 '도덕적으로 믿고 받아들이는 일' 자체는 '선을 향한 의지를 규정하는 것'이며, 이는 이미 신을 기쁘게 하는 심정의 존재를 전제한다. 바꾸어 말하면 속죄를 도덕적으로 이해할 경우 인간은 이런 속죄를 받을 만한 가치를 지니기 위해 우선 자기 자신을 선하게 만들어야 한다. 하지만 본성이 타락한 인간이 어떻게 스스로 이런 심정을 얻을 수 있겠는가? 따라서 선한 심정은 신이 내린 은총의 결과임에 틀림없다. 왜 이런 은총이 누군가에게는 내려지고 다른 사람에게는 내려지지 않는지, 특히 왜 사람들이 행한 바가 아니라 우리가 파악할 수 없는 신의 뜻에 따라 이런 결정이 내려지는지—더욱이 이런 모든 결정이 신의 정의로움과 양립할 수 있는지 등은 일종의 신비이다.

　선택의 신비에 관한 칸트의 언급은 언뜻 보기에는 다소 모호하다. 신의 뜻이라는 개념 자체가 도덕적 종교와는 전혀 양립할 수 없는 것이 아닌가? 하지만 그가 진정으로 의미한 바는 3부 앞부분의 각주에서 로 마인들에게 보낸 편지 9장 18절에 대해 언급한 부분에서 잘 드러난다 고 나는 생각한다. 성서의 이 대목에서 사도 바울로는 '하느님께서는 당신의 뜻대로 어떤 사람에게는 자비를 베푸시고 또 어떤 사람은 완고 하게도 하십니다'라고 말한다. 이 말은 신이 인간들을 구원할지 아니 면 정죄할지를 예정한다는 의미로 해석될 수 있고 또 그렇게 해석되어 왔다. 칸트가 이런 해석을 도덕적으로 받아들일 수 없으리라는 점은 두 말할 나위도 없다. 따라서 이 각주를 통해 칸트는 다음과 같은 윤리적 해석을 제시한다. 자주 사람들이 타고나는 소질이 어떤 사람은 선하게 다른 사람은 악하게 만드는 듯이 보이며, 어느 누구도 마음대로 통제할 수 없는 '삶의 우연적인 요소들이' 왜 어떤 사람은 선하게 되고 다른 사람은 악하게 되는지를 결정짓는 핵심적인 요인인 듯하다. 왜 누구는 선하게 되고 다른 이는 악하게 되는지를 확실하게 말할 수 없는 우리의 무능력함이 바로 로마인들에게 보낸 편지의 이 대목에서 마치 신이 인 간을 창조하기 전에 인간의 운명을 신의 뜻에 의해 미리 선언한 듯이 묘사된다(6:122 각주). 여기서 칸트는 선택에 관해 말하면서 실제로 신의 뜻이 작용한다는 점을 의미하는 것이 아니라 그저 우리가 개별적 인 사람들의 도덕적 운명을 설명하려 할 경우 곤란에 처하게 된다는 신 비, 더 나아가 우리의 도덕적 성향을 규정하는 듯이 보이는 삶의 우연 적인 요소들이 어떻게 도덕적 평가를 위해 전제되어야 하는 자유와 조 화를 이룰 수 있는지를 설명하려 할 때 직면하게 되는 신비를 표현할 뿐이다.

위에서 설명한 세 가지 신비와 관련해 칸트는 신이 아무것도 드러내 지 않았다고 말한다. 설령 신이 무언가를 드러냈더라도 우리는 그것을 이해하지 못했을 것이다. 왜냐하면 인간은 자유로운 행위를 하게 만드

3장 본문 읽기 185

는 '원인'을 통찰할 수 없기 때문이다. 신은 자유로운 행위를 일으키거
나 일으키지 않는 원인을 알 수 없는 것으로 남겨두었다. 하지만 우리
행위의 객관적 규칙과 관련해 우리에게 필요한 바는 오직 이성과 성서
를 통해 알려졌으며, 누구에게나 이를 이해할 능력이 있다. 우리가 이
것 이상을 알려고 한다면 이는 주제넘은 일이 될 것이다(6:144-145).

4부: 선한 원리의 지배 아래서의 봉사와 거짓 봉사 또는 종교와 성직 제도에 관하여

앞서 살펴보았듯이 악에 대항하기 위한 싸움은 서로를 타락시키는 인
간의 성향을 전제할 때 엄밀히 말해서 개인적인 문제가 아니다. 이 때
문에 선을 향한 회복의 과정은 신을 충분히 기쁘게 하는 인간의 원형(2
부)과 칸트가 '교회'라고 부르는 윤리적 공동체의 원형(3부)을 필요로
한다. 두 원형은 모두 역사상의 계시종교와 무관하게 인간 이성이 만들
어낸 관념이지만 역사상의 계시종교 또한 이런 도덕적 관념들을 감각
적으로 표현할 수 있으므로 순수한 도덕적 종교를 증진하기 위한 수단
으로 큰 도움을 준다. 하지만 계시종교는 양날의 검과 같다. 그것은 도
덕성을 파괴하여 타락시킬 수도 있는데 특히 이런 일이 일상적이고 예
상 가능한 방식으로 자주 일어난다.

　4부 1장에서 칸트는 도덕성을 가장 중요하게 생각하는 역사상의 신
앙, 곧 기독교라는 특수한 예를 검토함으로써 계시종교가 어떻게 선한
봉사를 위해 작용할 수 있는지를 밝힌다. 칸트는 그리스도의 가르침,
특히 산상수훈(the Sermon on the Mount)에서 드러나는 가르침을 주
로 검토하여 기독교를 '자연종교'로 여기면서 자신의 주장을 전개한다.

그 다음에 그는 '교학(敎學) 종교'(learned religion), 곧 이성이 아니라 역사적 증거로부터 권위를 이끌어내는 종교로서의 기독교를 검토한다. 그리고 4부 2장에서는 역사상의 신앙이 어떻게 잘못된 길로 접어들어 '종교적 망상'과 '물신숭배', '거짓 봉사'와 '성직 제도' 등을 낳는지를 진단한다.

1장: 종교 일반에서 신에 대한 봉사에 관하여

여기서 칸트는 (3부에서 제시했던 견해들을 간단히 요약한 후) '종교'라는 용어를 정의하는 것을 일차적인 임무로 삼는다. 앞서 살펴보았듯이 칸트는 3부에서 '종교'와 '신앙'을 구별하면서 종교는 오직 하나밖에 있을 수 없지만 신앙은 수없이 많을 수 있다고 (예를 들면 유대교, 기독교, 이슬람교 등등) 주장한다. '종교' 또한 얼마든지 다양할 수 있다는 것이 일반적인 견해지만 칸트는 종교라는 용어는 오직 참된, 도덕적 종교에만 적용되어야 하며, 이런 종교는 어디서든 항상 하나이며 동일하다고 주장한다(6:107-108).

이제 4부에서 칸트는 종교를 '주관적으로 고려할 경우 우리의 모든 의무를 신의 명령으로 인식하는 것'이라고 정의한다(6:153-154). 그는 상당히 긴 각주를 통해 이 정의에 대해 설명하면서 본문에서는 바로 종교의 두 하위분류, 곧 '계시' 종교와 '자연' 종교에 대한 구별로 넘어간다. 계시종교에서 우리는 무언가를 의무로 인식하기에 앞서 그것이 신의 명령임을 먼저 알아야 한다. 반면 자연종교에서는 무언가를 신의 명령으로 인식하기에 앞서 그것이 의무임을 먼저 알아야 한다(6:154). 따라서 '종교'라는 용어는 의무와 신의 명령이 동일하다는 점을 일반적으로 가정한다. 그리고 이는 자연종교와 계시종교의 공통점에 해당한다. 하지만 이들은 위의 두 요소—곧 의무와 신의 명령—중 어떤 것이 더욱 근본적이며, 다른 요소와의 동일성의 근거를 제공하는지를 놓고 서로 다른 의견을 보인다.

칸트가 종교를 정의하는 대목에 단 각주는 주의 깊게 고려할 필요가 있다. 여기서 그는 종교에 대한 자신의 정의가 종교에 대한 여러 '잘못된 해석'을 예방한다고 말하면서 이런 해석 중 두 가지를 언급한다. 칸트가 자신의 정의를 통해 제거하려 하는 첫 번째의 잘못된 해석은 종교가 신의 존재를 포함한, 초감성적 대상에 대한 '확정적인 지식'을 필요로 한다는 것이다. 칸트가 사용한 확정적 지식이라는 말은 무언가가 현존한다는 (또는 현존하지 않는다는) 데 대한 지식을 의미한다. 우리가 이미 알듯이 칸트는 인간이 초감성적인 대상에 대한 확정적인 지식을 지닐 수 없다고 생각하므로 종교가 이런 지식을 필요로 하지 않는 것을 다행스러운 일로 여긴다. 종교는 확정적인 지식이 아니라 확정적인 신앙을, 곧 신이 존재한다는 믿음을 필요로 한다. 신이 존재한다는 신앙은 신에 존재한다는 데 대한 지식을 필요로 하지 않는다—만일 우리가 이런 지식을 지닌다면 신앙은 아예 필요하지 않을 것이다. 하지만 신앙은 신이 존재하는 것이 가능하다는 가정을 필요로 한다. 다행히 칸트는 자신의 비판철학 체계가 신이 존재하지 않는다는 점 또한 증명할 수 없음을 논증했다고 여긴다. 칸트에 따르면 (최소한 사변적인 근거에서) 신의 존재를 긍정하는 것과 마찬가지로 신의 존재를 부정하는 것 또한 인간 지식의 가능한 한계를 벗어난 독단에 지나지 않는다. 하지만 종교는 단지 신이 가능하다는 믿음이 아니다. 확정적인 신앙으로서의 종교는 신이 실제로 존재한다는 믿음이라는 점을 기억해야 한다. 그렇지만 확정적인 신앙으로서의 종교는 실제로 존재하는 신이 아니라 오직 신의

관념을 필요로 한다(6:154). 그런데 이런 신의 관념은 (사변이성이 아
니라) 실천이성으로부터 도출되므로 이 관념은 바로 도덕적인 신의 관
념이다.

　뒤이어 칸트는 종교에 대한 자신의 정의가 예방하는 두 번째 오해는
종교가 '신과 직접 관련되는 특수한 의무들의 총체' 라는 생각이라고 말
한다(6:154). 어떤 보편적 종교에서도 — 칸트가 종교라는 용어를 엄밀
하게 보편적 종교에 대해서만 적용한다는 점을 기억하면서 — 신에 대
한 특수한 의무 따위는 존재하지 않는다. 왜냐하면 신은 '우리에게서
아무것도 받을 수 없기 때문이다.' 따라서 칸트는 자신의 정의가 '신의
비위를 맞추려는 식의 봉사'를 통해 신의 환심을 사려는 모든 시도를
배제한다고 말한다. 이런 신의 관념에 따를 경우 신이 요구하는 바는
오직 우리가 우리 자신과 다른 사람들에 대해 지는 윤리적-시민적 의
무를 수행하는 것뿐이다(같은 곳).

　계시종교와 자연종교를 구별한 후 칸트는 신앙의 문제와 관련해 이
성주의자와 초자연주의자를 구별한다. 초자연주의자는 계시종교의 지지
자로서, 일반적 종교가 신의 계시를 필요로 한다고 주장한다. 이와는
대조적으로 이성주의자는 일반적 종교를 위해 오직 자연종교만이 필요
하다고 믿는다. 칸트는 이성주의자를 다시 두 유형으로 나누는데 그 중
하나는 그 어떤 신적 계시의 존재도 부정하는 자연주의자이며, 다른 하
나는 신적 계시의 가능성을 허용하지만 일반적 종교가 이를 인정하거
나 수용할 필요는 없다고 믿는 순수한 이성주의자이다. 하지만 이렇게
이성주의자를 두 종류로 구별하자마자 칸트는 자연주의자가 이성주의
자로 될 수 있는 가능성을 부정한다. 왜냐하면 자연주의자는 신적 계시
의 가능성을 무조건 부정함으로써 인간 지식의 한계를 넘어선 주장을
펴기 때문이다. 그렇다면 실제로 적용되는 구별은 초자연주의자와 순

수한 이성주의자 사이의 구별이다(6:154-155).

　자연종교와 계시종교 사이의 구별은 '종교의 최초 근원과 내적 가능성'에 따른 구분이지만, 종교는 또한 '그것의 외적인 전달 가능성이라는 특성에' 따라 나뉠 수도 있다(6:155). 여기서 칸트는 한 개인이 어떻게 종교의 진리를 확신하게 되며 또한 종교가 어떻게 한 사람 또는 세대로부터 다른 사람이나 세대로 전파되는가라는 질문을 제기한다. 그는 종교가 서로 다른 두 방법을 통해 전파된다고 말한다. 엄격하게 이성에 기초해 믿게 되는 종교는 '자연종교'이다. 오직 학문적 지식을 통해 믿게 되는 종교는 '교학 종교'이다. 칸트에 따르면 오직 자연종교만이 '보편적으로 전파될 수 있으며' 따라서 오직 자연종교만이 보편적인 구속력을 지닐 수 있다(6:155).

　하지만 칸트는 '학문적 지식'이라는 말을 통해 정확히 무엇을 의미하는가? 교학 종교는 이성을 통해 인식할 수 없는 교리들을 포함하는데 그렇다면 이런 교리들은 다른 어떤 방법을 통해 인식할 수밖에 없다. 이런 교리들은 최초에 계시되면서 전형적으로 기적이나 경이로운 사건을 동반하며 이를 통해 사람들이 어떤 권위의 존재와 계시의 진실성을 믿게 만든다. 기독교 또한 이에 속하는 대표적인 예로서, 그리스도의 가르침은 기적을 동반하고 또 이를 통해 권위를 얻었다. 하지만 '계시의 기적이 계속되지 않으면' 어떤 지점에 이르러 이런 계시는 문헌으로 기록되어 후세에 전해지게 된다. 그리고 이렇게 기록된 문헌은 학자들이 신뢰하는 성서가 된다. 성서는 본질상 기록된 문헌이므로 사람들이 이를 믿도록 만들기 위해 어떤 역사적 권위를 필요로 한다. 그렇다면 성서와 관련된 학문적 지식은 학자들이 성서에 권위를 부여하고 성서를 적절히 설명하기 위해 필요로 하는 지식의 총체를 의미한다. 이는 성서에 사용된 원래 언어에 대한 지식뿐만 아니라 폭넓은 역사적

지식도 필요로 하므로 '학자가 아닌 일반인들은' — 번역에 의존해 성
서를 읽어야 하며, 기본적인 역사 지식을 지니지 못한 사람들은—학자
들에게 의존하지 않을 수 없다. 칸트가 앞서 3부에서 지적했듯이 교회
신앙은 궁극적으로 '오직 학자들에 대한 믿음'일 수밖에 없다(6:114).

　이곳 4부 1장에서 칸트의 핵심 주장은 기독교가 자연종교인 동시에
교학 종교라는 점이다. 칸트에 따르면 기독교가 이렇게 복합적인 종교
로서 성립할 수 있는 까닭은 사람들이 오직 자신의 이성을 사용해 기독
교에 도달할 수 있었던 (또 도달해야만 했던) 동시에 만일 기독교를 처
음 도입하고 공적으로 전파하는 데 큰 역할을 했던 역사적인 계시가 없
었더라면 사람들이 그토록 빠르게 또 그토록 철저히 기독교에 도달하
지 못했을 것이기 때문이다. 이런 기독교는 객관적으로는 자연종교이지
만 주관적으로는 계시종교이다. 칸트는 계시종교가 항상 자연종교라는
목표에 이르기 위한 유일한 수단이라는 점을 전제하면서 초자연적인
계시가 일찍이 있었다는 점이 완전히 망각된다 할지라도 복합적인 종
교로서의 기독교는 진정으로 본질적인 아무것도 잃지 않으리라고 말한
다. 반면 순수한 교학 종교의 경우에는 만일 초자연적인 계시가 상실되
거나 망각되면 그 종교 자체가 세계에서 사라지고 말 것이다(6:155-
156).

　이어지는 칸트의 임무는 기독교를 우선 자연종교로, 그 다음에는 교
학 종교로 고찰하는 것이다. 어떤 특정한 종교가 자연종교인지 그렇지
않은지를 결정하려면 그 종교의 문헌에서—현재의 경우에는 신약성서
에서— 윤리적인, 따라서 이성적인 가르침이 발견되는지 그렇지 않은
지를 조사해보아야 한다. 칸트는 신약성서의 핵심이 윤리적 가르침으
로 구성되었다고 믿는다. 이런 가르침에 대해 설명하면서 칸트는 거의
전적으로 산상수훈(마태오의 복음서 5장-7장)에 의지한다. 칸트는 그

리스도의 가르침이 다음과 같다고 생각한다.

1. 그저 율법으로 정해진 교회의 의무를 다하는 것이 아니라 오직 순수한 도덕적 심정만이 사람을 신이 보시기에 좋은 존재로 만들 수 있다(마태오의 복음서 5장 20절-48절).

2. 생각으로 죄를 짓는 것은 행위로 죄를 짓는 것과 마찬가지이다(5장 28절).

3. 신성함은 인간이 추구해야 할 목표이다(5장 48절).

4. 우리의 마음 안에서 누군가를 미워하는 것은 그를 죽이는 것과 같다(5장 22절).

5. 우리가 이웃에게 행한 불의가 신에게 봉사하는 행위를 한다고 해서 올바른 것이 되지는 않는다. 오직 이웃에게 속죄해야 할 뿐이다(5장 24절).

6. 쉽게 하는 맹세는 진실 자체를 존중하는 것을 훼손할 수도 있다(5장 34-37절).

7. 인간 마음의 악한 성향은 정반대되는 것으로 바뀌어야 한다. 예를 들면 앙갚음의 욕구는 용서로(5장 39-40절), 원수에 대한 증오는 사랑으로(5장 44절) 바뀌어야 한다.

8. 좁은 문과 험한 길이라는 생각을 통해 그리스도는 율법이 도덕적 의무를 면제하고 교회의 의무를 완수하는 것으로 구성된다는 해석이 잘못임을 가르친다(7장 13절).

9. 그리스도는 순수한 도덕적 심정 또한 행위를 통해 증명되어야 한다는 점을 요구하며(5장 16절), 행위는 하지 않으면서 단지 기도와 찬송을 통해 이를 만회하고 신의 환심을 사려는 사람들의 희망을 단호히 배제한다.

10. 그리스도는 이런 행위가 인간의 원형을 그대로 따라 수행되어야 하며(5장 16절), 이런 행위를 강요받아 행해서는 안 되며 오직 기쁜 마음으로

행해야 한다고 주장한다(5장 16절). 따라서 기독교의 시작은 미미하지만 점차 성장해 결국 진정한 신의 나라에 이를 것이다(13장 31-33절).

이어서 칸트는 그리스도가 이런 의무들을 **보편적 규칙**과 특수한 규칙으로 나눈다는 점을 지적한다. 보편적 규칙은 '너의 의무를 다른 어떤 동기에서가 아니라 오직 의무 자체를 직접 인정함으로써, 곧 다른 모든 것보다 (모든 의무의 부여자인) 신을 사랑함으로써 행하라'는 것이다. 특수한 규칙은 '모든 사람을 네 몸같이 사랑하라는, 곧 다른 모든 사람의 행복을 이기적인 동기에서가 아니라 오직 선의지로부터 증진하라'는 것이다(6:160-161). 마지막으로 미래의 보상을 바라는 것과 관련해 그리스도는 엄격하게 덕에 비례하는 보상을, 곧 우리가 이 세계에서 도덕적 행위를 위해 자신의 행복을 얼마나 희생했는가를 보고 서로 다른 심정에 따라 서로 다른 보상을 약속한다(6:161). 칸트는 이것이 인간 각자가 자신의 이성을 통해 받아들일 수 있는 완전한 종교라고 말한다(6:162).

그런데—칸트가 기독교를 자연종교라고 주장하는 가장 강력한 증거를 제공하는 듯이 보이는—마태오의 복음서가 여러 관점에서 네 복음서들 중 가장 '유대교적'이라는 사실은 다소 역설적이다. 마태오의 복음서에 묘사된 그리스도는 최소한 칸트가 유대교의 오직 '율법적인' 요소라고 여길 만한 바를 무시하기는 하지만 상당히 유대교적인 색채를 띤다. 어쨌든 마태오의 복음서에 등장하는 그리스도는 '분명히 말해 두는데, 천지가 없어지는 일이 있더라도 율법은 일 점 일 획도 없어지지 않고 다 이루어질 것'이라고(5장 18절) 명확히 선언한다.

하지만 칸트는 복음서에 유대교적인 요소가 등장한다는 사실을 잘 알고 있으며, 자신이 유대교를 단지 율법적인 종교로 일관되게 비판한

다는 점을 전제할 때 이런 요소를 어떤 방식으로든 설명해야 한다는 점
도 알고 있다. 그리고 그는 『종교』의 특징 중 하나인 수단-목적의 논리
에 다시 한번 호소함으로써 다음과 같이 설명을 시도한다. 신약성서에
서 유대교의 율법에 호소하는 내용이—심지어 구약성서가 신약성서를
예견하며 따라서 정당화한다는 주장이—등장하는 까닭은 오직 이것이
'예외 없이 그리고 거의 맹목적으로 옛것에 집착하는 사람들에게' 그
리스도의 새로운 도덕적 가르침을 소개하는 데 유용하기 때문이다
(6:162). 그리고 교학 종교로서의 기독교에 관해 논의하면서 칸트는
'최초의 교구 설립자들이' 그리스도의 가르침을 유대교의 역사와 밀접
하게 연관 짓기로 결정한 것을 칭찬한다. (칸트가 이런 결정을 내린 사
람이 '최초의 교사들'이 아니라 오직 '최초의 교구 설립자들'이라고 말
하는 점을 주목할 필요가 있다. 그리고 후에 교회 설립자들은 신앙의
본질적인 조항들을 단지 수단으로 도입된 것으로 여김으로써 이런 교
구 설립자들의 의도를 저버리게 된다.) 최초 교구 설립자들의 결정은
건전했지만, '오직 당시 상황에 비추어 보았을 때만' 그랬다고 할 수
있으며 시간이 흐른 후에도 계속해서 유대교의 가르침과 경전에 의존
하는 것은 더 이상 건전하지 않다. 실제로 한 각주에서 칸트는 구약성
서에 등장하는 신성한 역사를 믿는다는 신앙고백을 계속 강요하는 것
은 '양심적인 사람들에게 부담스러운 멍에를 지우는 일'이라고 말한다
(6:167 각주). 그가 이렇게 말하는 까닭은 구약성서가 너무 오래 전의
일을 담고 있어 신약성서와 같은 수준의 역사적 신뢰성을 지닐 수 없다
고 생각하기 때문이다(6:166). 하지만 이것이 교학 종교로서의 기독교
가 유대교가 겪었던 것과 같은 문제를 전혀 겪지 않았다는 말은 아니
다. 칸트는 기독교 성서에 등장하는 사건들이 사실임을 입증하는 일이
동시대인들의 확인이 없이 이루어졌다는 점을 지적한다. 하지만 이는

극복할 수 없는 문제는 아닌데 그 까닭은 유대교에 비해 기독교가 우월한 종교이기 때문이다. 기독교의 최초 교사들의 가르침은 율법적 종교가 아니라 도덕적 종교를 구성하기 위한 것이었다. 그리고 이런 가르침이 이성적이므로 최초 교사들은 기독교에 대한 역사적인 탐구가 부족한 상황에서도 기독교를 전파하고 기독교의 권위를 확보할 수 있었다(6:167).

2장: 율법적 종교에서 신에 대한 거짓 봉사에 관하여

기독교의 역사는 당연히 그리스도와 최초 교구 설립자들의 시대 이후에도 계속 이어지는데, 칸트는 이 역사를 다양한 관점에서 최초의 교사들이 제시한 원리들을 배반한 역사로 이해한다. 4부 1장에서 칸트는 기독교가 자연종교인 동시에 계시종교이며, 기독교의 계시적 요소는 자연종교로 이행하기 위한 수단이라고 주장했다. 이제 2장에서는 기독교가 다시 율법적 종교로 추락하고 자신이 '신에 대한 거짓 봉사'라고 부르는 바가 등장함으로써 이 수단이 참된 종교를 증진하기보다는 오히려 손상하는 과정을 검토한다.

'거짓 봉사'는 칸트가 4부에서 계시종교와 자연종교의 지위가 뒤집힌 상태를 지칭하면서 사용한, 서로 관련되는 네 가지 용어 중 하나이다. 다른 세 용어는 '종교적 망상'과 '물신숭배' 그리고 '성직 제도'이다. 우리는 이 네 용어에 관해 먼저 살펴본 후 뒤이어 칸트가 4부에서 마지막으로 다루는 주제인 '양심'을 검토하려 한다.

칸트는 거짓 봉사가 종교적 망상에 따라 행위하는 것이라고 말하므로(6:168) 종교적 망상의 의미를 고찰하는 것으로 논의를 시작하려 한다. 칸트는 '망상'을 일반적으로 '어떤 것에 대한 순전한 표상을 그것 자체와 동일한 것으로 여기는 잘못'이라고 정의한다(6:168 각주). 또한 이 각주에서 칸트는 서로 다른 형태의 망상을 소개하는데, 예를 들면 '광기'라고 불리는 망상은 순전히 상상에 의한 표상을 실제로 존재하는 것으로 여기는 경우이다. 또 다른 형태의 망상은 ― 칸트는 이를 '실천적 망상'으로 분류하는데 ― 어떤 것에 대한 표상을 그것 자체로 여기는 것이 아니라 단지 어떤 목적에 대한 수단에 지나지 않는 무언가를 지니는 것을 목적 자체를 지니는 것으로 여기는 것이라 할 수 있다. 이런 의미에서 종교적 망상은 정확히 실천적 망상에 속한다. 종교적 망상은 율법적 신앙을 ― 칸트는 이런 신앙이 참된 도덕적 종교라는 더 이상의 목적을 위한 수단에 지나지 않는다고 주장하는데 ― 목적 자체로, 따라서 신에 대한 봉사의 본질적이고 필수적인 요소로 여기는 것이기 때문이다(같은 곳). 달리 말하면 종교적 망상은 율법적 종교를 참된 종교라고 믿는 것이다. 단지 수단에 지나지 않는 것을 목적으로 여기는 이런 망상을 신에 대한 참된 봉사로 믿고 이를 행위로 드러낼 경우 우리는 거짓 봉사에 빠지게 된다.

그렇다면 종교적 망상의 근원은 무엇인가? 아니면 칸트가 묻듯이 종교적 망상의 '보편적인 주관적 근거', 곧 종교적인 문제에서 수단을 목적으로 대체하려는 인간 성향의 근거는 무엇인가? 칸트는 우리가 스스로 하나의 신을 만든다고 여기면서 우리가 어떤 방식으로든 신을 우리에게 가장 이익이 되는 존재로 만들어 우리의 도덕적 심정을 증진하는 데 필요한 부담스러운 노력에서 벗어나려 하는 것은 자연스러운 일이라고 말한다(6:168-169). 인간이 스스로 하나의 신을 '만든다는' 자신의 생각을 독자들이 오해하지 않도록 하기 위해 칸트는 재판에서 추가한 각주를 통해 자신이 의미한 바를 해명한다. 그는 어떤 존재를 '신'

으로 ─예를 들면 성서가 묘사하는 신으로 또는 심지어 기적의 경우처
럼 어떤 개인에게 직접 나타나는 신으로라도 ─인식하기 위해 우리는
먼저 신의 개념을 형성해야 하며 이 개념을 어떤 존재와 비교해야 한다
고 말한다. 만일 이렇게 하지 않는다면 우리가 우러러 모시는 존재가
참된 신인지 그렇지 않은지를 확인할 방법이 없을 것이며, 따라서 거짓
신을 숭배하는 '우상숭배'에 빠질 위험이 있다(6:169 각주). 그렇다면
참된 신을 숭배한다는 사실을 보장받기 위해 인간은 우선 진정한 기준
으로 작용하는 신의 개념을 형성해야 하며, 어떤 신의 후보라도 이에
비추어 판단해야 한다. 하지만 이런 과정에서 인간 자신의 모습과 매우
유사하게 신을 형성할 가능성이 있으며, 사실상 이럴 가능성이 상당히
높다. 이런 신인동형론은 피할 수 없는 것이기는 하지만 ─사실 신인동
형론에 의존하지 않는다면 도대체 어떻게 인간이 초감각적인 존재를
그려낼 수 있겠는가? ─우리가 신의 의지 및 신과 도덕성 사이의 관계
를 생각하면서 모두 지나치게 인간적인 관점에만 의존하는 것은 위험
한 일이다(6:168-169).

　칸트는 『종교』에서 참된 신이 요구하는 유일한 봉사는 오직 도덕적
행위라는 점을 거듭해서 강력히 주장한다. 그렇다면 다른 형태의 봉사
를 요구하는 '신'을 스스로 만들어내는 인간의 성향을 어떻게 설명할
수 있는가? 이에 대한 칸트의 대답은 본질상 흄이 『종교의 자연사』
(The Natural History of Religion, 1757)에서 제시한 것과 같다. 여기
서 흄은 다음과 같은 사실을 한탄한다. '모든 종교에서 자신들이 섬기
는 신을 얼마나 고상한 표현을 사용해 정의하든 간에 많은 신자들, 거
의 대다수의 신자들은 완전한 존재가 수용할 수 있는 유일한 요소인 덕
이나 도덕적인 선이 아니라 사소한 계율의 준수나 무절제한 열정, 제정
신이 아닌 황홀경 또는 모호하고 황당한 교리에 대한 믿음을 통해 신의

호의를 얻으려 한다'(XIV절). 사실 이런 믿음을 지닌 사람들은 너무나 완고해서 설령 성직자들이 도덕적 행위 이외에는 다른 어떤 것도 신의 호의를 받을 수 없다고 계속 설교하는 종교가 등장한다 할지라도 사람들은 '덕이나 도덕적 선을 중요시하기보다는 이런 설교에 참석하는 것 자체를 종교의 본질로 여길 것이다'(같은 곳). 뒤이어 흄은 사람들의 이런 성향에 대한 설명을 시도하는데 그의 설명은 칸트가 종교적 망상의 보편적인 주관적 근거에 대해 제시한 설명과 정확히 일치한다. 흄에 따르면 무언가가 도덕적 의무로 다가올 경우 사람들은 이를 자기 자신이나 다른 사람들에게 반드시 행해야 할 바로 느낀다. 그런데 이런 의무를 다하는 정도로는 신의 호의를 얻을 수 있기 위해 신에게 특별한 봉사를 한 것으로 생각하지 않는다.

> 따라서 종교는 사람들에게 삶에 아무런 기여도 못하거나 인간의 자연적 본성과 강력하게 충돌하는 행위를 추천한다. 바로 이런 까닭에 사람들은 당연히 거부해야만 하는 행위를 쉽게 받아들이게 된다. … 우리가 대출금을 상환하고, 빚을 갚는다고 해도 신에게 도움이 될 것은 전혀 없다. 이런 정의로운 행위들은 설령 신이 존재하지 않는다고 해도 우리가 마땅히 해야 할 일이다. 반면 우리가 하루 종일 금식을 하고 무자비한 채찍을 참고 맞는 일은 신을 직접 섬기는 일로 여겨진다. 이런 금욕적인 행위에는 다른 어떤 동기도 없을 것이다. 이와 같은 특별한 헌신 행위를 통해 우리는 신의 호의를 얻게 되며 이에 대한 보답으로 이 세상에서는 신이 보호하는 안전한 삶을, 저 세상에서는 영원한 행복을 기대하게 된다. (XIV절)

칸트 또한 사람들이 오직 신을 기쁘게 만들기 위해 행한 바만이 신에 대한 우리의 복종을 증명한다는 원리에 따른다고 생각한다. 따라서 다양한 형태의 자기희생은 바로 자신에게 전혀 무익한 일을 행하는 것이라는 점 때문에 항상 신의 호의를 얻는 가장 강력한 수단으로 여겨져 왔다. '자신에게 가하는 그런 고통이 무익하면 할수록, 인간의 보편적인 도덕적 개선을 목표삼지 않으면 않을수록 그것은 더욱 신성한 듯이 보인다. 왜냐하면 이런 것들은 이 세계에서는 아무 쓸모가 없는데도 상당한 수고를 필요로 하므로 오직 신에 대한 헌신을 증명하려는 목표를 지닌 듯이 보이기 때문이다'(6:169). 칸트는 이런 모든 것들이 종교적 망상을 낳는다고 결론짓는다. 이런 행동은 사실상 참된 헌신이 아니지만 신에게 헌신하고 전념하는 우리의 열정적인 태도를 증명하는 것으로 여겨진다. 어쨌든 신에게 헌신하는 사람은 이렇게 단지 헌신할 준비를 갖춘 태도를―이 자체는 오직 참된 헌신을 위한 수단으로서만 가치를 지닐 뿐인데도―마치 헌신 자체인 양 여기게 된다.

이런 종교적 망상에 반대하면서 칸트는 '종교의 도덕적 원리'를 명시한다. '인간이 신을 진정으로 기쁘게 하기 위해 선한 품행 이외에 다른 무엇이라도 행할 수 있다고 여기는 것은 단지 종교적 망상이며 신에 대한 거짓 봉사일 뿐이다'(6:170-171). 칸트는 이것이 '아무런 증명도 필요로 하지 않는' 원리라고 말한다. 그리고 자연종교가 모든 사람이 스스로 지닌다고 확신하는 이론이성이라는 능력을 거의 필요로 하지 않는다는(6:157) 칸트의 전제가 옳다면 실제로 이 원리는 아무런 증명도 필요로 하지 않는 듯이 보인다.

칸트는 인간이 신을 기쁘게 하기 위해 할 수 있는 것으로 선한 품행 이외에 다른 무엇이라도 존재할 수 있다는 점을 부정하지만 그렇다고 해서 이런 주장이 우리의 선한 품행을 훨씬 넘어서서 우리를 신을 기쁘게 하는 존재로 만들기 위해 신이 무언가를 행할 수 있다는 주장을 부정하는 데까지 이르지는 않는다. 하지만 교회가 신이 실제로 이런 일을

행했다는 계시를 진리라고 선언하거나 더 나아가 이런 계시된 진리 자
체에 대한 믿음과 신앙고백이 신을 기쁘게 하기 위해 필요하다고 선언
한다면 —칸트는 이런 것들이 바로 종교적 망상에 해당한다고 말한다.
사실 신앙고백을 신을 기쁘게 하는 조건으로 여기는 것은 율법적 종교
가 자주 그렇게 하듯이 아무 쓸데없는 일을 요구하는 것 중 최악의 경
우에 속한다. 왜냐하면 신앙고백은 양심에 반대되는 무언가를 선언하
라고 개인을 압박하는 것이기 때문이다. 칸트는 4부 끝부분에서 양심
에 관해 더 언급을 하는데 이는 그때 가서 살펴보려 한다.

　이제 '물신숭배'와 '성직 제도'에 관해 살펴보자. 칸트는 3절(6:175-
185)을 —다시 한번 흄의 『종교의 자연사』에 따라—인간이 보이지 않
는 강력한 존재를 숭배하게 된 까닭은 '의지할 곳 없는 인간이 자신의
무능력함을 깨달은 후 갖게 된 자연적인 공포에' 기인한다는(6:175-
176) 주장으로 시작한다. 하지만 칸트는 이에 관한 탐구를 상세히 시도
하지는 않으며 (칸트와 달리 흄은 종교에 대한 완전히 자연주의적인
설명을 제시하려 한다) 그저 보이지 않는 강력한 존재를 최초로 숭배
하게 된 것을 종교로 여겨서는 안 되며 이는 단지 '노예적 숭배'에 지
나지 않는다고 말하는 데 그친다. 이런 노예적 숭배에 어떤 법칙들이
더해져 공적인 형태를 띠게 된 경우를 칸트는 '신전 봉사'라고 부른다.
오직 이런 법칙들이 '인간의 도덕적 문화'와 결합될 때 신전 봉사는
'교회 봉사'가 된다. 하지만 신전 봉사와 교회 봉사 모두 단지 역사적인
형태의 신앙에 지나지 않는다. 달리 말하면 교회 신앙은 순수한 (역사
와 무관한) 종교적 신앙으로 나아가는 잠정적 수단의 역할을 자임해야
한다. 신에 대한 봉사 자체에서 드러나는 역사적인 (도덕과 무관한) 요
소들과 관련해 이런 요소들이 '원시적인' 모습을 보이든 아니면 '세련
된' 모습을 보이든 이들 사이에는 원리상 아무런 차이가 없다. 칸트가

언급하듯이 '아침마다 곰 가죽의 앞발을 머리 위에 올려놓고 '나를 물어 죽이지 말라' 고 짧게 기도하는, 감성적인 보굴리츠족(Wogulitzen)[13]에서 코네티컷의 세련된 청교도와 독립교회파(Independent)에 이르기까지 이들 사이에 신앙의 양식에는 분명히 큰 차이가 있지만 이들의 원리는 서로 차이가 없다' (6:176). 보굴리츠족과 청교도는 모두 보이지 않는 강력한 존재를 조종하려 한다. 단지 이런 목표를 위해 서로 다른 방법을 사용할 뿐이다.

칸트는 '물신숭배' 를 초자연적인 결과를 낳기 위해 자연적인 수단을 사용하는 시도로 여기면서, 이를 — 지칭하기 위해 통상 '마법' 이라는 용어가 사용되지만 자신은 마법이 암시하는 '악한 원리와의 관련성' 을 피하기 위해 대신 물신숭배라는 용어를 사용한다고 밝힌다(6:177). 도덕적 가치를 포함하지 않으면서 신의 호의를 얻으려는 희망에서 행해지는 인간의 행위는 어떤 것이든 간에 모두 물신숭배의 범주에 속한다. (칸트는 4부의 일반적 주해에서 '은총의 수단' 을 다루면서 초자연적인 결과를 낳기 위해 자연적인 수단을 사용하는 것에 대해 다시 한번 논의한다.)

'성직 제도' (Pfaffentum)는 교회 안에서 물신숭배적 원리가 작용하는 한에서 교회의 기본 체제를 의미한다(6:179).『종교』 재판의 한 각주에서 칸트는 성직 제도라는 용어가 어느 하나의 특정한 교파(가톨릭)에만 적용되는 것이 아니라 '영적인 전제주의' 가 발견되는 모든 경우를 지칭한다고 주장한다(6:176 각주). 하지만 물신숭배적 봉사와 영적인 전제주의가 정확히 어떻게 연결되는가? 인간은 오직 자신의 이성을 통해 자기 자신에게 도덕법칙을 부과하므로 이런 법칙의 부담을 자

---

13   옮긴이 주-서부 시베리아 우랄산맥 지역에 살았던 소수 종족의 이름이다.

유롭게 자신에게 지우는 셈이다—이것이 바로 칸트가 그리스도의 말
씀(마태오의 복음서 11장 30절), '내 멍에는 편하고 내 짐은 가볍다'에
서 발견한 의미이기도 하다(6:179 각주). 하지만 물신숭배는 인간이
단지 역사적인 것으로만 인식할 수 있으며 따라서 보편적으로 확신할
수 없는 무언가를 믿으라고 강요한다. 이런 면에서 물신숭배는 강제적
이며, 양심에 부담을 준다(6:179). 물신숭배적 교회의 기본 체제가 실
제로 어떤 형태로 구성되든 간에 (군주제이든 귀족제이든 아니면 민주
제이든 간에) 그것은 항상 '전제적'일 뿐이다. 왜냐하면 그런 체제에
복종할 것을 강요하기 때문이다. 신부나 목사들은 마치 자신들이 '보
이지 않는 법칙 부여자의 의지를 수호하고 해석할 권위를 지닌 유일
한' 사람들처럼 행세하면서 이성과 성서에 대한 연구를 전적으로 무시
하기도 한다. 따라서 칸트는 물신숭배에는 어쩔 수 없이 '영적 전제주
의'가 포함되며, 더 나아가 성직자들이 국가로부터 권위를 강탈해 시
민들의 정신적 영역에 영향을 미치는 문제까지 발생한다고 지적한다
(6:180).

　종교적 망상과 거짓 봉사, 물신숭배와 성직 제도—칸트는 이들 모두
가 수단과 목적을 뒤바꾼 결과로 등장한다고 여기면서 언뜻 보기에 이
런 '교환은 무해한 듯하다'고 말한다. 하지만 그는 계몽이란 바로 두 가
지 '중요한 것을'(곧 수단과 목적을) 적절한 순서로 배열해 결합하는
것이라고 말한다(6:180). 여기서 칸트가 수단과 목적을 적절한 순서로
배열함으로써 인간이 이룰 수 있다고 여기는 계몽은 단지 지식인이나
추론에 숙달된 사람들만을 위한 계몽이 결코 아니다. 이는 '무지한 사
람이나 이해력이 가장 떨어지는 사람들까지도 포함해' 인류 전체에게
적용될 수 있는 것이다. 이어서 칸트는 신인동형론에 따른 신을 내세우
고 감각적 상징들을 동원해 단순한 이야기에 대한 동의를 구할 뿐 진정

한 이해를 요구하지 않는 역사상의 신앙이 무지한 사람들에게는 도덕적 신앙보다 더 잘 어울릴지도 모른다고 말한다. 하지만 사실상 가장 단순한 사람조차도 실천적 인식에 상당히 가까이 접근할 수 있으므로 이런 인식은 '마치 문자 그대로 사람의 마음 안에 새겨진 듯이' 보이는데—이는 바로 도덕법칙의 무조건적인 구속력을 나타낸다. 이런 인식은 신에 대한 신앙으로 직접 이어지거나 아니면 도덕적 입법자로서의 신의 개념을 형성한다. 순수한 도덕적 신앙은 무지한 사람들로부터도 얼마든지 쉽게 이끌어낼 수 있으므로 역사상의 신앙이 아니라 도덕적 신앙과 더불어 시작하는 것은 충분히 사려 깊은 일일 뿐만 아니라 역사상의 신앙이 어떤 구원을 약속하든 간에 도덕적 신앙을 구원을 받을 수 있는 조건으로 내세우는 것은 일종의 의무이기도 하다(6:181-182).

칸트는 4부의 본문을 (일반적 주해 이전 부분을) 양심에 관한 몇 가지 중요한 지적을 하면서 마무리 짓는다(§4). 양심이란 정확히 무엇인가? 칸트는 양심이 우리의 행위가 도덕적으로 그릇될 위험에 처할 때 그런 행위를 하지 말 것을 요구하는, 어떤 증명도 필요하지 않는 도덕 원리라고 말한다. 따라서 우리에게는 우리가 하려는 행위가 옳은지 그른지를 면밀히 검토할 의무가 주어진다. 칸트는 어떤 특정한 행위가 옳은지 그른지를 판단하는 것은 이성이라고 말한다. 하지만 양심은 어떤 행위의 옳고 그름에 대한 이성의 판단이라기보다는 우리가 하려는 행위의 옳고 그름에 대해 실제로 면밀한 검토가 이루어졌는지 그렇지 않은지를 결정하는 이성의 판단 자체라고 할 수 있다. 달리 말하면 양심은 우리 자신이 행하려는 행위의 도덕성을 부단히 탐구할 의무를 제대로 수행했는지 그렇지 않은지를 결정하는 일종의 자기 검토이다. 만일 우리가 이런 의무를 성실히 행한다면 우리는 양심에 따라 행위한다는 말을 들을 수 있을 것이다. 반면 성실히 행하지 않는다면 양심이 부족하다는, 양심의 가책을 느낄 것이다(6:185-186).

　칸트는 4절의 제목에서 암시되듯이 이렇게 정의되는 양심이 어떻게 신앙의 문제와 관련해 우리를 '인도하는 실마리'로 작용할 수 있는지, 더욱 구체적으로 어떻게 양심이 종교가 없는 사람들에 대한 박해나 신앙고백을 명령하는 일 등을 비판할 수 있는 기초로 작용할 수 있는지를 밝히려 한다. 이를 위해 칸트는 어떤 정직한 한 시민에게 불신앙을 근거로 사형 판결을 내리는 종교재판관의 경우를 고찰한다. 이 재판관은 자신의 특정한 율법적 신앙이 배타적인 진리임을 굳게 믿으며 또한 신이 불신앙과 불신앙자를 뿌리 뽑을 것을 허락했을 뿐만 아니라 그렇게 할 것을 요구한다고 믿는다. 칸트는 당연히 이 재판관이 비도덕적으로 행위한다고 생각한다. 하지만 이는 여기서 칸트가 다루려는 문제가 아니다. 오히려 칸트는 이 재판관은 그저 판단을 잘못했을 뿐이며 따라서 그가 자신의 양심에 따라 행위한 한에서 악행의 죄를 범한 것은 아니라고 보아야 하는가 아니면 그가 양심의 부족이라는 죄를 저지른 것으로 보아야 하는가라는 질문을 제기한다.

　이에 대해 칸트는 이 종교재판관이 양심의 부족이라는 죄를 저질렀다고 여기면서 자신의 논거를 다음과 같이 전개한다. 곧 칸트는 설령 신이 사형 판결을 내릴 것을 명령했고 어떤 방식으로 재판관에게 자신의 의지를 전달했다 할지라도 재판관이 한 사람의 생명을 빼앗는 판결을 내린 것은 분명히 도덕적으로 그르다고 주장한다. (여기서 신이 이런 명령을 내릴 수 있다는 칸트의 주장은 순전히 논증 자체의 전개를 위한 것으로 이해해야 한다. 왜냐하면 칸트는 신을 도덕법칙과 일치하는 것을 원하는 존재로 여기므로 신이 이런 명령을 내릴 수 있다는 가능성 자체를 철저히 무시할 것이기 때문이다.) 그렇다면 재판관은 신이 실제로 사형 판결 명령을 내렸다는 사실을 의심의 여지없이 확신할 수 있는가? 만일 이런 신의 계시가 다른 누군가의 중개를 통해 간접적으로 그에게 전달되었다면 (예를 들어 재판관이 성서에 제시된 신의 명령을 믿고 받아들였다면) 이와 관련해 오류가 발생할 가능성이 충분하다. 더 나아가 칸트는 설령 마치 신이 아브라함에게 아들 이사악을 희생의 제물로 바치라고 명령한 경우처럼 신의 명령이 재판관에게 직접 전달되었다 할지라도 얼마든지 오류가 발생할 수 있다고 말한다. 여기서 칸트는 왜 이런 오류가 발생할 수 있는지, 그 이유를 설명하지는 않는다. 하지만 어쩌면 칸트는 이렇게 직접적인 계시를 받았다고 주장하는 사람은 최소한 환각이나 정신적인 질병 또는 어떤 부자연스러운 상태에 빠져있다고 여기며 따라서 이런 기적의 경험은 신이 아니라 악마에 의한 것이라고 여기는지도 모른다. 물론 칸트는 앞서 2부의 일반적 주해에서 이사악의 이야기를 언급하면서 기적에 해당하는 (예를 들면 직접적인 계시와 같은) 어떤 사건이 신으로부터 오는지 그렇지 않은지를 보이기 위해서 신이 '소극적인 기준'을 채용해 이런 비도덕적인 명령을 내릴 가능성을 단호히 부정한다. '설령 신이 직접 모습을 드러내어 명령을 내린다 할지라도 그것이 도덕과 정면으로 충돌하는 것이라면 그것은 아무리 겉보기에 신의 기적과 같다 할지라도 결코 신의 기적일 수 없다' (6:87). 어떻든 간에 여기서 칸트의 논점은 '모든 역사상의 또는 현상적인 신앙은' 항상 오류의 가능성을 지닌다는 점이다. 따라서 위의 종교재판관은 자신의 행위가 과연 확실히 옳은지를 면밀히 조사해야 하는 의무를 충실히 다하지 못했으며 결국 양심의 부족이라는 죄를 저지른 셈이 된다.

　양심에 따라 행위하는 것은 일종의 도덕적 의무이므로 단지 역사적인 증명에 기초할 뿐인 (결코 완벽하게 확실할 수 없는) 종교적 조항들에 대해 진실한 신앙고백을 하라고 명령하는 모든 종교적 권위자들은

악행의 죄를 범하는 셈이 된다(6:187). 또한 자신이 완벽히 확신하면
서 신앙고백을 할 수 없다는 사실을 잘 아는 어떤 교리에 대해 신앙고
백을 함으로써 안전을 보장받으려 하는 개인도 마찬가지이다(6:188-
189). 칸트의 언급에 따르면 '진정한 안전의 준칙은' 우리는 역사상의
신앙이 참임을 확신할 수 없지만 동시에 그것이 거짓임을 확신할 수도
없다는 점을 인정하고(단 이런 신앙이 도덕과 충돌하지 않는 한에서),
혹시 이런 역사상의 신앙으로부터 우리에게 유익한 무언가가 등장할
경우 오직 선한 품행을 통해 스스로 이를 누릴 자격을 갖추어야 한다는
것이다(6:189). 칸트는 다음과 같은 (다소 낙관적인) 주장을 펴면서 4
부를 마무리 짓는다. 모든 경전의 저자나 교회의 교사는 다음과 같은
질문을 자기 자신에게 던진다면 두려움 때문에 '전율하게' 될 것이다.
곧 모든 것을 진정으로 확실하게 보는 신의 눈앞에서, 너에게 소중한
모든 것을 잃는 고통을 감내하고서라도 네가 믿는 교리들이 진리임을
감히 확실히 고백할 수 있겠는가? 만일 그가 이 질문에 직면해 전율한
다면 신앙고백을 요구하거나 그런 고백을 하나의 의무 또는 신에 대한
봉사의 일종이라고 주장하는 일은 결코 양심과 일치할 수 없음이 드러
난다(6:189-190).

일반적 주해

칸트는 앞서 이 네 번째 일반적 주해에 '은총의 수단'이라는 제목을 붙
일 수 있으리라고 말했는데(6:52), 이 말은 자신의 본성적 행위를 통해
초자연적 존재인 신에게 영향을 미쳐 신의 은총을 이끌어내려는 인간의
시도를 의미한다. 그렇다면 '은총의 수단'은 (1부의 일반적 주해에서

논의되었던) '은총의 작용'과 구별될 수 있다. 은총의 작용은 초자연적 존재의 영향을 우리가 수동적으로 받아들이는 일과 관련되기 때문이다.

여기서 칸트가 은총이라는 용어를 통해 의미하는 바는 우리를 도덕적으로 더욱 선한 존재로, 신을 기쁘게 하는 존재로 만들기 위해 신이 우리에게 행하는 바로서 우리가 스스로 행할 수 있는 바와 반대되는 개념이다. 그렇다면 정의상 은총은 초자연적이므로 인간의 이성은 은총과 같은 것이 어떤 형태로든 실제로 존재한다는 점을 결코 통찰할 수 없으며, 설령 존재한다 해도 은총이 언제, 어떻게, 어느 정도의 범위로 우리에게 영향을 미치는지를 결코 알 수 없다(6:191). 더욱이 은총의 관념은 우리가 지닐 수 있는 그 어떤 도덕적 선도 오직 우리 자신이 자유로운 능력을 발휘함으로써만 등장할 수 있다는 사실과 조화를 이루기 어렵다. 신의 도움과 같은 초자연적인 영향력이 우리의 자유와 협력해 작용함으로써 우리를 도덕적으로 더욱 선한 인간으로 만들 수 있는 방법이 과연 존재하는가? 칸트는 이런 일을 아예 불가능한 것으로 완전히 배제하지는 않는다. 왜냐하면 우리는 신의 은총에 대해서와 마찬가지로 인간 자유의 작용에 대해서도 궁극적으로 무지하기 때문이다. 어쨌든 은총과 자유가 모두 실제로 존재한다고 가정하고 이들은 자연 세계에 어떤 작용을 미치지만 자연적 인과성과는 구별된다. 어떤 경우든 은총의 관념에 대한 칸트의 기본적인 태도는 다음과 같다. 인간은 자신이 마땅히 되어야만 할 인간이 되기 위해 자신의 자유를 최대한 사용한 경우—그리고 오직 그럴 경우에만—신이 인간을, 신을 기쁘게 하는 존재로 만들기 위해 필요할 수도 있는 다른 모든 것을 제공하리라고 합리적으로 전제할 수 있다. 우리는 결코 이런 일반적인 가정을 넘어서서 은총의 관념을 사용해서는 안 된다(같은 곳).

이제 이 점을 기억하고 칸트가 '은총의 수단'에 관해 말하는 바를 검토해보자. 무엇보다 우선 칸트는 자신이 『종교』에서 여러 차례 인간은 도덕적 관념들에 대한 감성적 상징을 필요로 한다는 점을 지적했음을 상기시킨다. 그리고 신에 대한 진정한 도덕적 봉사는 눈에 보이지 않는다고 말한다. 왜냐하면 그런 봉사는 오직 모든 진정한 도덕적 의무를 신의 명령을 여기면서 준수하는 심정 안에—심정 자체는 보이지 않는 것인데—성립하는 것이기 때문이다(6:192). 하지만 인간은 이렇게 신에 대한 보이지 않는 봉사를 눈에 보이는 형태로 드러낼 필요성을 느낀다. 이렇게 눈에 보이는 상징은 사실 신에 대한 진정한 (보이지 않는) 봉사를 계발하기 위한 수단으로 유용하게 사용될 수 있다. 앞서 3부에서 칸트가 말한 대로 특히 이전까지 단지 율법적 종교에 익숙했던 사람들에게 도덕적 종교를 처음 도입하려 할 경우에 그렇다(6:109). 물론 사람들이 눈에 보이는 이런 상징을 신에 대한, 보이지 않는 진정한 봉사를 계발하기 위한 수단이 아니라 목적으로 여길 위험성은 분명히 존재한다—앞서 살펴본 대로 칸트는 이런 잘못된 뒤바꿈을 종교적 망상이라고 부른다. 모든 종교적 망상이 그렇듯이 이는 단지 수단과 목적을 뒤바꾼 단순한 실수가 아니라 감성적인 인간이 도덕적 노력이 아닌 다른 행위들을 충분히 받아들이리라고 확신하면서 도덕의 엄격한 요구를 회피하려 하는 일종의 잘못된 '탈출구'이다(6:193).

칸트에 따르면 은총의 수단이 존재한다는 생각은 순전히 자연적인 수단을 통해 우리 자신이 초자연적인 작용을 (곧 신이 우리의 도덕성에 영향을 미치는 일을) 일으킬 수 있다고 생각하는 망상적 신앙의 한 형태에 지나지 않는다. 따라서 이는 물신숭배와 같은 것이다. 칸트는 이 일반적 주해에서 은총의 수단으로 네 가지를 드는데 이들은 (1) 기도하기, (2) 교회 다니기, (3) 세례 그리고 (4) 성찬식이다. 물론 이들은 목적 자체로 여겨질 경우에만 망상적인 것이 된다. 적절하게 사용되면 이들은 모두 신에 대한 진정한 도덕적 봉사를 증진하는 수단으로 활용된다. 그렇다면 여기서 칸트가 시도하려는 바는 이런 활동들을 망상적으로 사용하는 것을 거부하고 이들이 적절한 도덕적인 교화의 역할을 회복함으로써 개인에게는 도덕적 완전성으로 나아가는 길을, 인류 전체에게는 지상에 신의 윤리적 나라를 실현하는 길을 열어주도록 만드는 것이다. 이제 이 네 가지를 각각 차례대로 살펴보자.

1. 기도하기

칸트는 우리가 기도를 통해 신의 도움을 얻어낼 수 있다는 믿음에는 다소 불합리한 면이 포함된다고 생각한다. 기도가 단지 우리의 기원을 신에게 호소하는 것이라면 이는 불필요하다. 신은 우리가 마음속 깊이 간직한 생각이나 소원을 이미 알기 때문에 굳이 이렇게 다시 한번 호소할 필요가 없다. 이런 식으로 이해하면 기도를 통해서는 아무것도 이루어지지 않으며, 기도는 진심이든 그렇지 않든 간에 신에게 '봉사하는' 것이 아니다(6:194). 칸트는 '진정한 기도의 정신'은 오히려 우리의 모든 행위가 오직 도덕적이기 때문에 신에게 봉사하는 것이 된다는 듯이 여기면서 행위를 행하는 심정이라고 말한다. 이런 의미에서 기도는 우리가 가끔씩 행하는 무언가가 아니다. 칸트는 — 성서의 표현을 인용해 (데살로니카인들에게 보낸 첫째 편지 5장 17절[14]) — 이런 기도는 '끊임없이' 이루어져야 한다고 말한다(6:195).

진정한 기도는 — 우리의 모든 행위를 신에 대한 봉사인 듯이 여기면서 행하는 심정은 — 우리 안의 이런 심정을 자극하는 수단으로 사용되는 형식과 말들을 통해 '옷 입혀져 장식될 수' 있다(6:195). 이런 장식

---

14 옮긴이 주-원문은 다음과 같다. '늘 기도하십시오.'

은 신에 대한 보이지 않는 봉사를 감성적으로 표현한 것으로서, 감성적
인 우리 인간이 필요로 하는 것이다. 하지만 이런 형식과 말들을 진정
한 봉사의 심정을 자극하는 수단이 아니라 그 자체로 우리 자신이 아닌
신에게 작용하는 봉사의 형식으로 여기는 것은 종교적 망상이다. 기도
에 대한 칸트의 견해에 따르면 기도하는 사람은 설령 신의 존재를 확신
하지 못하는 경우에도 진심으로 기도할 수 있다. 그 이유는 바로 기도
의 목표가 어떤 초자연적인 작용을 — 이런 작용은 당연히 신이 실제로
존재함을 전제하는데 — 이끌어내려는 것이 아니라 오직 우리 자신의
도덕적 심정을 강화하는 것이기 때문이다(6:195 각주).

  『종교』의 재판에서 추가된 각주에서 기도에 관해 논의하면서 칸트는
주기도문을 — 곧 산상수훈에서 그리스도가 제자들에게 기도하는 방법
을 가르치면서 말한 내용을(마태오의 복음서 6장 9-13절) — 우리 인간
의 나약함을 인정하면서도 신의 나라의 구성원이 될 자격을 갖추겠다
는 '굳건한 소망'을 드러냄으로써 선한 품행을 결의하는 언어적 표현
으로 해석한다. 칸트처럼 이렇게 해석할 경우 주기도문에는 신에게 실
제로 무언가를 간청하는 내용이 전혀 포함되지 않는다. 오히려 누군가
가 진정으로 이런 기도를 한다면 기도하는 사람 자신이 도덕적으로 발
전함으로써 신의 나라에 속할 자격을 갖추는 목표를 이루게 될 것이다
(6:195). 이런 사람은 자신의 도덕적 심정을 정화함으로써 기도의 정
신을 충분히 드러낼 것이므로 기도의 '언어'는 — 기도의 정신을 감성
적으로 상징해 드러내는 기도의 말과 형식은 — 다른 모든 감성적인 종
교적 상징과 마찬가지로 큰 의미를 지니지 않는다(6:197).

2. 교회 다니기

윤리적 완전성에 이르려는 인간 개인의 도덕적 노력에 윤리적 공동체

를 형성하려는 집합적인 노력이 동반되어야 하는 것과 마찬가지로 기도하는 사람에게도 신을 경배하는 외부적인 방식이 동반되어야 한다. 우리가 교회를 다니는 진정한 목적은 도덕적 선을 증진하는 것이다. 이 목적을 위한 수단은 신을 경배하는 외부적인 방식을 '감성적으로 드러내는' 것이다. 이런 외부적인 경배는 여러 형태로 나타날 수 있고 또 실제로도 그렇게 나타나지만 칸트는 우상숭배에까지 이르러 '양심에 무거운 짐을 지울 수 있는' 방식은 어떤 것이라도 피해야 한다고 말한다. 칸트는 특히 '신의 무한한 선을 어떤 인간의 이름 아래 인격화하여 신을 경배하는 형태'를 지적하면서, 신을 이렇게 '감각적으로 묘사하는 일'은 이성의 명령에 위배되며 — 이는 또한 어떤 모양을 본떠 새긴 우상을 섬겨서는 안 된다는 성서의 명령에도(출애굽기 20장 4절) 어긋난다고 말한다(6:198-199). 여기서 칸트가 의미하는 바는 다소 분명하지 않지만 그리스도를 묘사한 상이나 그런 상을 숭배하는 경우를 지칭하는 듯이 보인다. 어쨌든 칸트는 앞서 기도와 관련해 언급했던 바를 교회 다니기와 관련해서도 똑같이 지적한다. 만일 교회 다니기가 은총을 위한 수단으로 사용된다면 설령 그것이 신을 경배하는 외부적인 방식의 다양한 형태 중 하나로 수행되어 신에 대한 봉사로 칭찬할 만한 것이라 할지라도 그것은 종교적 망상에 지나지 않는다(6:199).

3. 세 례

'세례'는 개인이 교회에 처음 발을 들이는 입교의 의례로서, 입교자에게 (그 사람이 성인인 경우에는) 중요한 도덕적 의무를 부과하거나 아니면 (유아세례의 경우에는) 교회의 구성원들에게 입교자를 신앙에로 인도할 교육의 의무를 부과한다. 세례의 진정한 목적은 신성하다. 곧 '인간을 신의 나라의 시민으로 만드는 것이다.' 하지만 세례의 과정이 그 자체로 은총의 수단으로서 신성함을 부여하지는 않는다. 칸트는 세례가 '모든 죄를 단번에 씻어낼 수 있다고' 믿는 것은 세례가 '이교도의 미신'과 연결되어있음을 공개적으로 드러내는 종교적 망상에 지나지 않는다고 말한다(6:199).

4. 성찬식

'성찬식'은 교회의 영속과 쇄신 그리고 전파에 도움이 되는 예식으로서 교회 구성원들 사이의 평등을 확인해준다. 칸트는 같은 식탁에서 같은 음식을 함께 먹는 기독교의 성찬식이 인간의 편협함, 이기적임, 불관용에 맞설 힘을 기르기 위한 것으로서 형제애의 정신을 불어넣는 관행임을 인정한다. 하지만 그는 다시 한번 성찬식 자체를 신의 은총을 안전하게 보장받는 수단으로 여기려는 생각은 종교적 망상이라고 주장한다. 또한 성직자들이 성찬식의 음식을 관리하고 통제한다는 점에서 이 특별한 종교적 망상은 성직 제도의 영적인 횡포를 뻔뻔스럽게 드러내는 것이기도 하다(6:199-200).

칸트는 이 네 번째 일반적 주해를, 따라서 사실상 『종교』 전체를 모든 종교적 자기기만이 하나의 공통적인 근거를 지닌다는 점을 지적하면서 마무리 짓는데 그 공통의 근거는 바로 신의 신성함과 일치할 정도에 이르려고 부단히 노력하는 고된 일을 피하기 위해 신의 자비에 호소하는 것이다. 도덕적 의무를 다함으로써 '선한 종'이 되는 것은 상당히 힘든 반면 신의 '호의를 받는 사람'이 되어 손쉽게 죄를 용서받거나 아니면 최소한 신이 더욱 사랑하는 누군가의 중재를 통해 쉽게 속죄하는 것은 훨씬 쉽다. 하지만 이런 생각이 전제하는 신의 개념은 실천이성이 요구하는, 신성하고 정의로운 신의 개념과는 거리가 멀다. 이런 도식에 가담하는 신의 개념은 오히려 인간 통치자를 모델로 삼아 형성된 것이다. 인간 통치자들은 항상 진정으로 상을 받을 만한 사람이 아니라 엉뚱한 사람에게 상을 내리는 잘못을 저지르는 경우가 많다. 오직 이런 신인동형론적인 신의 개념에 기초할 경우에만 인간은 자기 스스로 신에 대한 헌신을 드러낸다고 여기는 여러 형식적 절차와 관행을 준수함으로써 신의 호의를 얻을 수 있다고 믿게 된다. 하지만 이런 모든 것을 준수한다고 해도 진정으로 신의 호의를 얻는 데 필요한 한 가지, 곧 도덕적으로 더욱 선한 인간이 되는 데 실패한다면 우리는 결코 신의 호의를 얻을 수 없다. 이런 사람은 덕이 아니라 단지 신앙심으로 자신을 채우려 하지만 사실상 참된 종교적 심정은 신앙심과 결합된 덕으로 이루어진다는 점을 잊어서는 안 된다. 종교적 망상에 단단히 붙들린 사람은 뒤이어 광신의 덫에 빠져 스스로 자신 안에서 신이 내린 은총의 결과를 감지할 수 있다고 믿으며, 더 나아가 자신이 신과 '친밀하고 유사하므로' 덕을 자신 아래에 놓을 수 있다고 여기는 지경에 이른다(6:200-201). 하지만 진정한 종교적 헌신은 오히려 평범하지만 성실한 사람들이 '일상의 삶에서나 자신의 일에서 또는 어려움을 겪으면서 종교에 의지함으로써', 또한 자신들의 삶이라는 예를 통해 '은총에서 덕으로 나아가는 것이 아니라 덕에서 은총으로 나아가는 것이 올바른 길임'을 증명함으로써 이루어진다(6:201-202).

어떤 의미에서 칸트의 『종교』에 대한 평가는 그가 이 저술을 쓰기도 전부터 이루어졌다고 말할 수 있다. 1792년 봄 『모든 계시에 대한 비판의 시도』(*Attempt at a Critique of All Revelation*)라는 제목의 책이 출판되었다. 하지만 어떤 알 수 없는 이유로 출판업자는 저자의 이름과 서문을 넣지 않고 책을 출판했다 — 그 이유는 어쩌면 저자가 검열 당국의 허가를 받는 데 어려움을 겪으리라고 예상해 이를 피하려는 것이었을지도 모르고 아니면 칸트가 책의 저자라는 추측을 불러일으켜 책을 더 많이 팔려는 것이었을지도 모른다. 어쨌든 이 책이 처음 출판되자 저자가 칸트라는 소문이 널리 퍼졌다. 하지만 이 책의 실제 저자는 젊은 철학자 피히테(Johann Gottlieb Fichte, 1762-1814)였다. 이 책에서 피히테는 칸트의 비판철학과 신적 계시의 개념이 서로 양립할 수 있는 가능성을 모색했다. 그는 칸트에게 좋은 인상을 주어 그의 지지를 받기 위해 쾨니히스베르크에서 칸트의 강의를 몇 주 수강한 후 이 책을 썼다. 실제로 칸트는 피히테로부터 좋은 인상을 받았다. 당시 경제 사정이 어려웠던 피히테는 칸트에게 약간의 돈을 빌려달라고 부탁했는데 칸트는 직접 돈을 주는 대신 자신의 출판업자가 피히테의 책을 판매하도록 주선했다. 피히테의 책에 대한 긍정적인 서평이 『일반 문예 신보』(*Allgemeine Literatur Zeitung*)에 실렸는데 이 서평은 이 책의 저자가 칸트임에 틀림없다고 주장했다. 이에 칸트는 서둘러 다음 달에 간행된

이 『신보』에 책의 저자가 피히테라고 밝히면서 그를 칭찬하는 편지를 실었다. 이에 피히테는 무명의 저자 상태에서 벗어나 일약 철학계의 중요한 인물이 되었다(Wood 2010a, viii-ix).

피히테의 저서 『모든 계시에 대한 비판의 시도』는 칸트의 저술과 유사한 듯이 보이기도 하지만 몇몇 중요한 점들에서 차이를 드러낸다. 피히테는 칸트를 추종해 종교가 이론적 인식이나 이성과 무관한 감정보다는 도덕성에 기초한다고 주장한다. 계시 자체는 이론적 인식에 근거할 수 없으며, 사실 우리 모두가 인정하듯이 이른바 계시로 여겨지는 것 중 일부는 — 이런 계시가 본성상 도덕적인 한에서 — 실제로 신이 부여한 것일 수도 있다. 이런 주장은 모두 당연히 칸트적인 지형을 수용한 것이지만 우드(Allen Wood)는 피히테가 칸트보다 더욱 밀접하게 도덕적 동기를 종교와 연결시킨다고 주장하기도 한다(Wood 2010a, xvi). 어쨌든 칸트가 『종교』에서 그저 우리가 계시의 존재를 이론적으로 인식할 수 없으며, 도덕성이 가능한 모든 계시를 판별하는 기준으로 작용해야 한다고 주장하는 데서 한걸음 더 나아갔음은 분명하다. 앞서 살펴보았듯이 『종교』에는 우리가 구체적인 계시를 실천이성의 시점에서 해석하는 데 적극적으로 관여해야 하며, 계시의 가치를 순수한 도덕적 종교를 증진하기 위한 (궁극적으로 반드시 필요한) 수단으로서 평가해야 한다는 주장이 계속 이어진다.

칸트의 『종교』에 대한 평가와 그것이 미친 영향은 무엇보다도 칸트의 종교철학 전반에 대한 평가 및 그것이 미친 영향과 결코 분리될 수 없다. 예슈케(Walter Jaeschke)는 1790년대를 칸트 종교철학의 영향력이 폭넓게 확산된 '도덕적 신의 시기'라고 불렀다(82). 이렇게 칸트의 철학이 유행한 까닭은 사람들이 칸트의 저술을 직접 읽었다기보다는 라인홀트(Karl Reinhold)가 쓴 『칸트 철학에 관한 편지』(*Letters on the*

Kantian Philosophy)가 크게 인기를 끌었기 때문이었다. 애머릭스(Karl Ameriks)는 이 책을 '지금까지 칸트에 관해 쓰인 책 중 단연코 가장 큰 영향을 미친 책'으로 평가한다(ix). 라인홀트의 『편지』는 원래 『독일 학예』(*Der Teutsche Merkur*)라는 저널에 1786-87년 사이에 실렸던 일련의 논문들을 보충해 1790년 단행본 형태로 출판한 것이었다. 여기서 라인홀트는 『순수이성비판』의 몹시 난해한 문장을 해설하고 지극히 농축된 형태로 제시된 칸트의 비판철학을 접근하기 쉽게 풀어 설명하려 했다. 이런 과정에서 라인홀트는 전통적인 철학적 신학에 대한 칸트의 공격이 지닌 긍정적인 측면, 곧 그가 신 존재에 대한 낡은 증명들을 모두 단번에 무너뜨리고 도덕적 신앙에로 나아가는 길을 연 것을 특히 강조했다. 이런 측면은 『종교』의 배경을 형성한 것이기도 한데, 우리는 이에 대해 이 책의 1장에서 논의했으며 『종교』의 초판 머리말을 다루면서도 접했다. 어쨌든 칸트의 이런 견해가 널리 퍼진 것은 라인홀트 덕분이다.

하지만 얼마 지나지 않아 칸트의 도덕 신학에 대한 심각한 회의가 등장하기 시작했다. 예슈케는 1790년대 말에 칸트의 도덕 신학에 대한 비판을 세 가지 유형으로 정리해 발표했다. 이런 비판들을 살펴보기에 앞서 칸트가 신의 존재에 대한 믿음을 무엇보다도 현세에서 덕과 행복이 일치하지 않는 데 대한 일종의 대응으로 여겼음을 기억할 필요가 있다. 물론 이성적 존재로서 인간은 결코 행복을 도덕적 행위를 하는 동기로 삼아서는 안 되며, 칸트는 도덕법칙 자체에 대한 존중 이외에는 다른 어떤 동기도 없이 도덕적으로 행위할 수 있는 우리의 능력을 특히 강조한다. 이런 면에서 도덕은 신을 필요로 하지 않으며, 무신론자도 유신론자와 똑같이 도덕적으로 행위할 능력을 지닌다. 하지만 칸트는 또한 인간이 항상 어떤 목적과 관련해 행위한다고 주장한다. 만일 추구

하는 목적이 없다면 과연 우리는 어떤 행위를 하기로 결정할 수조차 있
겠는가? 그리고 자연적 경향성을 경험하는 감성적 존재로서 우리는 행
복을 (곧 경향성의 만족을) 우리의 목적으로 삼는 일을 피할 수 없다.
물론 우리는 이 목적을 도덕적으로 받아들일 수 있는 것으로 만들기 위
해 무슨 수를 써서라도 행복에 이르는 것이 아니라 최고선을 ― 곧 덕
에 비례하는 행복을 ― 우리의 궁극 목적으로 여겨야 한다. 하지만 덕
과 행복은 인과적으로 연결되지 않으므로 ― 행복이 직접 덕이 있는 행
위를 산출하지도 않을뿐더러 덕이 있는 행위가 반드시 행복으로 이어
지지도 않으므로 ― 우리는 최고선을 가능하게 하기 위해 신의 존재를
요청하지 않을 수 없다. 따라서 우리 자신을 단지 이성적 존재로만 여
길 경우에는 무신론자도 유신론자와 마찬가지로 최소한 도덕적으로 행
위할 능력을 공유하는 듯이 보인다. 하지만 최종 목적과 관련해서 무신
론자는 절망하지 않을 수 없고, 사실 자신이 스스로 내세운 최종 목적
에 도달하는 일이 불가능함을 깨닫고 이 때문에 자신의 도덕적 소명에
충실하려는 마음이 약해질지도 모른다. 칸트는 실제로 『판단력비판』에
서 이렇게 언급한다(5:452-53).

　이제 이런 내용을 기억하면서 칸트의 도덕 신학에 대해 흔히 제기되
는 비판을 살펴보자. 첫 번째 비판은 설령 실천이성이 신의 존재를 요
청하지 않는다면 자기모순에 빠진다 할지라도 ― 곧 설령 신이 없다면
실천이성이 궁극적으로 도달할 수 없는 목적을 설정하게 된다 할지라
도 ― 이것이 그 자체로 신의 존재에 대한 증명은 아니라는 것이다. 물
론 이런 비판은 칸트 스스로 자신이 신의 존재에 대한 명확한 증명을
제시했다고 여기지 않았다는 점을 기억한다면 설득력을 잃게 된다. 칸
트는 오직 신을 도덕적 신앙의 대상으로 여길 뿐이다. 하지만 이를 받아
들인다 할지라도 이 비판은 중요성을 지닌다. 오직 우리가 인간으로서

신을 필요로 하기 때문에 신의 존재를 믿는다는 생각은 과연 정당화될 수 있는가? 칸트의 도덕적 논증은 궁극적으로 단순한 희망적 기대와 구별될 수 있는가? 이런 질문에 대해 칸트가 어떤 대답을 제시했는지는 명확하지 않다. 그리고 이는 칸트의 도덕 신학에 대한 두 번째 비판, 곧 신의 존재를 전제하지 않더라도 사실상 실천이성이 모순에 빠지지 않는다는 비판으로 이어진다. 왜냐하면 설령 최고선이 도달할 수 없는 목적이라는 점이 밝혀진다 할지라도 우리는 도덕법칙이 요구하는 바를 행해야 한다는 의무를 면제받을 수 없기 때문이다. 칸트가 주장하듯이 우리가 진정으로 자유롭다면 우리는 설령 행복이라는 결과에 도달할 수 없다는 점을 알더라도 도덕법칙이 요구하는 바를 행할 수 있다. 따라서 여기서는 아무 모순도 발생하지 않으며, 신의 존재를 요청할 근거가 사라지고 만다. 세 번째로 칸트가 생각한 신의 관념은 사실상 도덕을 방해하거나 어쩌면 도덕을 아예 불가능하게 만들 가능성이 있다. 신이 우리에게 덕에 비례하는 행복을 할당해준다고 진정으로 믿는 사람이 도덕법칙에 대한 순수한 존경심에 따라 행위하는 일이 과연 가능할 것인가라는 질문을 던질 수 있기 때문이다. 신의 존재에 대한 도덕적 신앙은 어쩌면 도덕 자체에는 매우 해로운 것이 될지도 모른다(Jaeschke, 87).

칸트의 종교철학에 대한 불만은 단지 도덕 신학에 내재된 문제들에 국한되지 않는다. 칸트는 기독교의 계시 내용을 도덕의 관점에서 체계적으로 해석했는데 이는 계시의 의미를 축소하는, 아니면 최소한 일방적인 것으로 보일 수 있고 따라서 역사상의 계시가 지닌 진정한 정신과 심지어 철학적 중요성을 제대로 파악하는 데 실패한 것으로 여겨지기도 한다. 젊은 시절 헤겔(Hegel)은 현실적인 역사상의 종교를 이성에 비추어 해석하려는 칸트의 시도를 매우 진지하게 받아들였다. 이런 사실은 출판되지 않은 초기 논문 「기독교의 현실성」(The Positivity of

Christian Religion)에서 잘 드러난다. 여기서 헤겔은 칸트의 도덕 신학에는 별 오류가 없다고 보면서 이를 지지한다.

> 나는 여기서 기독교의 다양하게 변형된 형태 및 그것의 형식과 정신을 판단하는 기초가 되어야 하는 일반 원리를 지적하려 한다―그 원리는 곧 우리의 종교를 포함한 모든 참된 종교의 목표와 본질은 인간의 도덕성이라는 것이다. 기독교의 더욱 세부적인 모든 교리들, 이를 전파하기 위한 모든 수단들 그리고 기독교의 모든 의무들은 (신앙의 의무든 아니면 그 자체로는 다소 임의적으로 보이는 의무든 간에) 오직 이 목표에 얼마나 가깝게 또는 멀리 놓여있는가에 따라 그 가치와 신성함이 정해진다. (68)

헤겔은 이 글을 1795-96년에 썼다. 하지만 1798-99년에 쓴, 또 다른 미출판 논문 「기독교의 정신과 그 운명」(The Spirit of Christianity and Its Fate)에서는 이미 칸트의 도덕 신학을 크게 넘어서는 모습을 보인다. 여기서 이들 논문에 대해 상세히 검토할 필요는 없지만 헤겔이 이 두 논문에서 칸트의 윤리학과 유대교 사이의 관계를 어떻게 규정하는지를 살펴보는 것은 유익할 듯하다. 먼저 쓴 논문에서 헤겔은 칸트와 마찬가지로 유대인들을 율법적인 명령의 무게에 짓눌리면서 율법에 노예처럼 복종하며 살아가는 사람들로 묘사한다. 그리고 다시 한번 칸트와 마찬가지로 그리스도의 도덕적 가르침을 유대교에 대항하기 위한 것으로 여긴다. 하지만 나중에 쓴 「기독교의 정신과 그 운명」에서 헤겔은 계속해서 유대교를 율법에 노예처럼 복종하는 종교로 여기면서도 칸트의 윤리학 또한 이와 유사한 종류의 노예적 복종을 포함한다고 주장하기 시작한다. 헤겔은 『종교』 4부에 등장하는, 우리도 앞서 인용했던 대목을(6:176) 신랄하게 재해석하면서 다음과 같이 말한다.

한편에는 퉁구스족의 주술사, 교회와 국가를 모두 통치하는 유럽의 고위
성직자, [보굴리츠족] 그리고 청교도 등을, 다른 한편에는 스스로 내리는
의무의 명령에 귀 기울이는 사람을 놓았을 때 둘 사이의 차이는 전자는 자
기 자신을 노예로 만드는 반면 후자는 자유롭다는 것이 아니다. 그 차이는
오히려 전자는 자신들 밖에 있는 주인을 섬기는 반면 후자는 주인을 자신
안으로 옮겨오는 동시에 자기 자신의 노예가 된다는 점이다. (211)

물론 이 대목에서 칸트의 논점은 신에 대한 봉사 중 도덕과 무관한 형
태의 것들은 어떤 방식을 취하든 간에 원리상 하나의 동일한 것이라는
점이었다. 반면 헤겔의 논점은 우리 자신이 법칙의 구속력을 느끼는 한
그 법칙이 외부에서 부과한 것인지 아니면 우리 스스로 부과한 것인지
는 문제가 되지 않는다는 점이다. 어떤 경우든 우리는 법칙의 노예가
될 뿐이다. 헤겔의 해석에 따르면 칸트의 윤리학이 일종의 노예 상태를
띠는 까닭은 의무의 명령이 이성과 경향성의 분리를 전제하기 때문이
다(212). 칸트가 윤리학 저술들에서 말하듯이 우리는 도덕법칙을 무조
건적인 명령 또는 '정언명령'으로 경험하는데 그 까닭은 바로 우리가
도덕법칙에 맞서는 경향성 또한 경험하기 때문이다. 따라서 칸트의 윤
리학은 그 자체로 일종의 노예 상태와 복종의 형태를 띠게 되며, 칸트
자신이 인정하는 정도보다 유대교에 훨씬 더 가깝다. 헤겔은 칸트와 마
찬가지로 그리스도의 가르침이 산상수훈에서 여실히 잘 드러난다고 여
기지만 유대교적 칸트주의는 오히려 그리스도의 가르침에 반대된다고
생각한다. 그리고 나중에 쓴 논문에서는 먼저 쓴 「기독교의 현실성」에
서와는 달리 그리스도의 산상수훈이 칸트의 윤리학을 대변하는 것이
아니라 유대교-칸트적인 법칙의 효력이 만료되어 폐기되어야 함을 주
장하는 것이라고 해석한다. 헤겔에 따르면 칸트가 그리스도를 크게 잘

못 이해한 부분은 '다른 무엇보다도 신을 사랑하고 모든 사람을 너 자신같이 사랑하라'는 그리스도의 말씀을 오직 도덕법칙에 대한 존경심에서 우리에게 주어진 의무를 다하라는 명령을 요약한 것으로(6:160-61 참조) 해석한 것이다. 헤겔은 칸트의 이런 해석에 대해 '이는 그 자체의 무게 때문에 실패하고 만다. 사랑하게 되면 의무라는 생각은 완전히 사라져버리기 때문'이라고 말한다(213). 달리 말하면 사랑으로 행위할 경우 우리는 더 이상 법칙을 의무의 형태로, 곧 경향성에 맞서 싸우는 무언가로 경험하지 않는다. 칸트는 이성과 경향성을 항상 서로 대립하는 것으로 여기지만 헤겔은 이 둘이 그리스도의 가르침 안에서 서로 조화를 이룰 수 있다고 생각한다.

「기독교의 정신과 그 운명」은 칸트의 종교철학을 넘어서려는 헤겔의 초기 시도를 잘 드러내는 동시에 더욱 넓은 의미에서 19세기 낭만주의와 관념론의 특징을 보여주는 좋은 예이기도 하다. 곧 칸트의 사상이 남긴 다양한 이분법과 그 사이의 균열, 예를 들면 직관과 개념, 자유와 자연, 실천이성과 이론이성 사이의 균열을 극복하고 화해시키려는 시도를 여실히 보여준다. 헤겔의 관점에서는 칸트의 종교철학이 이런 이분법에 기초하는 한 그것은 동시에 극복해야 할 대상이기도 했다.

20세기에 접어들면서 칸트의 종교철학은 전반적으로 19세기에 비해 훨씬 호의적인 평가를 받게 되는데 이런 평가의 출발이 된 것은 마르부르크(Marburg) 신칸트학파의 탁월한 철학자 코헨(Hermann Cohen)의 저술 『유대교를 근원으로 삼은 이성 종교』(*Religion of Reason out of the Sources of Judaism*)였다. 이 책은 코헨이 사망한 직후인 1919년 출판되었는데 19세기와 20세기에 등장한 유대 철학 관련 저술 중 가장 위대한 것이라는 평가를 받았다. 이 책의 제목이 암시하듯이 코헨은 유대교를 단지 율법적 종교로 여기면서 이성 종교의 영역에서 배제했던

칸트의 견해에 동의하지 않는다. 코헨은 이와는 정반대의 관점을 드러
내면서 이 책의 서문에서 다음과 같이 말한다. '나는 오직 유대교만이
이성 종교라고 주장하지는 않는다. 나는 유일신을 내세우는 다른 종교
들이 최초의 근원과 관련해서는 유대교와 특별한 공통점을 공유할 수
없었음에도 어떻게 이성 종교라는 성과를 유대교와 공유하게 되었는지
를 이해하려고 한다' (34). 그리고 칸트가 『종교』에서 기독교의 계시를
상세히 분석했던 것과 마찬가지로 코헨 또한 유대교의 경전 및 율법학
자들의 원전을 폭넓게 검토함으로써 자신의 주장을 전개했다.

　　프랑스 철학자 리쾨르(Paul Ricoeur)는 칸트의 저술들, 그 중 특히
『종교』를 매우 중요하게 여겼다. 리쾨르는 칸트의 『종교』가 자신이 기
획한 해석학적 인간학의 체계에 적절히 잘 들어맞는다고 생각한다.
「종교의 철학적 해석학: 칸트」(A Philosophical Hermeneutics of Reli-
gion: Kant)에서 리쾨르는 다음과 같이 말한다.

　　우리의 실제 의지가 무언가에 얽매인 의지라는 사실은 종교에 대한 칸트
　　의 철학적 성찰을 살아 움직이게 만드는 수수께끼이다. … 이것은 또한 실
　　존적 역사성의 문제이기도 하다. 왜냐하면 어떤 이야기나 상징 그리고 신
　　화에 의해 전달되지 않은 경험은 없기 때문인데, 이들은 모든 종교의 구체
　　적인 구조와 마찬가지로 문화적인 의미에서 역사적인 것이다. 여기서 이
　　들에 대한 모든 해석은 오직 이성의 한계 안에서 이루어져야 한다. 하지만
　　바로 악이라는 사실이 보여주는, 감금된 자유라는 역사적인 조건은 선험
　　철학의, 따라서 칸트의 비판철학의 영역 밖에서 자신의 적절한 위치를 발
　　견할 수밖에 없다. (76)

달리 말하면 칸트가 『종교』에서 검토하는 바는 직접 도덕법칙에 의해

규정되는, 이성적 구조로서의 의지(Wille)가 아니라 도덕법칙의 준수
와 인간의 유한성 때문에 동반되는 경험적 욕구 사이에서 선택을 내려
야 하는 선택 능력(Willkür)이다. 유한한, 감성적 존재로서의 인간은
종교적 상징, 곧 자신의 나약하고 쉽게 잘못을 저지르는 본성을 극복하
려는 인간의 시도를 증진하기도 하고 방해하기도 하는 상징을 통해서
세계를 경험하는 역사적 존재이기도 하다.

칸트와 마찬가지로 리쾨르도 원죄설에 반대했는데 그 이유까지도 칸
트와 매우 유사하다. 리쾨르에 따르면 원죄는 일종의 기형적 개념으로
서 유죄라는 법률적인 범주와 유전이라는 생물학적 범주를 잘못 결합
한 것이다. 그렇지만 이 원죄라는 '그릇된 개념'은 결코 말소되어서는
안 된다. 원죄가 지닌 개념적 모순 자체가 죄를 시인하거나 고백하는
데 필수적인 무언가를 지적하기 때문이다. 곧 우리는 악을 만들어냄과
동시에 어쨌든 악이 항상 이미 그곳에 존재함을 발견한다. 리쾨르에 따
르면 칸트의 근본악 이론은 바로 이런 역설을 여실히 표현한다. 이후
리쾨르는 『악의 상징』(The Symbolism of Evil)과 다양한 주제를 다룬
논문집 『해석의 갈등』(The Conflict of Interpretations)에서 악에 관해
폭넓게 논의하는데 여기서 칸트의 사상은 매우 중요한 논점으로 활용
된다.

칸트의 『종교』는 또 다른 프랑스 철학자 데리다(Jacques Derrida)의
저술, 특히 그가 종교를 다룬 가장 중요한 문헌 「신앙과 지식: 오직 이
성의 한계에 놓인 '종교'의 두 근원」(Faith and Knowledge: The Two
Sources of 'Religion' at the Limits of Reason Alone)에서 매우 중요
한 역할을 한다. 이 논문은 원래 1994년 카프리(Capri)에서 열린 세미
나에서 발표되었는데 여기서 데리다는 '이런 '칸트의' 태도는 오늘날 어
떤 의미를 지니는가? 칸트가 붙인 제목처럼 오직 이성의 한계 안의 종교라

는 제목의 책을 오늘날 누군가가 쓴다면 그 책은 어떤 책이 될 것인가?'라는 질문을 던진다. 데리다는 카프리의 세미나에 모인 사람들의 임무가 바로 다음과 같다고 말한다.

> 지금 여기서 '오직 이성의 한계 안에서만' 종교를 생각하거나 드러내려는 지나치게 신중하고 다소 불확실한 태도, 곧 일종의 판단중지(epoché)를 바꾸려고 ― 옳든 그르든 간에 이 주제는 매우 중요한데 ― 시도하는 것이다. (8, 원저자의 강조표시)

칸트의 『종교』에 대한 데리다의 해석은 ― 이는 특히 '오직 이성의 한계 안의 종교'와 관련해 '부가된 장식'의 지위에 초점을 맞추는데 ― 칸트가 도덕적 종교와 율법적 종교 사이에 확립하려 하는 경계가 그리 선명하지 못하다는 점을 보이려는 시도이다. 더욱이 데리다는 기독교만이 유일한 도덕적 종교라는 칸트의 주장도 의심스럽게 여긴다. 그렇지만 데리다는 계몽주의가 지닌 기본적인 추진력은 긍정하면서 다음과 같은 견해를 전개한다.

> 정치학의 영역에서 무조건 선호되지는 않을지라도 상당한 호응을 받는 바는 공화정을 바탕으로 한 민주주의를 보편화 가능한 모델로 부르는 것인데, 이런 관점은 철학을 모든 외부적 (세속적이 아닌, 신성한) 권력에서 해방시킴으로써 철학을 공적인 '원인'과, 공화국과, '공적임' 자체와, 다시 한번 한낮의 빛과, 다시 한번 계몽주의의 '광채'와, 다시 한번 공적인 영역에서의 계몽된 덕과 결합한다. 대표적인 예로 철학을 종교적 독단에서, 정통설과 권위에서 (곧 어떤 신앙도 별로 중요하게 여기지 않는 견해나 믿음에 억지로 적용되는 어떤 규칙에서) 해방시킨 것을 들 수 있다. (8)

데리다에 따르면 계몽주의에 충실하기 위해서는 계몽주의의 기본적인 태도에 대해 비판적인 질문을 계속 제기해야 한다. 따라서 오늘날 칸트의 사상을 적극적으로 활용하려는 모든 시도 또한 당연히 이런 비판적인 질문을 통해 진행되어야 한다. 칸트의 『종교』는 오늘날 우리도 그 가치를 충분히 인정하는 관용과 양심의 자유를 열렬히 옹호한다. 동시에 『종교』는 여전히 매우 중요한 기독교 문헌이기도 하다. 칸트는 기독교를 유일한 도덕적 종교로 생각하므로 윤리적 공동체를 실현하기 위한 인간의 의무를 완수하기에 적합한 유일한 수단 또한 기독교뿐이라고 여긴다. 하지만 종교적 갈등이 단지 기독교 교파 사이의 문제에 그치지 않는 현대와 같은 시대에 칸트의 견해는 여전히 유효한가? 그리고 다양한 관점에서 종교적 광신과 불관용 같은 21세기의 문제를 『종교』에서 발견되는 서양 계몽주의의 이상에 대한 직접적인 반응으로 보는 것은 과연 적절한가? 칸트는 우리에게 이런 질문들을 남긴다. 따라서 『종교』는 단지 지나간 시대의 유물이 아니라 우리의 계속되는 성찰을 요구하는, 현재에 대한 하나의 도전임이 분명하다.

5 장
더 읽어볼 만한 자료들

맥락

칸트의 생애를 간략하게 다룬 내용은 그의 철학에 대한 여러 입문서들에 다양하게 등장한다. 그의 생애에 대한 개관뿐만 아니라 그의 철학 전반에 관한 포괄적인 입문서로는 Guyer (2006)를[1] 추천한다. 칸트 윤리학을 처음 접하는 학생들을 위한 훌륭한 입문서로는 Uleman (2010)이 있다. 영어로 쓰인 칸트의 전기 중 표준적인 것은 Kuehn (2001)인데, 특히 이 책의 8장 "종교 및 정치와 관련된 문제들(1788-1795)"은 칸트가 『종교』를 출판할 당시 주변 상황을 이해하는 데 크게 도움이 된다. 이런 상황에 대한 간략한 설명은 Wood (1996)와 Greene (1960)에도 등장한다. 계몽주의 시대의 종교를 다룬 자료들은 무척 방대한데 종교 전반에 대한 일반적인 입문서로는 Byrne (1996), Cassirer (1951), Gay (1966)가 있다. 기독교 신학과 관련된 문제들을 다룬 입문서로는 McGrath (2011)가 훌륭하다. Lohse (1999)는 특히 루터의 신학에 대한 체계적인 접근을 제공한다. 모두는 아닐지 몰라도 대부분의 학자들은 칸트가 받은 경건주의 교육이 그의 종교관에 큰 영향을 미쳤음을 강

---

1   옮긴이 주―본문에 등장하는 인명은 국문으로 표기하는 것이 원칙이지만 이 장 자체가 충실한 참고문헌의 역할을 하므로 저자명을 원어 그대로 밝혔다. 또한 Guyer의 이 책은 2014년 수정, 보완된 재판이 출판되었다.

조하는데, 독일 경건주의에 대한 입문서로는 Shantz and Erb (2013)가 있다.

『종교』 이외의 다른 저술들에 등장하는 칸트의 종교관에 대해 관심이 있는 학생들에게 권할 만한 최선의 방법은 칸트의 원전을 직접 읽는 것이다. 칸트가 전통적인 신 존재 증명 방식을 비판한 내용은 그가 이른바 비판기 이전의 저술과 비판기 저술에서 모두 발견된다. 칸트는 『형이상학적 인식의 제일원리에 대한 새로운 해명』(*New Elucidation of the First Principles of Metaphysical Cognition*, 1755)과 『신의 존재에 대한 유일하게 가능한 증명의 근거』(*Only Possible Basis for a Proof of the Existence of God*, 1763)에서 신의 존재에 대한 존재론적 증명을 거부한다— 이 두 저술은 모두 케임브리지 판 칸트 전집(the Cambridge Edition of the Works of Immanuel Kant) 중 『이론철학 1755-1770』 (*Theoretical Philosophy 1755-1770*)에 수록되어있다. 하지만 칸트가 전통적인 철학적 신학을 완전하게 비판한 내용은 『순수이성비판』 중 '순수이성의 이념'에 등장한다. 칸트의 도덕 신학은 『순수이성비판』 중 '순수이성의 규준'에서 처음으로 분명히 제시되는데 뒤이은 여러 저술들에서 중요한 진화를 거친다. 신과 의지의 자유 그리고 영혼의 불멸성을 '실천이성의 요청들'로 도입하는 유명한 대목은 『실천이성비판』 중 '순수한 실천이성의 변증론'에 등장한다. 칸트는 또한 『판단력비판』(§86-§91)에서 도덕 신학에 대한 또 다른 언급을 제시한다. 그는 종교를 다룬 중요한 다른 논문들도 발표했는데 이에 속하는 것으로는 「사고에서 방향 설정이란 무엇인가?」(What Does It Mean to Orient Oneself in Thinking?, 1786), 「변신론에서 모든 철학적 시도의 실패」 (On the Miscarriage of All Philosophical Trials in Theodicy, 1791), 「만물의 종말」(The End of All Things, 1794)이 있다. 이들 세 논문은

『학부들 사이의 논쟁』(*The Conflict of the Faculties*) 및 『철학적 종교론 강의』(*Lectures on the Philosophical Doctrine of Religion*)와 더불어 케임브리지 판 칸트 전집 중 『종교와 이성 신학』(*Religion and Rational Theology*)에 실려있다. Wood (1970)와 Wood (1978)는 칸트의 종교철학을 다룬 고전적인 저술이다. Förster (2000)는 『순수이성비판』부터 출판되지 않은 최후의 저술들에 이르기까지 칸트 도덕 신학의 발전 과정에 대한 유용한 설명을 제공한다.

본문 읽기

『종교』 전반을 다룬 저술

내가 이 책을 쓰는 동안 칸트의 『종교』에 대한 두 권의 주석서 또는 입문서와 — DiCenso (2012)와 Pasternack (2014) — 한 권의 논문집이 — Michalson (2014) — 출판되었다. Rossi and Wreen (1991)은 비교적 이른 시기에 출판되었지만 중요한 논문집이다. 독일어를 읽을 수 있는 학생들에게는 칸트가 『종교』에서 드러낸 생각들의 근원을 추적한 Bohatec (1966)과 독일어로 쓴 논문집 Höffe (2010)를 추천한다.

『종교』의 개별 주제들을 다룬 저술

칸트의 『종교』 중 학자들이 가장 주목하는 부분은 1부인데, 한편으로는 철학적 악의 개념 전반에 대한 고유한 관심 때문이기도 하고 다른 한편으로는 1부가 특히 칸트의 윤리 이론에 크게 기여하기 때문이기도 하다. 1부를 주로 다룬 저술로는 Bernstein (2002), Michalson (1990)과 악에 대한 칸트의 이론을 집중적으로 다룬 최근의 논문집 Anderson-

Gold and Muchnik (2010)을 추천한다. Quinn (1984, 1988)은 칸트의 이론과 원죄설 사이의 관련성을 다룬다. 많은 학자들이 1부의 내용 중 특히 두 주제에 주목하는데 그 중 하나는 인간 본성 안의 근본악에 대해 칸트가 '제시하지 못한' 증명이며, 다른 하나는 근본악의 사회적 근원이다. 첫 번째 주제에 관해서는 Allison (1990), Morgan (2005), Sussman (2005)과 Muchnik (2010)을, 두 번째 주제에 관해서는 Wood (2010b)와 Grenberg (2010)를 참고할 만하다.

『종교』 2부와 관련해 독자들은 칸트의 여러 저술들에 등장하는 원형(Urbild)의 개념을 상세히 검토한 DiCenso (2013)와 도덕적 예들에 관한 칸트의 견해를 논의한 Guyer (2011)로부터 큰 도움을 얻을 것이다. 2부에 등장하는 은총 및 속죄에 대한 칸트의 견해와 이와 관련해 3부에 등장하는 '주목할 만한 이율배반'에 관해서는 많은 연구가 이루어졌다. 이 주제를 다룬 중요한 논문으로는 Quinn (1986), Quinn (1990), Wolterstorff (1991), Mariña (1997)가 있다. Despland (1973)는 『종교』를 칸트의 역사철학과 관련해 상세히 논의한다. Nirenberg (2013)는 유대교에 대한 칸트의 견해를 더욱 폭넓게 서양의 반유대교적인 궤적 안에서 논의한다.

평가와 영향

Jaeschke (1990)는 칸트의 종교철학에 대한 동시대인들의 평가뿐만 아니라 칸트의 종교철학에 대한 대응으로서 헤겔 사상이 어떻게 전개되었는지를 잘 보여주는 매우 가치 있는 문헌이다. Beiser (1993)와 di Giovanni (2005) 또한 칸트에 대한 초기의 평가를 잘 드러내지만 이 두 책은 칸트의 종교철학만을 집중해서 다루지는 않는다. 바르트(Karl Barth)는 고전적인 저술 『19세기 프로테스탄트 신학』(*Protestant Theology in the Nineteenth Century*) 중 상당히 긴 한 장에서 칸트를 다루면서 칸트가 이후 세대 신학자들에게 미친 영향을 추적한다. Kluback (1984)와 Bonaunet (2004)는 신칸트학파에 속하는 대표적 철학자인 코헨의 종교철학을 폭넓게 다룬다. Miller (2014)는 특히 종교철학에 초점을 맞추어 칸트가 데리다의 사상에 미친 영향을 분석한다.

참고문헌

Allison, Henry E. (1990). *Kant's Theory of Freedom*. New York: Cambridge University Press.

Anderson-Gold, Sharon. (2001). *Unnecessary Evil: History and Moral Progress in the Philosophy of Immanuel Kant*. Albany: State University of New York Press.

Anderson-Gold, Sharon and Pablo Muchnik, eds. (2010). *Kant's Anatomy of Evil*. New York: Cambridge University Press.

Barth, Karl. (1973). *Protestant Theology in the Nineteenth Century: Its Background & History*. Valley Forge: Judson Press.

Beiser, Frederick C. (1993). *The Fate of Reason: German Philosophy from Kant to Fichte*. Cambridge, MA: Harvard University Press.

Bernstein, Richard J. (2002). *Radical Evil: A Philosophical Interrogation*. Malden, MA: Polity Press.

Bohatec, Josef. (1966). *Die Religionsphilosophie Kants in der "Religion innerhalb der Grenzen der blossen Vernunft": mit besonderer Berücksichtigung ihrer theologisch-dogmatischen Quellen*. Hildesheim: Olms.

Bonaunet, Ketil. (2004). *Hermann Cohen's Kantian Philosophy of Religion*. New York: Peter Lang.

Byrne, James. (1996). *Glory, Jest, and Riddle: Religious Thought in the En-*

lightenment. London: SCM Press.

Cassirer, Ernst. (1951). *The Philosophy of Enlightenment*. Princeton: Princeton University Press.

Cohen, Hermann. (1972). *Religion of Reason out of the Sources of Judaism*. Translated by Simon Kaplan. New York: Frederick Ungar.

Derrida, Jacques. (1998). "Faith and Knowledge: The Two Sources of 'Religion' at the Limits of Reason Alone." In *Religion*. Edited by Jacques Derrida and Gianni Vattimo. Translated by Samuel Weber. Stanford: Stanford University Press. 1-78.

Despland, Michel. (1973). *Kant on History and Religion*. Montreal: McGill-Queen's University Press.

DiCenso, James J. (2011). *Kant, Religion, and Politics*. New York: Cambridge University Press.

_____. (2012). *Kant's Religion within the Boundaries of Mere Reason: A Commentary*. New York: Cambridge University Press.

_____. (2013). "The Concept of Urbild in Kant's Philosophy of Religion." *Kant-Studien* 104: 100-32.

di Giovanni, George. (2005). *Freedom and Religion in Kant and His Immediate Successors: The Vocation of Humankind, 1774-1800*. New York: Cambridge University Press.

Fackenheim, Emil L. (1996). *The God Within: Kant, Schelling, and Historicity*. Edited by John Burbidge. Toronto: University of Toronto Press.

Fenves, Peter. (2003). *Late Kant: Towards Another Law of the Earth*. New York: Routledge.

Fichte, Johann G. (2010). *Attempt at a Critique of All Revelation*. Edited by

Allen Wood. Translated by Garrett Green. New York: Cambridge University Press.

Firestone, Chris L. and Stephen R. Palmquist. (2006). *Kant and the New Philosophy of Religion*. Bloomington: Indiana University Press.

Förster, Eckart. (2000). *Kant's Final Synthesis: An Essay on the Opus postumum*. Cambridge, MA: Harvard University Press.

Gay, Peter. (1966). *The Enlightenment: The Rise of Modern Paganism*. New York: Norton.

Greene, Theodore M. (1960). "The Historical Context and Religious Significance of Kant's Religion." In *Religion within the Limits of Reason Alone*. Edited by John R. Silber. Translated by Theodore M. Greene and Hoyt H. Hudson. New York: Harper & Row. ix–lxxviii.

Grenberg, Jeanine M. (2010). "Social Dimensions of Kant's Conception of Radical Evil." In *Kant's Anatomy of Evil*. Edited by Sharon Anderson-Gold and Pablo Muchnik. New York: Cambridge University Press.

Guyer, Paul. (2006). *Kant*. New York: Routledge.

_____. (2011). "Examples of Moral Possibility." In *Kant and Education: Interpretations and Commentary*. Edited by Klas Roth and Chris W. Surprenant. New York: Routledge. 124–38.

Habermas, Jürgen. (2008). "The Boundary Between Faith and Knowledge: On the Receptions and Contemporary Importance of Kant's Philosophy of Religion." In *Between Naturalism and Religion: Philosophical Essays*. Malden, MA: Polity Press. 209–47.

Hegel, Georg W. F. (1971). *Early Theological Writings*. Translated by T. M. Knox. Philadelphia: University of Pennsylvania Press.

Höffe, Otfried, ed. (2010). *Die Religion innerhalb der Grenzen der bloßen Vernunft*. Berlin: Akademie Verlag.

Hume, David. (1992). "The Natural History of Religion." In *Writings on Religion*. Edited by Antony Flew. Chicago: Open Court. 107-82.

Jaeschke, Walter. (1990). *Reason in Religion: The Foundations of Hegel's Philosophy of Religion*. Translated by J. Michael Stewart and Peter C. Hodgson. Berkeley: University of California Press.

Kant, Immanuel. (1991). "Idea for a Universal History with a Cosmopolitan Purpose." In *Political Writings*. Edited by H. S. Reiss. Translated by H. B. Nisbet. New York: Cambridge University Press. 41-53.

_____, (1992). *Theoretical Philosophy 1755-1770*. Edited and Translated by David Walford in collaboration with Ralf Meerbote. New York: Cambridge University Press.

_____, (1996a). *Groundwork of the Metaphysics of Morals*. In *Practical Philosophy*. Edited and Translated by Mary J. Gregor. New York: Cambridge University Press.

_____, (1996b). *Lectures on Philosophical Theology*. In *Religion and Rational Theology*. Edited by Allen W. Wood and George di Giovanni. Translated by Allen W. Wood. New York: Cambridge University Press.

_____, (1996c). *Metaphysics of Morals*. In *Practical Philosophy*. Edited and Translated by Mary J. Gregor. New York: Cambridge University Press.

_____, (1996d). "On the Miscarriage of All Philosophical Trials in Theodicy." In *Religion and Rational Theology*. Edited by Allen W. Wood and George di Giovanni. Translated by George di Giovanni. New York: Cambridge University Press.

_____, (1996e). *Religion within the Boundaries of Mere Reason*. In *Religion and Rational Theology*. Edited by Allen W. Wood and George di Giovanni. Translated by George di Giovanni. New York: Cambridge University Press.

_____, (1996f). *Critique of Practical Reason*. In *Practical Philosophy*. Edited and Translated by Mary J. Gregor. New York: Cambridge University Press.

_____, (1998). *Critique of Pure Reason*. Edited and Translated by Paul Guyer and Allen Wood. New York: Cambridge University Press.

_____, (2000). *Critique of the Power of Judgment*. Edited by Paul Guyer. Translated by Paul Guyer and Eric Matthews. New York: Cambridge University Press.

Kluback, William. (1984). *Hermann Cohen: The Challenge of a Religion of Reason*. Chico, CA: Scholars Press.

Kuehn, Manfred. (2001). *Kant: A Biography*. New York: Cambridge University Press.

Lohse, Bernhard. (1999). *Martin Luther's Theology: Its Historic and Systematic Development*. Minneapolis: Augsburg Fortress Press.

Mariña, Jacqueline. (1997). "Kant on Grace: A Reply to His Critics." *Religious Studies* 33: 379–400.

McGrath, Alister E. (2011). *Christian Theology: An Introduction*. 5th edition. Malden, MA: Wiley-Blackwell.

Michalson, Gordon. (1990). *Fallen Freedom: Kant on Radical Evil and Moral Regeneration*. New York: Cambridge University Press.

_____, ed. (2014). *Kant's Religion within the Boundaries of Mere Reason: A*

Critical Guide. New York: Cambridge University Press.

Miller, Eddis N. (2014). *Kantian Transpositions: Derrida and the Philosophy of Religion*. Evanston: Northwestern University Press.

Morgan, Seriol. (2005). "The Missing Formal Proof of Humanity' s Radical Evil in Kant' s Religion." *Philosophical Review* 114: 63–114.

Muchnik, Pablo. (2009). *Kant' s Theory of Evil: An Essay on the Dangers of Self-Love and the Aprioricity of History*. Lanham, MD: Lexington Books.

_____, (2010). "An Alternative Proof of the Universal Propensity to Evil." In *Kant' s Anatomy of Evil*. Edited by Sharon Anderson-Gold and Pablo Muchnik. New York: Cambridge University Press.

Nirenberg, David. (2013). *Anti-Judaism: The Western Tradition*. New York: Norton.

Pasternak, Lawrence. (2014). *A Routledge Philosophy Guidebook to Kant on Religion within the Boundaries of Mere Reason*. New York: Routledge.

Quinn, Philip L. (1984). "Original Sin, Radical Evil and Moral Identity." *Faith and Philosophy* 1(2): 188–202.

_____, (1986). "Christian Atonement and Kantian Justification." *Faith and Philosophy* 3(4): 440–62.

_____, (1988). "In Adam' s Fall, We Sinned All." *Philosophical Topics* 16(2): 89–118.

_____, (1990). "Saving Faith from Kant' s Remarkable Antinomy." *Faith and Philosophy* 7(4): 418–33.

Reinhold, Karl L. (2005). *Letters on the Kantian Philosophy*. Edited by Karl Ameriks. Translated by James Hebbeler. New York: Cambridge University Press.

Ricœur, Paul. (1974). *The Conflict of Interpretations*. Edited by Don Ihde. Evanston: Northwestern University Press.

_____. (1995). "A Philosophical Hermeneutics of Religion: Kant." *Figuring the Sacred: Religion, Narrative, and Imagination*. Edited by Mark I. Wallace. Translated by David Pellauer. Minneapolis: Fortress Press. 75-92.

_____. (1967). *The Symbolism of Evil*. Translated by Emerson Buchanan. Boston: Beacon Press.

Rossi, Philip J. and Michael Wreen, eds. (1991). *Kant's Philosophy of Religion Reconsidered*. Bloomington and Indianapolis: Indiana University Press.

Shantz, Douglas H. and Peter C. Erb. (2013). *An Introduction to German Pietism: Protestant Renewal at the Dawn of Modern Europe*. Baltimore: Johns Hopkins University Press.

Silber, John R. (1960). "The Ethical Significance of Kant's Religion." In *Religion within the Limits of Reason Alone*. Translated by Theodore M. Greene and Hoyt H. Hudson, lxxix-cxxxiv. New York: Harper & Row.

Stanglin, Keith D. (2007). *Arminius on the Assurance of Salvation: The Context, Roots, and Shape of the Leiden Debate, 1603-1609*. Leiden: Brill.

Sussman, David. (2005). "Perversity of the Heart." *Philosophical Review* 114: 153-77.

Uleman, Jennifer K. (2010). *An Introduction to Kant's Moral Philosophy*. New York: Cambridge University Press.

Wolterstorff, Nicholas. (1991). "Conundrum's in Kant's Rational Religion." In *Kant's Philosophy of Religion Reconsidered*. Edited by Philip J. Rossi and Michael Wreen. Bloomington, IN: Indiana University Press.

Wood, Allen. (1970). *Kant's Moral Religion*. Ithaca: Cornell University Press.

_____, (1978). *Kant's Rational Theology*. Ithaca: Cornell University Press.

_____, (1996). "General Introduction." In *Religion and Rational Theology*. Edited by Allen W. Wood and George di Giovanni. New York: Cambridge University Press.

_____, (2010a). "Introduction." In *Attempt at a Critique of All Revelation*. Johann G. Fichte. Translated by Garrett Green, vii-xxvii. New York: Cambridge University Press.

_____, (2010b). "Kant and the Intelligibility of Evil." In *Kant's Anatomy of Evil*. Edited by Sharon Anderson-Gold and Pablo Muchnik. New York: Cambridge University Press.

찾아보기

|ㄱ|

가언명령 33
거짓 봉사 31, 185-212
경향성
　～의 정의 19-20, 35, 48-50, 53-4,
　　　61, 70, 79, 82, 106-8, 115,
　　　120-1, 216
　자연적 ～ 35
계몽주의 15-7, 21-2, 43, 177, 223-5
계시 31, 44, 155-8
계시종교 17, 24, 31, 37, 39, 42, 185-
　　90, 194
광신 97, 102-4, 125-6, 152, 212
교학 종교 162, 189-90, 193
교회 30, 150-2
　보이는 ～ 150-2, 155-8
　보이지 않는 ～ 150-1, 155-7
　참된 ～ 151-2, 155
교회 다니기 207, 209-10
교회 신앙 30, 152-73, 176-7, 190,
　　199
구약성서 86, 158, 193
구원 29, 99, 114, 125-6, 130-3, 176-
　　7, 184, 202

그리스도(Jesus Christ) 28-30, 41-2,
　　110-20, 127-8, 135-9, 151-2,
　　169-70, 185, 189-94, 201, 209-
　　10, 218-20
근본악 22-3, 28, 60, 125, 141-4
기독교 27, 29, 42, 136, 138, 157-9,
　　173-6, 181, 185-6, 189-90, 192
　　-4, 217-20, 223-4
기적 95-8, 118-9, 137-41

|ㄴ|

노예적 숭배 199

|ㄷ|

덕 19-20, 28-9, 35-7, 67-8, 84-5,
　　97, 106, 119-20, 129, 177, 192,
　　196-97, 212, 215-7
데리다(Derrida, Jacques) 222-4, 229
도덕 신학 18, 37, 215-8, 226-7
도덕법칙 19-20, 51-3, 73, 79-80, 97,
　　115-6, 121, 145, 148-9, 215, 217
도덕(성) 16, 18, 27, 29, 41, 44, 50,
　　66, 68, 85-6, 97-100, 103, 106-
　　7, 111, 124, 134, 136, 140-1,

146, 148, 151, 153, 159, 180,
182, 185, 196, 202, 205, 207,
208, 214-5, 217
도덕적 선 46, 51, 107-8, 197, 206,
210
도덕적 신앙 19, 20, 31, 38, 157,
159-60, 163-4, 166-9, 171-3,
181, 202, 215-7
도덕적 악 51, 68, 77, 87-8, 93, 106,
108, 145
도덕적 완전성 29-30, 50, 111-9, 121,
123, 137, 151-2, 157, 169, 208
도덕적 존재 29, 36, 53, 113, 124,
147
도덕적 종교 18, 21, 30, 40, 44, 101,
110, 136-9, 153, 156, 158-60,
172-3, 175, 181, 183, 185-6,
194-5, 207, 214, 223-4
독단 16-7, 19, 21, 98, 103-4, 179,
187, 223
동물성 51-3, 76, 107, 143

|ㄹ|
루터(Luther, Martin) 28, 131, 225

|ㅁ|
망상 31, 104, 186, 194-5, 197-9,
201, 207-12
　~의 정의 195
　실천적 ~ 195
　종교적 ~ 31, 104, 186, 194-5,

197-201, 207, 211
물신숭배 31, 154, 186, 194, 199-201,
207

|ㅂ|
바울로(Paul, 사도) 68-9, 79-80, 82,
108-9, 128-31, 184
반사회적 사회성 143-4
보편적 규칙 192
본성 69-72
부가된 장식 95-8, 137, 223
불멸성 120-1, 123, 226
불순함 74, 80-2, 92

|ㅅ|
사탄 93, 108-9, 114, 135, 137
산상수훈 30, 185, 190, 209, 219
삼위일체 179-82
선의지 98, 192
선택의 신비 183
선한 원리 22, 42, 47, 105, 110, 113,
136, 141, 144, 172, 185
성직 제도 185-6, 194, 199-201, 211
성찬식 207, 211
소명의 신비 182
소질 51-3, 61, 75-6, 89-90, 93-94,
107-8, 142-4, 160, 172, 175, 184
속죄 28-9, 30, 42, 127-8, 130-1,
134, 164-8, 170-1, 183, 191,
211, 228
숭배 186-194

신
　～의 관념 33,36-8, 97-8, 112, 129,
　　　154, 179-81, 188, 217
　～의 은총 29, 99, 132, 183, 205,
　　　211-2
　～의 존재 16-9, 37-9, 215, 217, 226
신비 95-8, 103, 106, 178-81
신성함 119-23, 177, 181, 183, 191,
　　　211, 218
신앙 17, 31
　독단적 ～ 98
　맹목적 ～ 19
　이성적 ～ 37, 41, 171, 173
　확정적 ～ 187
신약성서 118, 158, 190, 193
신의 나라 141-144
신적 정의(正義) 129, 131, 134, 148,
　　　183
십계명 174

|이|
아담(Adam) 43, 86-7, 91-2, 135-6
아브라함(Abraham) 140-1, 204
악 28-30, 53-5, 61, 70
　～을 향한 성향 69, 74-84, 90-92,
　　　143
　～의 정의 57
　보편적 ～ 86
　인류라는 종의 특성으로서의 ～
　　　68-94
　타고난 ～ 69

악의 82-86
양심 18, 31, 54, 81-2, 86, 105,
　　　177-8, 194, 199, 201-5, 210, 224
역사상의 신앙 31, 40, 138, 157-9,
　　　163, 165, 169-70, 185-6, 199,
　　　202, 205
역사상의 종교 18-21, 24, 27, 37, 40,
　　　41, 44, 98, 116, 134, 144, 217
원죄설 27-9, 42-5, 68, 72, 79, 85-87,
　　　99, 222, 228
원형 111, 151, 228
유대교 173-5, 192-4, 218-21, 228
윤리적 공동체 30, 145-51, 155, 157,
　　　175, 185, 209, 224
은총 28-9, 95-100, 102-4, 131-3,
　　　150, 168, 183, 200, 205-7, 210-2,
　　　228
이브(Eve) 43, 86-7, 93, 135-6
이사악(Isaac) 140-1, 204
이성 종교 17-20, 27, 31, 34, 37,
　　　39-42, 116, 154, 161, 220, 221
이성적 신앙 37, 41, 171, 173
인간성 24, 33, 43, 51-3, 68, 84, 89,
　　　94, 106-7, 112-5, 119, 146, 171,
　　　224
인격성 52-63

|지|
자기애 19, 28, 51-60, 65, 73, 78,
　　　82-5, 92, 111, 115, 142-3, 167
자연법칙 61-2, 149, 182

자연종교 185-90, 192, 194, 198
자유 28, 41, 48, 61-2, 69-70, 72-3,
    77-9, 83, 87-90, 108, 119, 137,
    142, 146, 148, 152, 162, 167-9,
    177-84, 220, 226
  사상의 ~ 17, 21, 104, 178
  양심의 ~ 18, 31, 224
  인간의 ~ 44, 70, 88, 182, 206
자유의지 29, 56, 73, 87-8, 107
전통 18-9, 21, 27, 158
정언명령 33, 91-2, 120, 219
종교적 망상 31, 104, 186, 194-5,
    197-9, 201, 207-12
죄 68-9
준칙 49-50, 54-60, 63-7, 70-1, 77-
    82, 84-5, 92, 96, 102, 106, 116,
    122, 128, 168, 177

|ㅊ|
창세기 86-92
처벌 48, 128-31, 145, 167, 175-7
최고선 216-7

|ㅌ|
타고남 72-4
타락 61-2, 94, 126, 143-4, 183

|ㅎ|
행복 35-6, 52-3, 97, 112, 123-4,
    129, 149, 163, 192, 215-7
행한 바 131-2
헤겔(Hegel, Georg Wilhelm
    Friedrich) 217-20, 228